中田英寿　鼓動

小松成美

幻冬舎文庫

中田英寿　鼓動

文庫版によせて

中田英寿

『中田英寿　鼓動』が出版されたのは、僕がイタリア・ACペルージャへ移籍し、セリエAで初めてのシーズンを戦い始めた、まさにその時でした。

九八年のフランス・ワールドカップに始まり、ペルージャ移籍までを記したこの本は、言いかえれば、目まぐるしい時が過ぎるなかでの、僕や僕と一緒に戦ってくれたスタッフの軌跡ともいえます。

九八年七月、僕が日本を離れ、ヨーロッパのサッカーに挑んだ理由はとても一言では語れません。しかしこの「鼓動」には、その一部始終が綴られていて「これを読んでくれた人たちには分かってもらえるかもしれない」という気持ちがありました。

当時の状況は、テレビのニュースやスポーツ紙の記事では伝えられないほど複雑で、自分でもその都度、釈明をする状況ではありません。

そのことを誰よりも理解してくれていた筆者・小松成美は、想像を絶する集中力で、僕や僕の周囲を徹底的に取材し、あの頃の「中田英寿」を描いてくれました。それは、まるで常にカメラでも回っていたかのようで、当時の彼女はまさに僕の「影」のようでした。

あの頃、筆者とはいつもこんなことを話していました。

「花火のように一時だけ注目される本より、長く読みつがれるものにしたい」。

発売されてから一年半を経た今も、僕のホームページには「『鼓動』を読んで、何も知らなかったことに驚いています」というメールが届きます。そんなメールを読む時、一人ずつ、ゆっくりですが、みんなの手に届いているのだなと実感します。

今回、文庫になることで、その可能性はさらに大きくなるわけですが、それは筆者と僕の何よりの願いでもあります。

中田英寿　鼓動［目次］

第一部　水面下の海外移籍交渉

第一章
ピッチの「孤独」

一九九八年六月三日、早朝、パリのホテルを出発したコリン・ゴードンがローザンヌのオリンピック・スタジアムに到着したのは、午後一時三十分を過ぎた頃だった。

パリのリヨン駅では、ジュネーブ行きTGV（フランスの新幹線）のチケットを手に入れるため二時間も費やした。TGVに揺られる三時間四十分の間も、美しい田園風景が広がる車窓に視線を投げかけることなく、現地で落ち合うことになっているスカウトたちと携帯電話での連絡に追われていた。

ゴードンのビジネス・パートナーであるジョン・コクーンからも連絡が入った。コクーンは、バスでローザンヌを目指していると言った。

ゴードンはワールドカップを目前に一向にストライキを止《や》める気配のないエールフランスに呆《あき》れ果てていた。遅々として進まない航空会社の労使交渉に巻き込まれていたのは、彼だけではない。フランス国内でワールドカップのために奔走している多くの関係者や、すでにフランス入りしている各国のサッカーファンたちは、少なからずこのストの煽《あお》りを受け、国内およびヨーロッパ各地への移動に大変なエネルギーを使わなければならなかった。

「あらゆる手を使ってフランス代表を支援しているんじゃないのか。自国開催とあっては気合の入れ方も違うだろう」

同じ車両に乗り合わせたイギリス人観光客の冗談にも、ゴードンは笑えなかった。もし、すべてのスカウトが、この試合の開始時刻に間に合わなければ、一人のサッカー選手の未来を閉ざすことになるかもしれない。サッカー選手の移籍をマネージメントし、代行するFIFA（国際サッカー連盟）公認のサッカーエージェントを職業にして以来、彼は、自らのすべてを担当するサッカー選手にだけ向けてきたのだ。

ゴードンが立ち会わなければならないこのゲームは、ワールドカップを目前にした国際Aマッチ、ユーゴスラビア代表対日本代表の試合だった。

フランス各地で足止めを食っているスカウトたちからの電話が鳴り止むことはなかった。彼らもまた、ローザンヌにたどり着くため、交通手段の確保に苦しんでいた。

世界最速の列車も、ゴードンには苛立《いらだ》つほどに遅かった。

ジュネーブからローザンヌ行きの列車に乗り替え、ローザンヌ駅に到着するとすぐにタクシーを飛ばした。午後二時からスタートするゲームにようやく間に合ったゴードンは、逸《はや》る気持ちを抑えるようにゆっくりとメインスタンドに向かって歩きだした。スタジアムで落ち合った二人のアシスタントが後に続いた。

ゲートでチケットを切り取った若い係員は、少し驚いたような顔をしてゴードンを見つめた。その姿はサッカー観戦をする呑気《のんき》なスポーツファンには見えなかったからだ。紺のストライプのダブルのスーツを着込んだゴードンは、巨大な茶色い革製のブリーフケースまで抱えている。どう見てもサッカースタジアムには不釣り合いな恰好《かっこう》だった。青い涼しげな瞳を大きなレイバンのサングラスで隠しているせいで、百八十センチを超えるいかつい体格が一層目を引いた。

階段を昇りメインスタンドに出たゴードンと二人のアシスタントは、センターサークルのほぼ正面に座った。彼は初夏の日差しの中、濃い緑の芝の上でウォーミングアップを始めた両チームの選手たちに目をやりながら、近くに座った地元の観客の声を聞いていた。

「昨日は凄《すご》い土砂降《どしゃぶ》りだったけど、今日は快晴で良かったよ。きっといいゲームが期待できるね」

フランス語のイントネーションが、パリとは明らかに違っていた。ゴードンはワールドカップのゲームが、どれほどサッカーファンの興奮を誘うものなのかよく知っている。イギリスに生まれ、幼い頃からサッカーボールとともに育ち、ついにはプロ選手にまで昇りつめたゴードンにとっても、サッカーのゲームは、常に心ときめくものだった。ワールドカップを直前にしたテストマッチとて同じことだ。

しかし、このゲームにおいてゴードンの目的は観戦を楽しむことではなかった。自分が担当することになった日本人サッカー選手が、どんなプレーを見せるのか。彼の能力を九十分で計ることがそのすべてだった。

ゴードンはブリーフケースの中から分厚いノートとペンを取り出した。ノートを開くと、最初のページに素早くその選手の名前を綴《つづ》った。

Ｈｉｄｅｔｏｓｈｉ　Ｎａｋａｔａ

試合：日本代表対ユーゴスラビア代表
年月日：一九九八年六月三日　午後二時
場所：スイス　ローザンヌ・オリンピック・スタジアム
天気：晴天
ピッチ：パーフェクト

キックオフが近づくと、気温は三十度にまで達していた。彼はペンを置くと額に浮かんだ汗を拭った。

中田英寿という選手のプレーを初めて見る興奮と、その対極にある不安がゴードンの中で揺れていた。

九八年二月、ゴードンは初めて中田という選手の名前を耳にした。ゴードンが契約を結んだイギリスのマネージメント会社が、中田の移籍をゴードンに任せたいと言ったのだ。

世界でもFIFA公認エージェントの資格を取得している者は、およそ六百人しかいない。その中で、世界的にはまったく無名の日本人選手に係《かか》わっているエージェントは皆無に等しいだろう。

九五年十二月「欧州のクラブは、欧州連合（EU）十五カ国の市民権を持つ選手の獲得に制限を加えないこと。クラブとの契約が終了した時点で選手は望むクラブに行くことができ、選手を手放すクラブは、選手の側からも移籍先のクラブからも移籍金を受け取らない」というボスマン裁定が下されたことにより、EU国籍の選手に外国人枠が適用されなくなった。そして、各チームはより多くの外国人選手を抱えることができるようになったのだ。

その結果、各チームの外国人枠の多くは、ブラジル、アルゼンチンを始めとする南米諸国の選手によって占められるようになった。ロナウド、バティストゥータを筆頭に、彼らはヨーロッパのサッカー界でも巨星として輝き、不動の地位を築いていた。しかし、南米のスーパースターたちは、数十億の移籍金を必要とする選手ばかりで、ヨーロッパのチームがたやすく移籍を望めるわけではなかった。

ヨーロッパのチームとしては、空きができた外国人枠を有効に使いたい。まだワールドデビューを果たす前のいわゆる「掘り出しもの」を見つける必要があったのだ。「掘り出しもの」を探す目は、ブラジル、アルゼンチン以外の南米の小国、アフリカ、そして、アジアにも向けられた。

とりわけ日本はJリーグを発足させてから急激にその実力をつけ、世界との距離を徐々に縮めているとイギリスでも評価されていた。これまで、イギリスのヒーローでもあるリネカーを始め、ジーコ、リトバルスキー、スキラッチ、ドゥンガら、そうそうたるタレントがJリーグでプレーしていることは、日本への高い関心を呼ぶきっかけになったのだった。

驚くべきことにヨーロッパでも多くのサッカーフリークが、衛星放送であの日本対イランの試合を観戦していた。意外にも日本代表のワールドカップ初出場のニュースは、欧州全土でも取り上げられていたのである。

ゴードンの所属するマネージメント会社は、プロサッカーが誕生して五年になろうとしている日本に少なからず興味を抱いていた。日本には世界レベルで活躍できる選手がきっと存在する。日本で探し当てた優秀な選手を、ヨーロッパへ供給することができれば、二十一世紀のサッカービジネスを先んずるのは必至だと考えていた。

九八年に入り、アジアでの情報収集を始めると、二十一歳の若いサッカー選手の名前が浮かび上がってきた。そして、大勢の証言者が、「中田英寿のプレーならヨーロッパでも通用する」と口を揃《そろ》えた。マネージメント会社は、彼に照準を絞ることに決めたのだった。

そうした調査が終了した二月初旬、ゴードンは、中田に関する膨大なリポートとビデオでのプレー分析に追われることになった。

中田の移籍を手掛けるかどうか、最後はゴードンの判断に任されていた。彼がヨーロッパでも中田の持つ力が発揮できると判断すれば、移籍先を具体的に選別するのだ。

しかし、彼も当初は積極的にはなれなかった。エージェントとして有名選手の移籍を成功させているゴードンにとっても、ワールドカップ初出場の若い日本人をヨーロッパのチームに移籍させることは困難に思えた。日本でどのような活躍をしようと、中田はやはりロナウドやデル・ピエーロとは違うのだ。

ドメスティック・クラスの知名度の選手を海外で認めさせる要素は、選手自身がゲームで見せる才能でしかあり得なかった。

ワールドカップ最終予選、マルセイユのベロドローム・スタジアムで行われた欧州選抜対世界選抜戦など、ビデオで観る中田のプレーは、確かに小気味よく、サッカー選手に不可欠なセンスを感じさせた。特にワールドカップ出場を賭《か》けたイラン戦での中田のプレーには興奮させられた。

しかし「ビデオは正確な判断を下す材料にはならない」とも考えていた。

日本へ出向き、中田の出場するJリーグのゲームを一試合でも観戦すれば、彼の実力を正確に計る自信はあった。だが、残念なことに、ゴードンには本当に時間がなかった。複数の選手の代理人としてヨーロッパを駆け回る彼には、イギリスと日本を往復する余裕など皆無だったのだ。

中田のプレーをスタジアムで観ることが不可能な現状にあって、ゴードンは明快な答えを出すことができずにいた。

そんなとき、久しぶりに会った旧友とサッカーの話をした。友人の名はオズワルド・アルディレス。彼がロンドンを訪れた際、ゴードンに連絡してきたのだ。

過去、アルゼンチン代表のスター選手であったこの男は、プレミアリーグのトットナム、Jリーグの清水エスパルスの監督を歴任し、南米はもちろん、ヨーロッパや日本のサッカーにも精通していた。

二人は時間を忘れてサッカーについて語り合った。史上最高の三十二カ国が出場する今回のワールドカップの優勝国を予想したりもした。年齢も国籍も違う彼らだが、サッカーの話は尽きなかった。

別れ際、ゴードンはアルディレスに日本代表の評判を聞いた。アルディレスは日本の堅実なサッカーを高く評価していた。

ゴードンはつづいて中田への感想を求めた。アルディレスは、彼が中田を移籍選手として考えていることを察しているようだった。

「中田はいい。彼のプレーはJリーグの中でも際立っていた。世界でやっていけるクラスの選手だ。オファーしても大丈夫。失敗はないよ」

ゴードンは尊敬する友人、アルディレスの言葉を信じようと思った。そして、とにかく中田のプレーが観てみたいと願うようになった。

数日後、ゴードンは、中田を移籍させるプロジェクトに関して会社側にこう提案をした。

「中田にヨーロッパへの移籍の意志があれば、スカウトやチーム側の代理人に中田のインフォメーションの提供を始めよう。彼の移籍は、他の若い有望選手と同じように、できるだけ早い時期に決めるのだ」

ワールドカップ・イヤーは、当然移籍が活発に行われる。しかし、多くの選手たちの移籍交渉はワールドカップ開催以前に水面下で行われるものであり、ワールドカップの最中にまで持ち越される例は稀なことだ。

移籍交渉をワールドカップ開催期間中にまで延ばす場合の理由は二つだった。評価の低い選手が活路を見いだすため、ワールドカップを自分のアピールの場にする場合、そして、前評判より実力があり、ワールドカップのゲームを経ればさらに評価があがると確約された場合である。

イギリスのマネージジメント会社のスタッフが極秘で日本に渡り、初めて中田に会ったのは、九八年二月二十一日のことだった。日本代表のオーストラリア合宿から帰国した翌日、中田は、来日したイギリス人からヨーロッパへの移籍の意志を問われ、「条件が整えば海外への移籍も考える」と言った。その答えを受け、ヨーロッパでも中田の移籍活動が始められることが決まった。中田サイドの窓口には、彼とマネージジメント契約を結んでいる次原悦子が当たることになった。

中田の気持ちをスタッフから伝え聞いたゴードンは、ワールドカップの日本戦に向け準備を進めてきた。開幕直前、日本代表がスイスでテストマッチを行うことが分かると、急遽《きゅうきょ》その場所に各チームのスカウトを差し向ける手配をした。「優れたミッドフィルダーを探している」とゴードンに連絡を取ってくるチームには、「日本代表の背番号8、中田をチェックしてみてくれ」と告げていた。

もちろん、ゴードンが中田についての詳しいインフォメーションを提供し「ぜひ観に来てほしい」と誘ったチームもあった。六月三日のユーゴスラビア戦は、中田のヨーロッパへのデビューとなるゲームになった。

五月二十九日、ゴードンは、ユーゴスラビア戦を観戦するチームのリストを作成し、中田のマネージャーである次原へ送信した。最終的にそれらのチームは、実に十二にも及んでいた。

・トリノ
・ボローニャ
・ラツィオ
・インター・ミラノ
・レアル・マドリッド
・アトレティコ・マドリッド
・ユベントス

・ベネチア
・アーセナル
・セルティック
・ニューキャッスル
・リーズ・ユナイテッド

無名の日本人選手に異例の注目が浴びせられていたのだ。

中田のプレーが問われることになるユーゴスラビア戦を前に、スイス・ニヨンで練習中の日本代表を訪問したプレミアリーグ、アーセナルの監督、アーセン・ベンゲルも、ゴードンへの電話で中田のプレーを素直に称賛していた。ベンゲルとゴードンも、深い信頼で結ばれた友人だった。

しかし、それでもゴードンは疑いを捨てきれなかった。中田のプレーがサッカーを知り尽くしたスカウトたちの目に留まるのか。中田の精神力が、百年を超える歴史に裏打ちされたヨーロッパの激闘に耐えられるのか。ゴードンはすべては六月三日のゲームが明らかにしてくれるだろう、と考えていた。

ローザンヌ・オリンピック・スタジアムのスタンドには、前日、東京から駆けつけた中田の個人代理人でPR会社「サニーサイドアップ」社長の次原悦子と、同社の国際部ディレクターで、交渉に関して通訳を務めるミナ・フジタの姿もあった。

初めて会う彼女たちと短い挨拶《あいさつ》を交わしたゴードンは、次原に「ゲームが終わったらミーティングの時間を作ってほしい」と一言だけ告げ、それ以上は何も語らなかった。

エールフランスのストのため、オリンピック・スタジアムにたどり着けたチーム関係者は、結局、五チームだけだった。パートナーのコクーンも間に合わない。ゴードンは、試合開始直前まで残りの七チームのスカウトたちへ忙しく連絡を取った。彼らは「六月十四日、フランスのトゥールーズで行われる日本対アルゼンチン戦に行くよ。中田のプレーは必ずそこで観ることにしよう」と、残念そうに言った。

午後二時、ユーゴスラビア代表と日本代表の選手たちがピッチに現れた。ゴードンは、成熟した知性と若い力がほどよく混ざり合ったユーゴスラビア代表の実力が、どれほど高いかを知っていた。

ドラガン・ストイコビッチをキャプテンに据えたユーゴスラビアは、レアル・マドリッドのエースストライカー、ミヤトビッチを擁し、ワールドカップでの栄光を追い求めていた。

九一年に勃発《ぼっぱつ》した旧ユーゴスラビア連邦の内戦は混迷を極め、ボスニアで継起された「民族浄化作戦」にまで至った。民族浄化という思想のもと、セルビア人がムスリムに対して取った残忍な政策は、世界中の憎しみを買った。

九二年、国連はセルビア人が築いた新生ユーゴスラビアに強固な制裁措置を敢行する。経済、文化、スポーツにおいて諸外国との交流を一切禁じたのだ。九〇年のイタリア・ワールドカップで未曾有《みぞう》の活躍を見せつけたストイコビッチたちは、九四年アメリカ・ワールドカップに挑戦する権利を剝奪《はくだつ》された。ストイコビッチは政治とスポーツがからみあう現実に傷つきながらも、ヨーロッパのクラブチームでプレーを続けた。やがて、マルセイユの八百長事件に巻き込まれた彼は、ヨーロッパを離れることを決意する。ストイコビッチの新天地は、サッカーのプロリーグができたばかりの日本だった。

九四年Jリーグ・セカンドステージから、名古屋グランパスエイトの司令塔としてフィールドに立ったストイコビッチは、華麗な技でサポーターを魅了した。彼はこなごなに散った夢をもういちど繫《つな》ぎ合わせるように、無心にボールを追った。

東欧の精鋭たちに再びワールドカップへの挑戦が許されたのは、九六年の四月だった。フランス・ワールドカップ、ヨーロッパ予選第六組にユーゴスラビアはようやくその名を連ねたのだ。

激戦を勝ち抜き、二大会ぶりの出場を実現したユーゴスラビアは、出場する三十二カ国の中で、ワールドカップへの出場を最も渇望した国でもあった。

ゴードンは、日本代表が本番直前に戦う相手として、勝つことに貪欲《どんよく》になっているユーゴスラビアは最適だと思っていた。激しい当たりと世界有数のテクニックを体感すれば、アルゼンチン戦に向けて大きな刺激になる。

日本代表の8番はすぐに目についた。スカウトたちは、「マーマレード色の髪の毛が目印だ」と囁《ささや》きあった。確かに中田の髪はオレンジに近い金色だった。

両国の国歌斉唱が終わると、通路を挟んだ前の席に陣取った大きな男たちが振り向いてゴードンに小さく手を挙げた。ユベントスのスカウトとエージェントだった。

チーム関係者とエージェントは、スタジアムで語り合うことを避けるのが常識だ。ときには人知れず選手獲得を遂行しなければならない彼らにとって、徹底的な秘密主義が鉄則だった。

二時五分、ゲームはスタートした。

ゴードンは、中田の才能と実力、そして弱点までも、くまなく突き止めるために、息を詰めて彼の姿を追った。

試合開始から一分、ゴードンは凭《もた》れていた椅子の背から体を起こし、瞬《まばた》きを止めて中田の姿を見つめていた。

重心の低い体には燃料が満載されている。高く蹴《け》り上がる左右の足が、腰の後ろで交互に弧を描く直後、中田はぽっかりと空いたスペースに移動していた。瞬時に顔を左右に振ると、彼の右足はゴードンでさえ想像がつかない場所へとボールを運んだ。利き足でない左足の動きも絶妙だった。

中田の実力を見極める時間は、十分もあれば充分だった。

これだけのポテンシャルとテクニックが体に刻まれた選手が、日本に存在している——。その現実がゴードンを驚かせていた。ユーゴスラビアのマークにさほど苦しむこともなく、中田はツートップや両サイドバックにパスを送った。

しかし、ゴードンには、中田と他の選手との呼吸が微《かす》かにずれていることが気がかりだった。見た目には平易な中田からのパスを、どこか受けづらそうにトラップする日本人選手が少なくなかったのだ。

中田のパスが通らない。

インターセプトされたパスに日本人観客から抗議のため息が漏れた。

中田は苛立ったように左右に手を広げて、チームメイトへのポジショニングに注文をつけていた。

中田も彼からパスを受け取る選手たちも、お互いがゴールを目指すために懸命だった。しかし、ゴードンは、中田が小さな違和感を抱えていることを見逃さなかった。

中田は日本代表の中で孤独だった。ゴードンは、そう感じた。

試合開始から十分が過ぎた頃、ゴードンの胸の奥で何かが動きだした。

「なぜ、ゲームメイクをする中田があそこまで孤独に見えるのか」

次の瞬間、強い衝撃を受けたように低く呟《つぶや》いていた。

「中田は、ピッチの上で彼以外のフィールドプレイヤーとは違う光景を見ているんだ」

ごく自然に見える中田の動きは、限りなく正確で計算され尽くしたものだった。好機と危機を感じ分ける足先の感覚は、森で生きる機敏な小動物のような鋭さを見せ、その威力は随所に発揮された。スペースを埋める地味なディフェンスや相手のパスコースを消してしまうプレス——。チームが窮地に陥る前に、中田はいくつもの危機の芽を摘み取っていた。それは、中田が空間を変幻自在に捉《とら》えているからできるプレーだった。

中田の目に映る現実も、頭の中に記された布陣も、他の選手には見えていないのだ。

しかし、ゴードンから見ても、他の日本人選手のレベルがそれほど低いとは思えなかった。むしろ、日本代表のレベルは想像以上に高かった。フォワードを除けば、ミッドフィルダーもディフェンダーもワールドクラスに近いと言っても過言ではない。

中田の持つ感覚が特別なのだ。

中田のプレーは、日本の一流選手たちにも理解されないでいる。中田について手に入れていた資料の中に「スロースターターぎみの選手」というのがあった。自分勝手なパスを出すことが多い中田は、周囲のリズムに馴染《なじ》み、合わせられるようになるまでに時間がかかる、というものだった。しかし、それは明らかに違っている。相手のリズムに合わないのではなく、中田が自分の広大な想像力を制御するのに時間がかかるからに他ならないのだ。「自己中心的」という評にも頷《うなず》けた。彼のパスにある戦略は、二歩も三歩も先を行き過ぎていた。

やがて、ゴードンの隣に座るアシスタントの一人が、中田のプレーを声高に称賛しはじめた。

「体のバランスが良く、ユーゴスラビアの選手を弾《はじ》き飛ばすほどの強さを持っている。あれだけ速いパスを出せれば、ヨーロッパでも何とかなるんじゃないかな」

ゴードンは可笑《おか》しくなって口許《くちもと》を緩ませた。サッカービジネスに精通しているはずのそのアシスタントが言葉にした中田の能力は、ごく平凡で表層的なものだった。

——ここで中田が見ている世界を共有しているのは、私だけなのかもしれない——

そんな自負に、ゴードンは初めて見る中田との距離が急激に縮まっていくのを感じていた。過去に若い選手のプレーを見て、今日と同じように心がざわめいたことがあった。彼の記憶はすぐに蘇《よみがえ》った。ポール・ガスコインとジネディーヌ・ジダン。そして、アレッサンドロ・デル・ピエーロだ。ゴードンは、あのスーパースターたちの片鱗《へんりん》を、中田に見ていたのだった。
　ハーフタイムになって、ゴードンはノートに殴り書きしたメモを読み返した。
・最初の五分、切れが悪く動きが鈍い。二回パスを失敗する。しかし、彼はすぐに立ち直った。その後、最初の失敗は、彼のプレーやゲームにもまったく影響を与えなかった。
・彼は、試合で強靭《きょうじん》な相手と戦うテクニックを持ち、その流れを十分に理解している。
・彼は、すでにワールドクラスの選手になるポテンシャルを持っている。
・彼は、時折、自ら局面を打開しようとゴール前へ走り込む。だが、残念ながら、チームメイトからのパスはこない。
・彼は、鋼鉄のような体を持っている。
・彼には、何か特別な才能がある。
・彼の能力は、日本代表のレベルを突き抜けている。
・彼は、ヨーロッパでプロ選手として試合に出場している二十一歳のほとんどのプレイヤーより上手《うま》い。
・彼の試合中のプレーを実践できる選手は、私が知っている限りわずかしかいない。
・彼は、戦う意識が高く、しかも精神が安定している。心身のバランスも兼ね備えているのだ。彼の才能は、サッカーのテクニックだけに発揮されているわけではない。
・彼は、ピッチの上での問題を次々に、そして速やかに解決していく選手だ。
・二十一歳の若さで、チームとチームメイトを完璧《かんぺき》にコントロールしている。
・彼の周りには、クレバーな選手が必要だ。
・彼は、超一流になることを求め、自分の才能を発展させる場所に行かなければならない。
・彼には優れた監督が必要だ。高度なコーチングを受ければ、その才能はさらに磨かれる。彼が自らのチーム全体をコーチするように、だ。
・ほとんどのクラブには、チーム戦略のコーチしかいない。彼は、戦力の一員としてだけコーチを受けるのではなく、中田のためのコーチを受けられるクラブに入らなければならない。しかし、個人の才能をさらに磨くためのコーチを与えられるクラブは少ない。中田という選手を導ける監督を擁するクラブ。それを探さなければ。
・ピッチの上でもっと素早く的確にスペースを見つけるために、彼はより高度な指導を受けなければならない。
・彼は、それができれば必ず全盛期のポール・ガスコインになれる。
・スペインやイタリアはマンマークが厳しく、スペースを活《い》かすことに才能を見せる中田には適していないのではないか。イギリスなら、彼のプレースタイルが活きるだろう。中田に最も適しているパートナー（ＦＷ）は誰か？　私が思いつく限り、中田の最高のパートナーは、十八歳でイングランド代表に選ばれたリバプールのストライカー、マイケル・オーウェンだ。
・ヨーロッパレベルの戦略を持ち、その戦略を教える監督がいない日本で、中田がこのレベルに到達したのは、彼自身の頭の良さと才能に他ならない。この事実は、奇跡に近い。
・彼がゲームの中で犯すミスを責めるのはたやすいことだ。しかし、彼が、今のプレーを実践するために、自分の才能を自ら育て上げたことは、誰もが認め、称賛しなければならない事実だ。

ゴードンはノートを閉じブリーフケースの中にしまった。もう、中田についての調査など必要なかった。あとは、彼のプレーをクイズを解くように楽しめばいいのだ。

中田の選手としての資質を疑っていた一時間前が嘘のように、ゴードンは晴れ晴れとした気持ちでピッチを見下ろしていた。

自分の才能を活かす環境を持たず、その環境を変える手段を持たない、中田のような選手のために自分はいるのだ、と叫びたかった。

はっきりと中田をヨーロッパへ移籍させることを決意していたゴードンは、文化も言語も宗教観も哲学も違う東洋人の移籍に携わることで起こるかもしれない障害を、煩わしいと思うこともなかった。

ゴードンはこのときすでに、一カ月後には若き英雄として世界中の脚光を浴びることになるオーウェンと、中田のコンビネーションを思い描いていたのである。

視線を向ける中田の代理人、次原にゴードンはこう言った。

「このゲームが終わったらすぐに、具体的なミーティングに入りましょう」

黙って頷く次原に、ゴードンは大きく微笑《ほほえ》んだ。

第二章
ナカタ・リポート

オリンピック・スタジアムから車で十分ほどのカフェに着くと、ゴードンはようやくサングラスを外した。隠されていた彼の穏やかな目を見て、次原とフジタはゴードンの印象をまったく変えていた。彼は思ったよりずっと若く、何より、威圧的な外見とは違って彼の顔はとても優しかった。

席に着き注文を済ませた後になっても、ゴードンと二人のアシスタントは忙《せわ》しく電話の応対に追われている。

ユーゴスラビア代表対日本代表のゲームを観戦したエージェントは、全員が受話器の向こうで興奮気味に叫んでいた。彼らは、ゴードンに向かって「なぜあんな選手がいたことに今まで気がつかなかったんだろう」と自嘲《じちょう》ぎみに言った。彼は相手をなだめるように相槌《あいづち》を打った後、こう話しだした。

「サッカーの神は素晴らしい才能を天から無造作に撒《ま》くんだよ。確かにヨーロッパや南米には大勢の才能がこぼれ落ちている。だけど、その他の広大な地に散らばった才能だってあるはずなんだ。僕らは、どこに落ちたか分からない才能を探し当てることを怠っていた。今、ようやくその才能のひとつに巡り合えたってわけだ」

ゴードンは、その言葉を自分にも言い聞かせていた。

ミーティングはなかなか始まらなかった。彼に偶然電話をかけてきたエージェントには、彼の方からまくしたてるように話しだすこともあった。

「今、ローザンヌにいる。そう、スイスのローザンヌだよ。バカンスなんかじゃない、日本とユーゴスラビアのゲームを観ていたんだ。聞いてくれ、君が探していた条件に百パーセント合った選手を見つけた。いや、彼なら百パーセント以上の仕事が可能だろう。詳しくはパリに戻ったら話すよ。僕は今日中にパリに戻る。夜、こちらから電話しよう」

ゴードンは携帯電話のラインをオフにしてテーブルに置いた。そして、慌てたように次原に向き直り、申し訳なさそうな顔をした。

「本当にすみません。もう、邪魔は入りませんから。では始めましょう」

ゴードンの顔から微笑みが消え、スタンドにいたときの険しさが戻っていた。

「まず、日本代表がユーゴスラビアに0―1で負けたことは残念ですが、この結果は私の仕事にはあまり大きな意味を持ちません。最初に、サッカーを愛する一人のイギリス人として感想を言います。私は今日の中田英寿のプレーを心から楽しみました。そして、エージェントとして、実は大きな衝撃を受けているんです。昨年の試合からの彼のビデオを何度も観ましたが、正直に言えば彼が海外でプレーできるのかどうか、ずっと疑いを持っていました。しかし、その疑いは試合開始十分で消え去った。中田のサッカーにおけるイマジネーションは、すぐにでもヨーロッパのリーグで通用する。彼の頭の中に、日本代表のプレーの構図が描かれているのでしょう。必ず展開を予測しながら走り、パスを出している。彼の素晴らしさは、ひとつ先のプレーを予測するだけでなく、三つ四つ先のプレーを考えている、ということなんです。これは、彼がサッカーというスポーツを根源的に理解しているからできることなんですよ。彼は他の選手とは違った世界を見ている。だが、このことは、逆に彼にとっては最もつらいことです。広いピッチの上で、見ている光景が違えば、意思の疎通がはかれないのは当たり前です。中田の犯したすべてのミスは、そのことが原因で生まれているんですから」

ゴードンは、カップを取ってコーヒーをすすった。

「技術に関してもパーフェクトではありませんが、相当高いレベルに達している。私は、今日のゲームで世界のどんなプレイヤーも見せたことのないテクニックを二、三、中田選手から見せてもらいました。これはワールドカップでも日本代表の大きな武器になるでしょう。そして何より、若い彼が技術的にも精神的にも代表チームを率いていることに驚愕《きょうがく》しました。あのデル・ピエーロでさえ、二十一歳のときには、チームの中心ではあり得なかった。メンバーの一人だったんです。中田のような年齢で自分のチームを持っている選手は、現在、世界を見渡しても彼しかいないはずです。彼自身、それを認識しているかどうかは分かりませんが……」

次原はサッカー業界で有数の移籍を成功させているエージェントが、中田を絶賛していることに体が震えるほど高揚した。だが、その感激を無理に抑えると、努めて静かに話しだした。

「ゴードンさん、中田はヨーロッパのチームの一員として活躍することはできますか。不安はありませんか」

彼は、即座に答えた。

「この問いに答えるのはこれが最後です。中田選手は、ヨーロッパのチームで必ず実力を発揮するでしょう。私のような者が、勝算のない無謀な賭けに出るわけがない。正直に言って、日本にいたのでは、彼の才能を活かしきることは難しいかもしれない。彼は自分が理解されず、苦しんでいることを隠してプレーを続けている。このままでは、駄目になってしまう可能性だってある。私は中田を観ていて、狭い池の中で腹を擦《こす》るようにして泳ぐ魚を思い浮かべたんです。彼は小さな池に棲《す》む魚ではない。中田が広い海で泳げるよう、私たちはこうして話しているんですよ」

次原は話を聞き終えると、ゴードンへ中田の考えを忠実に伝えた。

「中田自身はこう言っています。『海外で自分の力を試したいという気持ちはある。ヨーロッパの激しいサッカーに身を投じる覚悟もある。しかし、移籍をしてもずっとベンチで過ごし、ゲームにまったく出られないのでは意味がない。すべての試合ではなくても、レギュラーとしてピッチに立つことを目標にしたい。それを考えると、すでに素晴らしい選手が存在するトップチームに移籍するより、自分にも出場の機会が与えられるミドルクラスのチームが良いのではないか、と思っている』と。中田の考えに、私も賛成なんです。既存のスーパースターたちからポジションを奪うことは難しいでしょう。中田はサブに甘んじることに耐えられる選手ではないんです」

ゴードンはテーブルの上で左右の指を組んだ。

「私もプロのサッカー選手でしたが、その経験から言えば、中田の考えは正しい。例えば今日来ていたユベントスのスカウトは、彼にたいへん高いポイントをつけていました。ユベントスというチームが評価しているという事実が、中田自身の評判を高めているのは確かです。

しかし、上位チームでは勝つことが義務づけられているし、プレスやファンからのプレッシャーも大きい。結果を出せない選手は、すぐに切り捨てられる。何より中田はデル・ピエーロやジダンとポジション争いをしなければならない。だから、ユベントスは、中田の移籍先リストの下位にしなければならないでしょう。今、中田に必要なのは、彼を理解し活かす戦術を授けてくれる監督です。たぶん、日本にはそうした監督は存在しないでしょう。それほど中田のプレーのレベルは突出しているんです。中田を理解する監督に出会えば、彼は自分にはもっとたくさんの練習が必要なことを痛感するはずです」

ゴードンは力強く続けた。

「サッカーのチームは、監督そのものなんですよ。ヨーロッパには、中田の出会うべき監督がいます」

「中田が必要としている監督はどこにいるんですか」

次原は、その監督が誰なのか、すぐに中田へ知らせたいと思った。

ゴードンは、ゆっくりと彼女の顔を見た。

「それらの監督はヨーロッパ各国に散らばっていますよ。強豪チームを率いている監督もいれば、低迷しているチームに戦略を与え戦う準備に追われている監督もいる。しかし、何十人もいるわけじゃない。まあ、一ダースといったところでしょうか」

ゴードンは、ミーティングの結論を導き出そうと話を続ける。

「もうひとつ、中田が成功するためには、突き刺さるようなパスを待ち望んでいるフォワードがいなくてはならない。獲物を狙《ねら》うような嗅覚《きゅうかく》を持つ選手を、中田も求めているはずですよ。コーチとフォワード。これから先、リストに並べるチームは、この要素を踏まえれば必然的に絞られていく」

ゴードンは足を組み替えた。

「もうひとつ選ぶとしたら、中田自身が監督になれるようなチームですね」

その大胆な言葉に、皆が声をあげて笑った。

「私は、実際、一日も早く中田の移籍先を決定しなければ、と考えていました。しかし、今は違います。彼の実力があればワールドカップ予選の三戦が終わるのを待つべきです。必ず、複数のチームが新たに中田獲得に動きます。それだけの実力が中田にはある。すでに今日のゲームで中田の評判は、ヨーロッパのほとんどのエージェントに広まっています。異例ではありますが、このワールドカップの期間中、オファーを待ちましょう。もちろん、タイミングは重要ですが、中田のために名乗りをあげたチームをすべてテーブルの上に載せ、検討していきたいんです」

ゴードンの中田への評価は、次原が予想もしていないものだった。

ゴードンは次原に簡単な解説を加えた。

「一言にオファーと言ってもその内容はさまざまです。選手の資料を請求する身分照会程度のものもあれば、直接会ってプレーを見たいというテストの誘いや、移籍金がいくら必要かという具体的なものまで、チームやエージェントの要求は千差万別です。我々は、そのひとつひとつに対処していかなければなりません」

次原はメモを取る手を休めた。

「分かりました。中田には、そう伝えます」

ゴードンと次原は、六月十四日、トゥールーズのミュニシパル・スタジアムで行われるアルゼンチン戦の後に再会することを約束した。

「試合の夜、選手にはわずかですが自由時間が与えられます。ぜひ中田と食事をしながらゆっくり話をしてやってください」

短い別れの挨拶の後、ゴードンと二人のスタッフは、大急ぎでローザンヌ駅に向かった。パリのホテルには中田を始め、移籍を託された選手のための膨大な作業が待っていたのだった。

部屋のライティングデスクの上には、数十枚のファックスが散らばり、選手たちのデータの整理は日付が変わっても終わらなかった。パリに戻ったゴードンは、スタジアムに足を運べなかった七チームのスカウトと、新たに中田の情報を提供しようと考えているエージェントたちに向けて短いリポートを綴っていた。

〈中田英寿についてのリポート〉
六月三日　日本代表対ユーゴスラビア代表戦
ローザンヌ・オリンピック・スタジアム

「中田は常にツートップの後ろでプレーしている。そのポジションで、彼は不思議とも思える、特別な能力を発揮していた。ユーゴスラビア選手の攻撃の意図を簡単に読み取り、ディフェンスゾーンに戻ることなく、ミッドフィールドでボールを奪ってしまうのだ。それは日本代表というチームの危機管理において、最高のパフォーマンスでもあった。

彼は右利きだが、左足も随所で使われている。中田はピッチのどんな場所からも味方フォワードを見つけ出し、ロングパスを放つ。その精度は驚くほどに高い。

彼は、ディフェンスのために深いポジションにいても好機があれば前線へパスを送っていた。ユーゴスラビアのフレキシブルなディフェンスラインを悠々と越える、スペクタクルな鋭いパスを、彼は好んでいるようだった。

ゲーム中、難しい局面に巻き込まれてもいたって冷静さは失われていない。そして、どんなときにも自らのパスで困難を回避している。中田のパスの量は、日本代表の中で最も多いのだ。

中田はボールを持っていないときにもよく走る選手である。自分がボールを持つ前に、自分が立つ最高のポイントを探し出す。しかし、残念なことに、現在の日本代表には彼と同じ、もしくは彼が求めるパスを常時供給できる選手がいない。

両チームの選手の中でも、中田はピッチ上で最も目立っていた。プレーの合間に他の選手に指示を与えることが、彼の重要な仕事になっている。だが、他の選手に向かって何か要求するたびに、中田は何らかの失望を感じている。

中田は、彼が持ち合わせている才能のすべてを引き出す監督、そして、彼の才能のすべてを必要とするフォワードのいるチームに移る必要がある。なぜならば、もし、それができなければ、彼は、大きなフラストレーションを抱えたまま、自分の才能の半分を使ったところでサッカープレイヤーとしての生涯を終わることになるからだ。

ただ、若さと経験不足によるウィークポイントもいくつか見られた。中田は九十分間すべての状況でのポジショニングについて、まだ多くを学ばなければならない。彼はときどき自分が走り込んでいける場面でパスを出すことを選択することがある。自らどんな状況でも走り切ることができるよう、プログラミングされたフィジカルトレーニングをさらに積むことが必要である。

結論。中田には、現在示されている才能を遥かに超える可能性が秘められており、ピッチの上ではカリスマを感じる。スターになる可能性は極めて大きい。その場所は日本ではないと考えられる。彼の才能は、必ず国境を越える」

ようやく、中田についてのリポートを書き終えたゴードンは、パリとローザンヌを駆け足で往復しながら、疲れを感じていないことに自分でも驚いていた。

彼は椅子に深く腰掛けると、目を閉じ、背筋がぴんと伸びた中田のプレーを思い出していた。胸には静かな喜びがこみ上げていた。未知なる才能との邂逅《かいこう》は、エージェントとなった彼の第二の人生が無意味でないことの証《あかし》だった。

一九六三年一月十七日、イギリスのスターブリッジに生まれたコリン・ゴードンは、記憶が定まらない頃からボールを相手に遊んでいた。少年になっても、サッカーは生活のすべてだった。彼は近くのクラブチームに所属し、フォワードとして活躍した。ぬきんでた得点力とゴールへの執念は、プロ選手へと成長を遂げる彼の未来を告げていた。

もちろん、プロへの道は平坦《へいたん》ではなかった。自分と同じぐらいの力を持つストライカーは無数に存在することを十分に知っていた彼は、監督が示したトレーニングに情熱を傾けた。やがて、その体格の良さと俊敏な動き、ボールをコントロールする絶妙なテクニックが認められ、八四年、スウィンドン・タウンでプロとしてデビュー。その後、ザ・フットボールリーグ（現在のプレミアリーグ）のレスターシティーに入団する。若きストライカーの活躍を疑う者は誰もいなかった。

ゴードンにもエージェントたちは擦り寄ってきたが、ゴードンは、とにかく彼らが苦手だった。チームや選手の移籍交渉の権利を持つエージェントは、サッカーに関してはまったくの素人だった。しかし、どんなときにも選手を金に換算することだけは忘れなかった。エージェントにとって選手の人格やプレーそのものすら二の次だった。どの選手がいくらの商売になるのか、巨額の移籍金に群がるように生きているエージェントを、ゴードンは軽蔑《けいべつ》さえしていた。

実際、そのエージェントに翻弄《ほんろう》され、金銭のために移籍を申し出る選手も少なくなかった。ゴードンと親しかった選手の何人かは、金を目的にしたエージェントに人生を預け、やがて道を踏み外していった。彼はエージェントたちがサッカー選手の敵である限り、選手にとって正当な移籍は行われないと思っていた。

ゴードンにも数々の移籍の話は持ちかけられた。だが、彼には強い防衛本能が働いていた。ゴードンは、彼らと係わることを頑《かたくな》に拒んでいたのだった。

ゴードンがサッカープレイヤーとして頂点を極めることなく、引退したのは一九九三年のことだった。大腿《だいたい》部筋肉断裂で再起不能を宣言されたのだ。満身創痍《まんしんそうい》でのプレーは彼の選手寿命を極端に縮めた。だが、彼には微塵《みじん》の後悔もなかった。ピッチで過ごした膨大な時間は、彼の心に誇りをもたらした。だからこそ、第二の人生を模索しているとき、ゴードンは、サッカーを離れたくないという思いに駆られた。ヨーロッパのフットボールのために、フィールドを走る選手たちのために、自分の情熱を注ぎたいと考えるようになったのだ。

彼は、暗躍するエージェントたちと対峙《たいじ》するには、自らが選手のための移籍を実現するプロフェッジョナルにならなければ、と思った。サッカー選手の権利と環境を守るための仕事がしたかった。ゴードンは、軽蔑してやまなかったエージェントの世界に身を投じる決心をした。

ＦＩＦＡ公認のパスを獲得するのは易しいことではなかった。ＦＩＦＡに納める保証金も二千万円を下らない。それでも、彼が立ち止まらなかったのは、イギリス人の魂はピッチにあると信じていたからだ。

エージェント組織の改革を望む多くの先輩や友人の声援を受け、やがてゴードンはエージェントとして仕事を開始した。

ゴードンは、中田のために新たなクラブのリストを作成しはじめた。翌朝から、各クラブのエージェントと連絡を取り、六月十四日の日本代表対アルゼンチン代表戦に足を運んでくれるよう、依頼するつもりだった。彼は、それぞれの監督を思い起こし、そのチームの戦績やレギュラー選手の名前を書き連ねていった。

また、眠れぬ夜になってしまった、とゴードンは思っていた。

第三章
スイスの家族

五月三十一日に行われたメキシコ代表との一戦は、1―2で敗れたものの、まったくの非公開で行われたため、ニュースとしての扱いは極めて小さかった。

しかし、日本代表にとってワールドカップ本戦直前のゲームとなるユーゴスラビア戦は違っていた。そのゲームは、生放送でテレビ中継され、別の意味で一種異様な空気に包まれて終了したのだった。

前日の六月二日の午前中、日本代表を牽引《けんいん》してきた三浦知良と、豊富な運動量で日本のサッカースタイルを支えた北澤豪が、十八歳の市川大祐とともに、二十二人のメンバーから外された。監督の岡田武史が決断し、そのことを三人に告げたのだ。騒然としたマスコミは、ユーゴスラビア戦の結果だけでなく、その真相を追いかけていた。

若い市川は、経験を積むために日本代表と行動を共にすることになったが、三浦と北澤は即日、ニヨンからイタリアへ出国し、帰国の途についていた。

二日の午後一時、記者会見を行った監督の岡田は、三浦と北澤が戦力外となった経緯を饒《じょう》舌《ぜつ》に語ることはなかった。だが、その理由のひとつに「フォワードの柱を二十二歳の城彰二に決定した」というチームの方針をあげていた。記者会見の席で岡田はこう語った。

「カズに関しては、アルゼンチン、クロアチア、ジャマイカで使うことがないと判断しました。今、城を中心として考えていて、試合の中で使うことはないと判断しました」

そして、三浦と北澤が帰国する理由については「ショックが大きく、帰すことにしました」と言った。

取材陣の質問は、三浦や北澤と「ドーハの悲劇」と言われた九四年アメリカ・ワールドカップ・アジア地区最終予選敗退から共に戦ってきた井原正巳や中山雅史にも向けられた。

キャプテンの井原に異変が起きたのは、六月二日の午後の練習が始まったばかりの頃だった。三浦、北澤の帰国を聞かされた直後、右膝の内側靭帯《ないそくじんたい》を傷めたのだ。二人の帰国に衝撃を受けていた井原は、練習中に集中力を欠いていた。大切なユーゴスラビア戦の欠場を余儀なくされたキャプテンは、ただ呆然《ぼうぜん》としていた。

また、どんなときにも陽気に振る舞う中山も暗く沈んでいた。日本代表で最も長い時間を過ごした三浦と北澤の離脱に唇を噛《か》みしめるだけだった。

イタリアのミラノまで三浦と北澤を追いかけた記者たちは、ホテルで張り込み、沈痛な表情の彼らにコメントを迫っていた。

マスコミは、戦いの前の静寂を破るように岡田ジャパンへの不安を活字にして紙面に躍らせた。

三浦と北澤が外された原因は何なのか。日本の新しいエース、城は世界の壁を打破できるのか。井原の怪我はアルゼンチン戦までに完治するのか。

国内ほどではなかったが、海外のメディアにも「三浦知良、代表落ち」の報道はすぐに伝《でん》播《ぱ》していった。飲酒や喫煙に加え、素行の悪さを理由にイングランド代表を外されたポール・ガスコインや、ザガロ監督との確執が取り沙汰《ざた》される中、怪我が治らず戦力外になったブラジルのロマーリオと並び、突然代表を外された三浦の名前は、イギリスやイタリアのスポーツ新聞に大きく記された。一年とはいえ、セリエAでプレーした日本人選手、三浦の名前は海外で最も知られていた。ヨーロッパのサッカー記者たちは、知名度があり、日本代表の中心選手であると信じていた三浦の帰国に、岡田と三浦の間にザガロとロマーリオのようなスキャンダルがあるのではないか、と邪推するほどだった。

周囲の騒々しさは、日本代表二十二人の心にも少なからずさざ波を立てた。

ユーゴスラビア代表とのゲームを終えた中田は、騒々しい雰囲気を遮断するように、マスコミに背を向けていた。とにかく、二十二人のメンバー決定に対する周囲の過剰な反応が癇《かん》にさわってならなかったのだ。

彼は岡田の人選に驚くことも、異議を感じることもまったくなかった。誰が選ばれ、落ちるのか、全員が公平にその線上にあると思っていた。確かに、三浦と北澤を外すことは、チームにとって大きな決断ではあった。しかし、感情的に騒ぎ立てる場合ではないことを、選手たちは全員が自覚していたのだ。

情緒的な煽動《せんどう》が、チームの勝利には何ももたらさないことをマスコミは分かっていないのだ、と中田は思っていた。

世代の移り変わる予感に日本代表は大きく揺れていた。

レマン湖の畔にあるホテルの部屋に戻ると、中田はパソコンに向かった。使いはじめて一年足らずのパソコンだが、今や彼の生活の一部になっていた。友人たちとの連絡をEメールに頼ることが多くなっていた彼は、時間があればメールの有無をチェックした。そして、何より彼自身のホームページに寄せられるメッセージを読むことが、楽しみでならなかった。

五月二十七日にスイス入りした中田は、宿舎のホテルに到着するとすぐに自分の部屋にパソコンをセッティングし、毎日、ホームページに送られるメッセージに目を通していた。メールの数は日を追って増え、六月一日には一日で三千件のメールが書き込まれるようになった。すべてのメールを読むと深夜の二時、三時になることもあったが、それでも彼は黙々と活字を追った。

九八年に入り、マスコミとのコミュニケーションをまったくと言っていいほど絶っていた中田は、もはやマスコミを信じられなくなっていた。中田は、自分の発言が捏造《ねつぞう》され、もしくは歪曲《わいきょく》されて伝えられることに耐えかねていた。深く傷ついた中田の顔からは表情が消えた。そんな彼を、マスコミはさらに標的にした。硬直した態度を崩さない中田とそれを煽《あお》るマスコミとの対立は深まるばかりだった。

中田は非難が渦巻く中、スイスに来てからも一切の取材を受けなかった。そして、ワールドカップが開催されても気持ちを変えるつもりはなかった。その代わりまったくメディアの手が加えられない形で、中田に声援を送ってくれるサポーターたちにメッセージを届ける方法を考え出した。それがホームページ上に掲載する彼自身のメールだった。

「本当の自分を分かってもらうには、自分で表現するしかない」

そう考えた彼は、スイス合宿が始まると同時に思ったままの文章をホームページに書き綴った。反響は想像以上に大きかった。彼は全国から寄せられるメッセージを、時間の限り読み耽《ふけ》った。

パソコンのスクリーンを文字が埋め尽くしていた。中田はマウスをスライドし、メッセージのひとつひとつをチェックしていった。それらを読めば、ホームページの読者が自分の気持ちをストレートに受け取っていてくれることがよく分かった。中田はマスコミを介さず、直接読者と会話できることが嬉《うれ》しかった。彼の気持ちは、外で見せる無愛想さとは打って変わって明るかった。

中田はチームの中でも一人を好んでいた。練習以外の時間は部屋で過ごすことがほとんどで、他の選手たちと時間を共有することはなかった。彼を幾重にも縛る重圧が、彼を孤独へ追いやっていた。

数百件のメールを読んだとき、中田はベッドに体を投げ出した。0―1で終わったユーゴスラビア代表戦を思い起こしていたのだ。

日本代表にとってユーゴスラビアとのテストマッチは、ワールドカップ第二戦のクロアチアを想定してのものだった。旧ユーゴスラビア代表には、現在クロアチア代表のボバンやシュケルも在籍していた。東欧屈指のチームは、運命に翻弄されるように袂《たもと》を分かつことになったが、そこで培われた高度な個人技と勝利に賭ける闘争心は、二つのチームにしっかりと継承されたのだった。

ユーゴスラビアの選手たちは、戦略的なフォーメーションを駆使し、攻守にわたって日本代表を圧迫した。フォワードもディフェンダーも、体格だけでなくプレーの高さも日本人選手の比ではなかった。彼らが見せたゴールに向かうための強引な突破は、日本代表に最も求められる姿勢だった。

中田はピッチの上で感じた相手のスピードや体が交錯したときに受けた衝撃が、疑いようもなくワールドカップのアジア地区最終予選で経験したものとは違っていることを感じていた。日本代表を待ち受けるゲームが、これまでとは異なった難度の高い戦いになることは間違いなかった。

だが、彼は強敵との戦いに恐れを抱いたわけではなかった。日本代表はアジアのレベルを超える実力を示したユーゴスラビアと互角に戦っていた。彼自身、ユーゴスラビアと戦いながら、受け身に終始することなく、攻撃を仕掛けられたことにある手応《てごた》えを感じていた。中田は強い相手とのゲームを心から楽しんだ。ユーゴスラビアの選手たちの実力を全身で感じ取っていた中田は、日本代表がヨーロッパの豪快なサッカーにも太刀打ちできることを実感していたのである。

二月に、サッカー選手の移籍を仕事にしているというイギリスの会社から「ヨーロッパのチームへ移籍するつもりはないか」と問われたとき、中田は「条件が整えば考えます」と答えた。

Jリーグでプレーする選手の中には、ヨーロッパや南米のサッカーチームでプレーすることを「夢だ」と言って憚《はばか》らない選手も少なくなかった。だが、中田はそうした思いを抱いたことが一度もなかった。

発展途上の日本のサッカー界にあって、日本人の憧《あこが》れでもある海外のサッカーを「選択肢のひとつ」と言い放つ中田は、ときに傲慢《ごうまん》な選手にも見えた。

だが、彼には曲げられない信念があった。「自分は、職業としてサッカーを選んだ。それで観衆を魅了できなければ、プロとは言えない」というものだった。中田はこう言ったことがある。

「自分の選んだ仕事の場で、『夢』っていう言葉は使いたくない。どんなに夢を描いたって勝利は得られないし、最後は自分の力で進んでいくしかないんだからね」

中田が、金銭の条件やサッカーをする環境を落としてまで海外に行くことを望まなかった理由はただひとつだ。

「サッカーのために必要な条件と環境が整わなければ、最高のプレーを観衆に提供できるわけがないでしょう。海外のチームに移籍したって、自分が満足し、それを観に来ている観客が興奮できるようなプレーができなきゃ、意味がない。それなら、Jリーグで勝つために戦ったほうが、ずっと真剣にサッカーを考えているということになる」

ゲームのたびに、高度な技とそれが織りなす激烈な戦いを見せることに腐心した中田を突き動かしていたものは、プロとしてのプライドと責任感に他ならなかった。

そんな中田が、それでも海外でプレーすることを意識したのは、ワールドカップのアジア地区最終予選を戦っているときだった。混沌とした戦況が続いているとき、中田は、自分が大きな壁にぶつかっていることを知った。自分のサッカーを高めるために、今以上に厳しい環境が必要なのではないか、と考えはじめたのだ。

そして、ワールドカップの出場を決めた後、中田は静かに自分の進路をみつめた。

「サッカー選手としての選択肢を広げるには、自らの実力を示すしかない。実力を認められれば、高度なサッカーに挑むチャンスは必ず訪れる」

ワールドカップの年を迎えると、勝利への渇望はこれまでにないほど高まっていった。さらに中田は、世界が注目するプレーが、すなわち、日本代表の勝利にも繋がると信じていた。

中田は一本の電話を待っていた。ゲームの後、彼のマネージメントを担当する次原が、イギリス人エージェントとミーティングをしているはずだった。その話し合いが終われば、すぐに電話がかかることになっていた。だが、約束の時間から一時間が過ぎても電話はかかってこなかった。

ヨーロッパのチームのスカウトやエージェントたちが、自分のプレーをどう評価したのか、早く知りたかった。他人の評価に動揺するほど、自信がないわけではなかったが、ユーゴスラビア戦の印象で「ヨーロッパでのプレーは難しいだろう」と言われれば、海外への移籍の間口は極端に狭められるのは明らかだった。そのイギリス人エージェントが「国際レベルのサッカーで通用しない」という判断を下せば、中田は進むべき道を変更せざるを得ないのだ。

午後五時過ぎ、ようやく携帯電話が鳴った。次原だった。

待ちくたびれた中田は、少しぶっきらぼうに「ミーティングはもう終わったの」と切り出した。次原は高ぶる感情を抑えるようにして言った。

「エージェントのゴードン氏がユーゴスラビア戦を観た結果、移籍の決定は大会開催後まで延ばすことにしたわ。『ワールドカップでのプレーをスカウトたちが観れば、中田へのオファーは、必ず増えつづけるはずだ』と言われたのよ」

中田は小さく笑いながら、本音を吐いた。

「実はさ、俺、けっこう頑張っちゃったんだ」

小さな不安の固まりが一瞬で氷解した。

次原はゴードンが述べたプレーについての感想と、移籍に関する計画を次々に話した。

中田は相槌も打たずに彼女の話を黙って聞いた。そして、ゴードンというイギリス人が自分のプレーの深い意図を読み取っていることに驚いた。

「サッカー分かってるね、その人」

ワールドカップ出場を賭けて戦っている頃から、中田は、自分のプレーの真意を分かってくれる「誰か」を求めつづけていた。日本代表のメンバーであることが当たり前のようになるとなおさら、その思いは高まった。「中田」という名前が一人歩きし、どんなプレーでも褒め讃《たた》えるような空気が充満している中で、中田は、彼が実践したいと考えたサッカーを理解してくれる人を探していたのだ。彼はそのエージェントが、彼のプレーを理解してくれたことが、心の底から嬉しかった。

そして、「ワールドカップ三ゲームを戦い、すべてのオファーを待ったほうが良いだろう」という意見には小さな驚きを持った。自分のプレーに自信を持つ彼でも、ヨーロッパのレベルがどれほど高いかは十分承知していた。その地を舞台に奔走するエージェントが、「中田のプレーはヨーロッパで必ず認められる」と断言してくれたのだ。

自信は、熱となって彼の体を満たしていった。

中田はそのイギリス人の言葉を素直に信じようと思った。彼が何よりも求めていたのは、中田英寿のサッカーをみつめてくれる真摯《しんし》な姿勢と本物のプロの目だった。

受話器から聞こえる次原の声も弾んでいた。

「エールフランスのストで来られなかった七チームの他にも、いくつか新たなチームがアルゼンチン戦を観戦することになる、とゴードンは言ったわ。トゥールーズでのアルゼンチン戦の後、夕食を摂《と》りながらミーティングをすることになっているの。そのときに、あなたの考えをしっかり伝えればいいでしょう」

中田は、短く「そうだね」とだけ答えた。彼は、サッカーの世界において、異次元の扉の前に立ったことを実感した。

サッカーのために努力を惜しまない中田だが、これまで自分自身の未来には驚くほど執着を持たなかった。中田には年齢には不釣り合いな考え方が備わっていた。日本代表に選ばれた理由や海外の移籍について問われると、彼は決まってこう答えていたのだ。

「それは僕自身には分からないことです。日本代表に選ばれたことも、海外に移籍できるかどうかも、僕が決められることではない。どんなに望んでも無理なこともあれば、何も考えていなくても自然に道が開けることもある。今、代表にいるからと言って、監督が代われば、僕は選ばれるかどうか分からない。自分の力ではどうしようもないことを、僕は悩んだりはしませんね」

彼は運命論者のようでもあった。

しかし、今回だけは違っていた。彼は、明確に自分の気持ちを言葉にできた。

中田は次原にきっぱりと言った。

「俺、もう、日本には戻らないよ」

電話を切った中田は、ホテルのダイニングルームに向かった。暑さの中でのゲームは、彼の食欲を奪っていた。ほとんど食事には手をつけず、部屋に戻ると、窓の外から自分の名前を呼ぶ声を聞いた。

「ヒデ！　部屋にいるの？　いるなら顔を出して」

テラスに出ると、ホテルのすぐ向かいのフラットに住むステファニー・カールトンが、テラスから覗《のぞ》き込むようにして、何度も中田の名前を呼んでいた。二十歳になる彼女は、英語で中田に話しかけた。

「何かあったの？」

中田が問いかけると、彼女は右手に持った雑誌を掲げてみせた。

「あなたの記事が雑誌に載っているのよ。ほら、ここよ」

ステファニーが嬉しそうに持っている雑誌は、発売されたばかりの『ニューズウィーク』だった。ステファニーの父親、エドモンドもテラスに顔を出した。

「ヒデ、よかったらこっちにお茶を飲みに来ないか。美味《おい》しいチョコレートもあるよ」

中田は頷くと、しばらくして彼らの家に向かった。カールトン家を訪ねるのは、これで三度目だった。ドアを開けると、リビングではエドモンドが中田のために自ら紅茶を淹《い》れていた。

エドモンドは、『ニューズウィーク』を読みながら何度も首を振った。

「この雑誌にこんなに大きな記事がでるなんて、君は本当に有名なサッカー選手だったんだね」

中田は雑誌を手渡され、自分の記事を照れくさそうに眺めた。彼はその記事が掲載されていることを知らなかった。ぺらぺらとページをめくると、ワールドカップに先駆けてサッカーの特集が組まれていることが分かった。

家の中を忙しそうに歩き回るステファニーの母親、バージニアは立ち止まって中田を見た。

「そうよ、記事によるとヒデは凄く有名で、日本の中でとっても重要な選手なのよ。こんなに若いのに、素晴らしいわ」

バージニアは、中田に話しかけながら手当たり次第に荷物をまとめている。荷造りの手を休めないバージニアに、中田は問いかけた。

「この荷物、いったいどうするんですか？」

エドモンドは、表情を輝かせて言った。

「実は、新しい家が完成したんだよ。新築の家は、一軒家ですべて木で造ったんだ。なかなか良い家が完成した。ここからそんなに遠くない場所なんだけど、明日、引っ越しをするんだよ」

中田はカールトン一家が引っ越してしまうことに驚いた。寂しさを隠すように、彼はエドモンドに笑いかけた。

「そうなんですか。きっと素敵な家なんでしょうね」

中田にも、スイスのニヨンを離れる日が迫っていた。

「僕も、明後日、フランスのエクスレバンに移動します。ワールドカップの間、エクスレバンで過ごすんです」

ステファニーは楽しげだった。

「いよいよ始まるのね、ワールドカップが。私、これまでサッカーなんて興味もなかったけど、今回はちゃんと観るわよ。なんたって、ヒデが出るんですからね」

中田は、エドモンドに向かって静かに言った。

「ローレンには、もう会えないかもしれませんね」

中田は、ローレンに出会った日のことを思い起こしていた。

中田がカールトン家の長男であるローレンに会ったのは、五月三十日の夕方だった。夕食を終えた彼が自分の部屋のテラスに出て、椅子に座り本を読みながら音楽を聴いていると、すぐ向かいのフラットの同じ階のテラスに一人の青年が現れた。二人は短い挨拶を交わした。青年はローレン・カールトンと名乗り、寄宿舎のある高校に通っているのだと言った。十七歳の彼は、週末だけは家に戻り家族と過ごしているのだった。

一人で留守番をしていたローレンの家に招かれた中田は、拙《つたな》い英語で自己紹介をした。どちらからともなく英語で話しはじめた二人の会話は一時間にも及んだ。ローレンは、中田のためにゆっくりと平易な英語で話すように努めてくれた。スイスの自然や、食べ物や、生活習慣などについて、たわいのない話に中田は夢中になった。目の前に広がる湖を眺めながらのお喋《しゃべ》りは、中田の心を落ちつかせた。

突然、ローレンが湖面を指さした。

「見て。あそこにだけ雨が降っているよ」

大きな湖の真ん中が霞《かす》み、湖面には激しい雨が打ちつけていた。中田は、一言「凄い」と言って、その神秘的な光景をみつめた。ローレンは、その中田を見て微笑んだ。

中田はよく難しい人間だと言われる。警戒心が強く、自分について先入観を持っている相手には、決して本音を語らないからだ。しかし、彼のそうした態度は、向き合う相手によって途端にほぐれてしまう。自分を特別視することなく、普通の人間として向き合ってくれる者には、彼は無防備と思えるほど容易に心を開き、信頼を寄せるのだ。

中田はローレンとの会話を心から楽しんだ。その夜はいつもより深い眠りにつくことができた。

二日後の夕方、ローレンがいたテラスには、彼の両親と姉の姿があった。彼らは手招きをして中田を部屋に呼んだ。ローレンから、若い日本のサッカー選手の話を聞かされていたようだった。カールトン一家は皆、英語が話せた。

ワインやお菓子を振る舞われた中田は、彼らの話を聞き、簡単な英語で質問を繰り返した。父親のエドモンドは、アメリカ資本の銀行に勤めるビジネスマンで、サッカーにも興味を持っている、と言った。子供のようによく笑う中田を、家族全員が「ヒデ」と呼ぶようになっていた。

三時間があっという間に過ぎてしまった。日本からワールドカップを戦うために来た青年は、カールトンの家族にとって掛けがえのない友人になっていた。

引っ越しの準備に忙しいバージニアは、すまなそうに中田へ「どうかゆっくりしていて」と声をかけた。エドモンドは、思い出したようにビジネスバッグの中から銀行の名刺を取り出した。

「ここに新しい電話番号を書いておく。メールアドレスも。もし、ワールドカップの間に時間ができたら連絡してほしいんだ。僕らの新しい家で、また一緒に食事をしよう。そのときは、ローレンも一緒だからね。僕たち家族は、いつでもヒデを歓迎するよ。雑誌の記事になる有名なサッカー選手だからじゃない。僕らが君を好きだからだ」

部屋に戻った中田は、楽しかった数日間を思い起こし、そして、なぜだか急に寂しさを感じた。

日本代表に選出されてからの一年、中田は遠征と合宿を繰り返し、まったくといっていいほど家族と過ごす時間を持てずにいた。平穏な日常からかけ離れた中で、中田の神経は磨耗し、痛みを孕《はら》むようになっていたのだ。

全身全霊でサッカーに挑むには、痛んだ心を自分で守る以外なかった。彼は、硬質な殻で自らをくるみ、他人と隔絶することで、ようやく歩みを止めずにいた。傲慢に映った表情に隠された彼の魂は、傷だらけになっていた。

カールトン一家は、そんな中田を温かく包み、彼の胸に新鮮な空気を送り込んでくれたのだ。中田は彼らと話すことで息苦しさから解放されていった。その心は、瑞々《みずみず》しさを取り戻していた。

テラスに出た中田は、彼らとの別れの切なさを断ち切るように、スイス・ニヨンのひんやりとした空気を大きく胸に吸い込んだ。

翌六月四日の午前、日本代表の選手は軽い練習をこなした。午後からは、選手たちに最後の休日が与えられることになっていた。ほとんどの選手は、バスに乗り込みジュネーブの中心街へショッピングや観光に出かけた。だが、中田はそれに同行しなかった。ミーティングを兼ね次原、フジタとともにフランスのエビアンまでドライブを楽しんだのだ。

スイスとフランスの国境を越えてエビアンに至る時間は、思った以上に短かった。一時間後、エビアンの街を歩いていた三人は、オープンカフェで優雅なランチを食べた。

その後、最高級のホテルの中のリラクセーション・ルームを訪れ、ヨーロッパの紳士たちに混じってマッサージを受けた。分厚いバスローブを着てゆったりとしたソファーに腰を下ろすと、心地よさは格別だった。

中田は、このとき一瞬だけサッカーを忘れていた。ワールドカップを目前にした選手のメンタリティとしては奇異に映るが、彼には、戦いの重圧から逃れる時間が必要だった。ひとときでも重荷をおろした中田は、再び集中力を研ぎ澄ますことができる。

しかし、彼の心に影を落とす材料がないわけではなかった。昨日のユーゴスラビア戦に関して、日本のメディアのほとんどが中田のプレーを辛辣《しんらつ》に批判していたのだ。

「中田のプレーは完全に精彩を欠いている」

「体が重い。パスに切れが感じられない」

「中田のプレーを見て、日本代表は駄目だと思った」

「あんなに調子を落としていたんじゃ、ヨーロッパへの移籍はあり得ない」

新聞記者やスポーツジャーナリスト、サッカー専門誌のライターは、皆、口を揃えて中田の不調を騒ぎ立てた。

中田は、パソコンや日本からのファックスで、自分のプレーが非難されているという情報を得ていた。

ゴードンの評価どおり、ユーゴスラビア戦でのプレーに手応えを感じていた中田は、なぜ周囲が「不調だ」と騒ぐのか、まったく理解できなかった。

この落差はどうして生まれたのか――。

日本のマスコミは、中田へイラン戦と同様の活躍を期待していた。

ワールドカップを戦う日本代表に、これまで以上に強い存在であることを求めていた。華々しいプレーの先にある勝利を望んでいた日本のマスコミの物差しは、中田に対して無責任に厳しくなっていた。

中田は、自分が好調であることと人が下す評価が異質なものだという現実を知った。彼の中でまたひとつ答えが出ていた。エビアンへの短い旅の帰路、中田は次原とフジタに「必ず結果を出して移籍を実現させる」と宣言した。この不快な違和感を消し去るには、心に決めた道を進むしかないのだ、と彼は思った。

翌五日、フランスのエクスレバンに到着した中田は、その夜、パソコンに向かい、カールトン一家への手紙を書きはじめた。彼は、ワールドカップの開幕が迫った今、彼らにもう一度、自分の気持ちを伝えたいと考えていたのだ。彼は書いた手紙を、すぐにメールで送った。

親愛なるエドモンド、バージニア、ステファニー、ローレン

カールトン家のみなさんへ

こんにちは。お元気ですか?

僕は、とても元気にしています。

スイスでは本当にお世話になり、ありがとうございました。あなたたち家族のおかげで、僕のスイス合宿がどんなに素晴らしいものになったことか!! ほんとうに充実したものになりました。あなたたちの親切が、僕にとっては最高のプレゼントでした。このような素敵なプレゼントを与えてくれたことを、心より感謝しています。

僕は普段から家族と離れて住んでいるので、なんだか家族の一員になった気分でした。あなたたちと過ごすひとときが、僕にとって最も心の休まる瞬間だったのです。僕は、あまり英語を上手に話すことができないので、言っていることがおかしかったり、分かっているふりをしていたことがあったと思います。もし、気に障っていたらどうか許してください。あまり英語が分からなかったのですが、みなさんの心遣いが非常に嬉しくて、なぜ上手く言葉が話せなかったのだろう、と自分に腹が立っています。

サッカーの遠征でいくつもの外国に行ったことがあるのですが、このようなことがあったのは初めてです。遠征だけでなく、僕のこれまでの人生でもこのような出会いは経験できませんでした。

僕はこのワールドカップが終わったら、ヨーロッパのチームでプレーしたいと思っています。そのときには、時間があればぜひ遊びにきてください。

僕も時間を見つけ次第、新しい家に遊びに行きたいと思っています。

日程は、十四日にトゥールーズでアルゼンチンと、二十日にナントでクロアチアと、そして二十六日にリヨンでジャマイカと試合をします。もし、暇であればテレビで観てください。

僕は、このワールドカップでの三試合をあなたたち家族へ捧げます。

そして、感謝の気持ちを結果として残せるよう、精一杯頑張ります。

最後になりましたが、もう一度お礼を言わせてください。

ほんとうにありがとうございました。

返事はすぐに届いた。中田は辞書をひきながら彼らのメールをゆっくりと読んだ。

親愛なるヒデへ

今日、あなたからメールが届きとても驚いています。あなたがとても喜んでくれたこと、私たちと過ごして幸せを感じてくれたこと、本当に嬉しいと思っています。そして、あなたの思いやりに感謝します。こちらこそ、ありがとうございました。

国や文化が違う人々が、心を通じあえなかったとき、その理由に「言葉の壁」をあげます。しかし、本当に心を通わせたいと願えば、自分の気持ちを伝える方法はいくつも見つけられるものです。要するに「心の言葉」を持てばいいのです。あなたはこの「心の言葉」をとても上手に話し、私たちに優しさや温かさを伝えてくれましたね。

あなたは努力をして、懸命に英語を話してくれました。それなのに、私たちは一言も日本語を話すことができなかった。今は、それがとても恥ずかしいことだったと思っています。

ヒデ。あなたがワールドカップで私たちのために戦うと言ってくださったこと、本当に感激しています。どうか、私たち家族がいつもあなたを見守っていることを忘れないでください。

新しい家にすぐにテレビのケーブルを付け、日本代表の戦いを必ず観ます。ステファニーは、ついに生まれて初めてサッカーのゲームを観ることになります。

これからアルゼンチン戦まで大変な一週間になると思いますが、いつでも電話をください。そして、あなたがワールドカップの後、ヨーロッパでプレーするというニュースは、私たちにとって最も喜ぶべきことです。いつでも私たちの新しい家に泊まりに来てください。待っています。

All the best
エドモンド、バージニア、ステファニー、ローレン

追伸、ヒデと私たちは、またすぐに会うことができると信じています。

彼らのメールを読みおえると、中田はヘッドフォンを耳に当て、気に入っていたCDをかけた。友人から贈られたジョン・レノンのアルバム『イマジン』は、眠りにつく前に繰り返し聴く一枚だった。

安らかな時間とは裏腹に、中田にとっては過酷な挑戦が始まろうとしていた。

第二部　孤高のフランスW杯

第一章
満身創痍の日本代表

スイスとの国境に近いエクスレバンは、アルプス山脈の麓《ふもと》にある山岳リゾート地としてフランス国内はもとより、ヨーロッパ全土に知られた保養地である。街の随所に、病気療養のための温泉施設があり、みやげもの屋やレストランが軒を連ねている。

ワールドカップの期間、日本代表が滞在することが決定すると、エクスレバンの街には日本人を歓迎するための準備が施された。「駅」「病院」といった日本語の表示や看板が備えつけられ、タクシーのボンネットやレストランの玄関には、即席の日の丸が掲げられた。

一九九八年六月五日、日本代表がエクスレバンに到着すると、街の人々は、心から選手たちを歓迎した。笑顔で「こんにちは」「ようこそ」と片言の日本語を話し、皆、日本代表を応援すると言った。

また街には、バカンスに来ているヨーロッパの観光客が驚くほど、日本人のメディアやサポーターが大勢闊歩《かっぽ》していた。エクスレバンを訪れたすべての日本人が、ワールドカップを体験する日を待ち望み、モンブランから吹く初夏の風に、梅雨の鬱陶《うっとう》しさを忘れていた。

しかし、街の一角だけは、張り詰めたような空気が漂っていた。日本代表が宿泊するパークホテルは、取材活動が規制され、詰めかけていたマスコミ陣も公式記者会見以外には立ち入ることができなかった。カメラマンが遠巻きにホテルの中庭を覗いたが、選手の姿は捉えられなかった。

時折、カフェで語らう選手たちもいたが、ほとんどの選手は、練習以外の時間を自分か親しい選手の部屋で過ごした。アルゼンチン戦を迎えるためのトレーニングは激しさを増し、彼らは体を労《いたわ》ることを怠れなかった。選手たちの昂《たか》ぶった神経を鎮めたのは、日本から持ち込まれたテレビゲームやTVドラマ、映画のVTR、文庫本や漫画だった。名波浩や岡野雅行、森島寛晃は、部屋に集まってはゴルフゲームでスコアを競い合った。城や山口素弘は気分転換には歌を歌っていると言って、記者たちを笑わせた。

スイスのニヨンからフランスのエクスレバンに移動した日本代表は、アルゼンチン戦に向け、練習に専念した。

選手たちは、木々が繁《しげ》る開放的なピッチでトレーニングを行った。静かな環境は、緊張を解きほぐすには最適だった。スタジアムを訪れた街の子供たちは、日本代表の熱烈なサポーターとなっていた。

日本サッカー協会のスタッフが、練習を見学に来た人々に配った日本代表のエンブレム「八咫烏《やたがらす》」のピンバッジは、ことのほか人気を博した。そのピンバッジが多くの子供たちの胸に光るようになる頃には、選手たちの名前もすっかり覚えられていた。


監督の岡田は、昨年のマルセイユで行われたワールドカップ組み合わせ抽選会で初戦にアルゼンチンと対戦することが決まって以来、南米予選を一位で突破した強豪を相手に戦う方法を考えつづけた。南米予選のＶＴＲを始め、アルゼンチンに関するあらゆる資料を収集し、隙《すき》を見いだすためにコーチの小野剛とミーティングを繰り返した。岡田の出した結論は、「九十分間守り抜き、カウンターで得点をあげる」というシンプルなものだった。果敢なアルゼンチンの猛攻を防ぎ、その間隙《かんげき》をついて攻撃を仕掛ける徹底した守備重視の戦術は、昨年のワールドカップ・アジア地区最終予選を戦った４―４―２の布陣を、３―５―２に変えさせた。

つまり、ディフェンスラインを固める選手を常時三人にし、左右のサイドバックもボランチもゲームメーカーとなる中盤の選手も、守備に重点を置いた動きを要求された。

ディフェンスラインを押し上げることなく引きぎみにゲームを進め、相手に隙ができた一瞬に躊躇《ちゅうちょ》することなく一気に攻めあがる。そのためには、九十分間走り回る体力と集中力、そして、巡ってきたチャンスを得点に結びつける精度の高い攻撃力が要求された。

岡田が目指したものは、「負けないサッカー」を実践するベーシックな戦略だった。それは、得点シーンが繰り広げられる華麗なサッカーとは対極にある、忍耐のサッカーだった。サッカージャーナリストたちの間では、守ることに固執する岡田の考えに疑問を投げかける者もいた。守備を固めれば、日本代表がワールドカップ・アジア地区最終予選で苦しんだ得点力不足に陥るのではないか、というものだった。その懸念は確かにあった。しかし岡田は、すべての批評や批判に耳を貸さなかった。自分が描いた戦略を打ち立て、実行することがワールドカップでの一勝に繋《つな》がると信じていたのだ。

エクスレバンの郊外にある競技場でのトレーニングでは、スタンド付きのメイングラウンドで行われる公開練習と、高い壁が張りめぐらされたサブグラウンドで行われる非公開練習が交互に行われていた。

実は、目隠しされたサブグラウンドでは実戦さながらの紅白戦が繰り広げられていた。レギュラーチームとサブチームに分かれた選手たちは、連日、日本代表対アルゼンチン代表のシミュレーション・ゲームを行った。

レギュラーのメンバーとサブメンバーは、ほぼ固定され、紅白戦でもその役割が決められた。メキシコ戦、ユーゴスラビア戦とも先発でピッチに立ったフォワードの中山と城は、アルゼンチン戦でもスタメン間違いなしと目されていた。サブのフォワード、岡野と呂比須ワグナーは、アルゼンチン代表のツートップ、バティストゥータとクラウディオ・ロペス役を、また、スピードあるドリブルからの攻撃を得意とする森島は、アルゼンチンの柱となるオルテガを演じ、レギュラーチームと戦っていた。

アルゼンチンは間違いなく、格下の日本に最初から猛攻を仕掛けてくる。

そう考えていた岡田は、サブのメンバーに「猛烈な勢いで上がって、ディフェンスラインに常にプレッシャーをかけるように」と言い渡していた。

バティストゥータ役を任された岡野は、レギュラーチームのゴールに向かって疾走し、厚い守りを脅かすように走り回った。髪を振り乱し、汗をぬぐおうともしない駿足《しゅんそく》の彼は、ディフェンダーたちへプレッシャーを与えつづけた。

仮想アルゼンチンを相手にした選手たちは、3―5―2のシステムを強固なものにするために、ポジションの確認とコーチングを繰り返した。

最終ラインの中央を守るはずの井原は、怪我のために別メニューをこなしていた。他のディフェンダーたちは守りのラインが破綻《はたん》しないよう、慎重に壁を築いていった。秋田豊も中西永輔も、井原の代わりにレギュラーチームに入っていた斉藤俊秀も、日本代表の生命線が守備であることを、嫌というほど分かっていた。当然、本来はフォワードにパスを送る中田や名波も、戦いの流れの中では守備への比重が増えていった。

「アルゼンチンの圧倒的な攻撃を凌《しの》いでこそ、勝機は訪れる」

岡田の信念は、揺るぎないものだった。

だが、ディフェンス力を増強するための手段が講じられると、日本代表の弱点がそのままであることが露呈した。日本代表が抱えつづけた攻撃力への不安だった。

守備に比重が置かれれば置かれるほど、攻撃は当然手薄になる。岡田は、その手だてとしてセットプレーの充実を求めた。担い手は、キッカーに指名された名波と中田だった。ゴール前に築かれた壁をふわりと越える名波のフリーキックや、名波と中田が素早く連携を取り、乱れた壁の隙間を狙《ねら》って放たれるシュートなど、意表をつくアイディアも取り入れられた。

しかし、ワールドカップ・アジア地区最終予選から指摘されつづけた「決定力の欠如」を改善するのは簡単なことではない。

チームの楔《くさび》となり、攻撃の拠点となってフォワードにパスを送る中田は、得点をあげられない現状に憤りを感じていた。もちろん、中田は「負けないサッカー」を否定はしなかった。だが「勝つためのサッカー」に必要な戦術が、日本代表には少ないことを、岡田に訴えつづけた。

正確な守りで相手を無失点に抑えても、自分たちがゴールを決められなければ、残る結果は引き分けだけだ。絶対に勝てない。

中田にとって、ただ守るだけのサッカーは敵前からの逃亡に等しかった。

岡田はワールドカップ出場を決めたイラン戦以降、中田に絶大な信頼を寄せていた。九八年を迎え、三月のダイナスティカップ、五月のキリンカップを戦う中で、中田とは何度も話し合い、ときには議論を闘わせながら、攻撃の手だてを考え合わせた。

チームの総指揮に当たる岡田にとって、ピッチの上で選手の動きを掌握し、ゴールへの意欲を剝《む》き出しにする中田は、唯一無二の選手になっていた。

中田は、名良橋晃、相馬直樹の両サイドバックを活かすための展開や、敵の守備を欺くパスにさまざまなアイディアを示した。二十メートル以上のロングパスをピンポイントで合わせるためのタイミングや、サイドライン際を全速力で駆け上がったときに送り出すコーナーへの深いパスの角度など、中田は、名良橋と相馬に何度も声をかけた。

フォワードに決定的な一撃を期待できない現状では、岡田が、ゴールをお膳立《ぜんだ》てする中田に頼らざるを得ないのは当然だった。

ブラジルのロナウド、オランダのベルカンプ、アルゼンチンのバティストゥータ、クロアチアのシュケルといった、強力なフォワードを持たないチームの苦悩は大きい。決定力不足に喘《あえ》ぐチームは、日本だけではなかった。

ホスト国として勝利を義務づけられたフランスも、フォワードの能力が低く、ワールドカップでの苦戦を予想されていた。サッカーの歴史と戦力こそ違え、フランスが抱える問題は日本に酷似していた。

フランス代表監督、エメ・ジャッケは、司令塔としてチームを支える二十五歳のジネディーヌ・ジダンに「フォワードは誰と組みたいのか」と、意見を求めていた。ジダンが中心となったフランス代表は、まさにジャッケが基礎から作り上げたチームだった。ジャッケは、フランス・チームの頭脳でもあるジダンが「組みたい」と思うフォワードこそ、チームにとって必要な存在だと考えたのだ。

ジダンはそのことをジャーナリストたちに問われると、いつもこう答えていた。

「僕がワールドカップでどのフォワードと組みたいか、それを公言することはできません。しかし、自分の希望はジャッケ監督にはっきり言ってあります。監督は、僕の考えを分かってくれましたし、僕の戦うための方法が間違いではないという自負もあります」

ジダンが選んだフォワードは、ワールドカップ前に調子を落とし、代表入りが絶望視されていたクリストフ・デュガリーと、二十歳のティエリ・アンリ、そしてダビド・トレゼゲだったといわれる。その後、ワールドカップを迎えたジャッケは、やはり世紀の決戦に、スランプのデュガリーと国際舞台での経験も浅い二人の若いフォワードを起用することになった。

日本代表にあって、中田はジダンと近い状況に置かれていた。中田は岡田の戦略を深く理解することで、自由自在にパスを出すことを許されていた。中田は、岡田が頑《かたく》なまでに貫いた守備の意識を十分に持ちながら、それでも勝利を摑《つか》み取るために前を向いた。初めてワールドカップを戦う日本代表では、中田のパスの行方が「勝つためのサッカー」の鍵になっていた。

中田は、ワールドカップへ旅立つ前、たった一度だけ、岡田に「城と組みたい」と告げている。決して中田がフォワードの選手を選《え》り好みしたという次元の話ではない。城とならば少ないチャンスを活《い》かしゴールを目指せると思っての正直な意見だった。素早く点と点で合わせたイラン戦の同点ゴールのイメージが、彼の脳裏に焼きついていた。しかし、中田は、それ以上は何も言わなかった。

六月二日、二十二人のメンバー選出の記者会見で、岡田は「フォワードは城を中心に考えている」とコメントしている。それは岡田自身の決断だったが、中田の意志が反映されていたことは十分に考えられた。

五日、エクスレバンに移動した中田は、六月七日に行われたフランス二部リーグのグーニョンとの練習試合を前に、スタメンに起用された中山と城のツートップでゴールを決めることだけを考えていた。中山のゴール前での存在感と城の切り込んでいくスピードは、日本代表が勝つために不可欠なものだった。

グーニョンは、強いチームではなかったが、屈強な体を激しくぶつけるタフなゲームを仕掛けてきた。レギュラーチームは前半だけを戦い、グラウンドを後にした。後半戦は、サブチームが受け継いだ。結局、前半に中山が決めた一点が決勝点となり、日本はフランス二部のチームをようやく振り切った。

中田と中山は、ピッチを離れても、細かいコンビネーションを確認するため、手振りを交えてお互いのニュアンスを確認した。

中田は中山に向かって整然と、攻撃のプランを言葉にした。攻撃のバリエーションを増やすため、パスの角度や走り込みのタイミングなど、二人は自らのイメージを懸命に伝えあった。

ボールに食らいつき、ときにはボールを奪い取ってでもゴールに向かう中山のプレーはどんなときも観客の感動を呼んだ。九四年アメリカ・ワールドカップに出場できなかった雪辱を誓った三浦が日本代表を去った今、中山は背負うべき期待と責任の重さを感じながら、それを戦うための情熱に変えようとしていた。

その中山は、中田が次々に話す攻撃のアイディアに興奮せずにはいられなかった。ワンツーのパスからの速攻や、相手のディフェンダーを欺くフェイントなど、中田が求めた動きができれば、ゴールに結びつく場面は必ず増えるはずだった。

「ヒデからいつもアドバイスを受けています。アイツから怒られるんで燃えるんですよ」

中山は、中田を信じる気持ちをユーモアを込めて記者たちに語った。彼はいつしか、二十一歳の若いゲームメーカーのパスをゴールに蹴《け》り込むことを、ひとつの目標に掲げていたのである。

二人のフォワードは、対照的な表情を見せていた。中田との連携プレーに意欲を燃やす中山に比べ、岡田から「ゴールを強く意識しろ」と、激しく言われている城は、それでもマイペースを保っているようだった。

二年前のアトランタ・オリンピックに出場したときには「世界にアピールして、オファーが来れば海外へも行きたい」と言っていた城も、記者たちに「ワールドカップ後に海外を目指す気持ちはあるか」と問われると、今度は苦笑いしながら否定した。

「世界のレベルがどれだけ高いか分かってる。今の自分じゃ世界になんてまったく通用しない。もちろん、オファーもないし、海外への移籍も考えていませんよ」

城は血気盛んだった自分を認め、謙虚にそう言って微笑んだ。

九八年二月、オーストラリア遠征に出発する監督の岡田は、代表候補として集めた六名のフォワードの実力を「どんぐりの背比べ」と評した。レギュラーポジションを獲得するのは誰なのか。城は、自らの気持ちを奮い立たせ、先発メンバーへ名を連ねるために走った。ワールドカップ・アジア地区最終予選では、初戦のウズベキスタン戦こそ先発したが、その後はベンチを温めることも多かった。試合に出られないもどかしさは、城の闘争心に火をつけた。得点をあげられないエースに代わるのは自分なのだという自負も膨らんでいた。絶好調でありながら出場するチャンスのない城を、中田は「この予選の間に、必ず出場するチャンスは来る。そのときは、城に合わせてディフェンダーの裏をつく速いパスを出すから」と、励ましていた。ピッチに立つチャンスを与えられさえすれば、チームのために起死回生のゴールを決める。中田の言葉を聞くたびに、城はそう思っていた。

城に、サッカーこそ一瞬にして奇跡を呼び寄せることができる競技なのだということを教えたのは、九三年十月二十八日、ハンス・オフト率いる日本代表が九四年アメリカ・ワールドカップ出場を目指して戦ったイラク戦だった。

鹿児島実業高校サッカー部の一員として国体に出場していた城は、宿舎となった旅館のテレビで日本代表対イラク代表のゲームを観戦していた。２—１で迎えた後半ロスタイム。日本の勝利を確信した瞬間、コーナーキックを得たイラクがヘディングで同点ゴールを叩《たた》き出した。日本を震撼《しんかん》させた予選敗退の瞬間だった。城は、驚きに声を失いながら、それでも「これがサッカーなんだ」と、熱くなった。

チームメイトたちが呆然《ぼうぜん》としてテレビ画面を見つめているとき、城は、日本がワールドカップ出場を逃した悲しさとは別の感情に浸っていた。残酷な現実は、サッカーの面白さだけを印象づけた。

あの日から五年が過ぎ、日本はワールドカップへの出場権を得た。この大会ではアルゼンチンのプレッシャーを受け、自分がゴールを決めなければならないのだ。

フランスにたどり着いたという喜びは、ゴールを決めて初めて完結することを城は知っていた。

それぞれの思いを抱いていた中山と城は、鮮烈なゴールを演出できる一人のパサーに出会っていた。中田の描く放物線の先には、必ず相手のゴールマウスが待ち受けている。二人は、それを疑うことがなかった。

フランスに入って間もなく、岡田は中田をパークホテルのカフェに誘った。二人の話は、終始サッカーについてだった。

中田は、岡田にピッチの上で起こる問題を冷静に提示していた。

岡田は中田へ、常に話し合い、互いの問題を共有することを提案していた。岡田にとって、チームの原動力となっている中田との会話は、重要な作戦会議に匹敵した。

話が途切れたとき、岡田は中田に問いかけた。

「ワールドカップが終わったらどうするんだ」

中田は言い淀《よど》むことがなかった。

「できれば、ヨーロッパのチームでやるつもりです」

「そうか。俺もすぐには日本には帰らない。決勝戦まで観戦することになっているんだ。契約が七月いっぱい残っているからな」

中田は、微笑んだ岡田の胸に、ある決意が秘められていることを悟った。


ワールドカップ・アジア地区最終予選の最中、更迭された加茂周に代わり、急遽《きゅうきょ》監督に就任した日から、岡田は、加茂の代役であるという意識を忘れなかった。ワールドカップへの出場を勝ち取り、監督を継続することが決まっても、決して舞い上がることはなかった。自分に経験がないことを誰よりも知っていたのだ。

日本サッカー協会が、岡田に二〇〇二年まで四年半に及ぶ監督契約を持ちかけたとき、岡田は即座にそれを断っている。フランス大会終了後の九八年七月まで、わずか八カ月の契約を結んだのだ。岡田が権力や名声に固執しないサッカー人であることは明らかだった。

エクスレバンで日本代表の取材をする記者たちは、岡田が七月以降も代表監督を続けるのかどうか、彼の去就を知りたがった。岡田は「ワールドカップ後のスケジュールは？」と聞かれるたびに「私の契約は七月末日までです」と、答えていた。

六月五日、外国人記者たちを集めた練習後の記者会見で、岡田は次のように語った。

「アーセナルのベンゲル監督は、今回のワールドカップで『日本代表は、二〇〇二年に結びつくよう、日本独自のスタイルを打ち出してプレーするべきだ』とアドバイスをくれましたが、私は今回のワールドカップのことしか考えていません。我々は旅行者としてフランスを訪れたのではないんです。戦うためです。もちろん、アルゼンチンに勝つチャンスも必ずあると思っている。引き分けなら、1―1か0―0。日本が勝つとしたら1―0だと考えています」

代表監督としての資質は、ワールドカップの結果でのみ示される。岡田は、降って湧《わ》いた監督就任のけじめを、ワールドカップの終了時につける覚悟を確かに固めていた。

ワールドカップの開幕が近づくと、代表チームを取材する報道陣は百名を超えていた。練習中や、その前後には選手たちと冗談を飛ばし合い、ボールに触れると大きな声を出す中田も、ピッチを離れるとやはり寡黙だった。特にミックスゾーンやロッカールームの出入口、バスの周囲を取り囲む日本の取材陣には、苛立《いらだ》ちを隠せなかった。

相変わらず記者たちに口を閉ざしていた中田にとっては、彼らの視線すら邪魔で仕方なかった。中田はワールドカップでの勝利を欲していた。日本サッカーの未来には、劇的な勝利が不可欠だった。上手く愛想をふりまけない自分は、スタジアムに詰めかけ、熱狂を巻き起こしてくれるサポーターたちへ、ゲームに勝つことで感謝の心を示すしかないと思っていた。不器用な中田には、それ以外の方法が思いつかなかった。彼は、雑音がない場所で静かにゲームへ集中したかった。

それでも記者たちは、チームの核となっている中田のコメントを欲しがった。日本サッカー協会の広報も、まったく取材を受けない中田の態度には苦慮していた。だが、紙面を埋めた「中田についての記事」は、彼を心底苦しめていた。狂乱とも言える人気を集め騒がれることは、彼にとっては苦痛以外のなにものでもなかった。中田は、どんな状況に置かれても、自分は「ただ一人のサッカー選手」でありたいと願っていた。しかし、ワールドカップ初出場の栄光が、それを許さなかった。

事実でない記事を「笑ってやり過ごしてしまえばいい」と、彼に助言する者もいたが、中田はそれができなかった。彼は、プロの記者ならば、誤りの記事には何らかのペナルティが支払われるべきだ、と思っていたのだ。彼が考えたペナルティが取材拒否だった。中田は、自分についての誤った記事が氾濫《はんらん》している限り、信頼のおけるいくつかのメディアを除いて、頑に取材を避けることを決めていた。

「取材をしたければ、嘘を書いたことを認めて、二度と誤った記事を書かないと誓えばいい」

そのけじめがつけられない限り、譲歩はしない。中田の言い分は、マスコミとの確執が深まっても曲げられることがなかった。

ワールドカップ開幕の前日、クロアチアのテレビ局が日本代表の取材のためにエクスレバンを訪れていた。練習後、バスに乗り込もうとした中田にクロアチア人のレポーターが、テレビカメラの前でのインタビューを申し入れた。

立ち止まり、レポーターの英語の質問に耳を傾けようとしたとき、中田の周囲に日本人の記者たちが耳をそばだてて擦《す》り寄ってくるのを感じた。彼は、メモを取ろうとしている記者たちに向かって、「離れてください」と言った。しかし、数人はその場を離れなかった。

抑えていた感情が噴き上がり、短く言葉にして吐き捨てた。

「うざってえんだよ」

突然、その場を立ち去りバスに乗り込んでしまった中田に、クロアチア人のインタビュアーが慌てだした。そばにいたフィジカルコーチのフラビオにポルトガル語で、「なぜ彼は行ってしまったんだ。どうしても中田の話を聞きたいんだ」と言って中田を引き戻すように頼んだ。フラビオはレポーターをなだめるように言った。

「ヒデが嫌だといったら、嫌なんだ。それは誰にも変えられない。彼が自分で決めることだからね」

表情からは計り知れぬほど、中田は追い詰められていた。アルゼンチン戦には、再び中田の実力を見ようとスカウトやエージェントが集まることになっていた。

自分の運命を切り開く試合がすぐそこに迫っている。

中田は、一人でパソコンと向き合う時間を過ごすことで、得体の知れない重圧を忘れようとした。ワールドカップ・アジア地区最終予選の最中には、時折、他の選手に混じって楽しんだテレビゲームも、エクスレバンに入ってから一度も触らなかった。

六月十日、ブラジル対スコットランドのゲームで、ワールドカップの幕が切って落とされた。

翌日の練習後、ワールドカップ開幕の感想を求められた岡田の顔からは、笑顔が消えていた。

右膝の靭帯《じんたい》を傷めた井原は、本当にアルゼンチン戦に間に合うのか。フラビオと二人だけで別メニューをこなす彼の右足を隠す大きな白いサポーターは、あまりに痛々しかった。中山の右膝も悲鳴をあげる寸前まできていた。アイシングを施し、足を引きずってバスに乗り込む中山の声は、いつにも増して甲高く、どこか自分を奮い立たせているようでもあった。

日本代表は、満身創痍《まんしんそうい》の選手を抱え、未知の戦いに向け滑りだしたのだった。

第二章
アルゼンチン戦の誤算

六月九日午後六時半、ワールドカップ開幕を翌日に控え「フェト・ド・フットボール（サッカーの祝祭）」がスタートすると、およそ十万人が街に繰り出した。ワールドカップ史上、初めてスタジアムの外で行われるこの前夜祭には、大がかりなセレモニーが用意されていた。それは、凱旋門《がいせん》、オペラ座、シテ島、士官学校の四カ所でパブロ（ラテン・アメリカ人）、ロメオ（白人）、ホー（アジア系）、ムーア（アフリカ系）という身長二十メートルの巨人が眠りから覚め、メイン会場となるコンコルド広場に向かって行進を始める、というものだった。肌の色が違う四人の巨人は、四千五百人の道化師やダンサーを従えてゆっくりと進み、コンコルド広場に集う頃にはパリの空はとっぷりと暮れていた。

行進を終えた巨人たちは、サッカー選手に変身を遂げている。巨人を囲んだ音楽とダンスのパフォーマンスは、フランスにふさわしいファッショナブルで前衛的なものだった。四年間、ワールドカップを待ち望んでいた人々がシャンゼリゼ通りに溢《あふ》れていた。長さ四メートル以上もある出場国の国旗が、通りを照らす街灯ごとに掲げられ、民族衣装をまとい、顔に国旗をペインティングしたサポーターたちが、奇声をあげ踊りながらこの国旗の下を練り歩いた。

誰もがワールドカップの始まりを待っていた。そして、戦いの前の束《つか》の間、盛大な祭りに酔いしれた。

一九三〇年、第一回ワールドカップは南米のウルグアイで開催された。当時、FIFAの会長だったジュール・リメは、開催経費や交通手段などの困難を乗り越え、以前から求められていたサッカー単独の世界大会を実現した。だが、参加国はわずか十三カ国。サッカー発祥の地であるイングランドを始め、スコットランド、ウェールズ、北アイルランドがボイコットする波瀾《はらん》のスタートだった。初代勝者となったウルグアイには、ジュール・リメの名を冠したユニークな形のトロフィーが贈られた。

日本は、五四年に行われた第五回スイス大会で初めて予選に出場する。アジアからこの大会にエントリーしたのは日本と韓国のみだった。伝統の日韓戦の始まりだった。この年、一勝一分けで韓国がワールドカップ初出場を果たしている。

第二次世界大戦によって十二年もの間中断し、政治的な影響も受けたワールドカップ。その予選に、世界の強豪国が揃って参加したのは、五八年に行われた第六回スウェーデン大会だった。以来、全世界のサッカー選手は、ワールドカップを目標の頂点に掲げるようになった。

三八年第三回大会の開催国を務めたフランスは、今回、六十年ぶりに自国で行われる大会に燃えていた。九八年フランス・ワールドカップでの優勝は、大会組織委員会委員長、ミッシェル・プラティニの悲願だった。

現役当時、その勇壮なプレースタイルから「将軍」と呼ばれたプラティニは、フランス代表として、八二年第十二回スペイン大会、八六年第十三回メキシコ大会に出場を果たしている。しかし、八二年、八六年ともに準決勝で西ドイツに敗れ、最高の栄誉を摑むことはなかった。彼は、若い世代にその夢を託した。史上最高の三十二カ国が出場する二十世紀最後のワールドカップで優勝することは、プラティニのみならず、フランス国民すべての願いでもあった。

盛大な前夜祭は、パリの交通を完全に麻痺《まひ》させてしまった。シャンゼリゼ大通りを始めパリ中心部への道路はすべて通行止めとなり、セーヌ川にかかるコンコルド橋も封鎖されていた。パレードが始まると、渋滞はパリ市内全域に広がった。

通行可能な道も迂回《うかい》する車で埋め尽くされた。クラクションが鳴り響き、ドライバーの怒鳴り声が飛び交っていた。

午後七時、次原はフジタと二人でタクシーを降りた。ピタリと動きを止めた車は、いつまで経《た》っても動きそうになかった。

ゴードンとのミーティングの時間に遅れるわけにはいかない。次原は、待ち合わせのホテルまで走ることにした。通常なら車で十数分のそのホテルまで、迷路のように寸断されてしまった道路のせいで、一時間以上もかかっていた。

次原には、サッカーの祭典の始まりを楽しむ余裕などまったくなかった。中田の移籍について刻一刻と変化する状況は、時間との争いでもあった。

六月十四日アルゼンチン戦を前に、次原は、中田が移籍可能なクラブのリストを正確に知りたいと思っていた。ワールドカップと並行して進める中田の移籍交渉は、現実的なものでなければならなかった。クラブを決定し、契約を済ませ、海外へ移住し、九月に始まるヨーロッパのサッカーシーズンでデビューするためには、ごく短期間でクラブを絞り込まなければ間に合わない。悠長にクラブを選ぶための時間は、中田には残されていなかった。

中田はワールドカップに出発する以前、所属クラブであるベルマーレ平塚にヨーロッパのクラブへ移籍したいという意志を伝えていた。次原もまた、中田の移籍を進める相談をするためベルマーレ平塚を何度も訪れていた。

次原は中田の個人代理人として、この契約をできる限り速やかに、水面下で進める必要があった。彼が所属するベルマーレ平塚は、中田の移籍についてある見解を持っていた。次原はベルマーレの考えを尊重するためにも、中田の移籍交渉は厳正に行わなければならないと思っていた。

ベルマーレ平塚の方針はこうだった。

——中田英寿は、ベルマーレ平塚にとっても、当然、必要不可欠な選手だ。ベルマーレ平塚のサッカーは、中田がいなければ成り立たない。中田がピッチに立たなければ、チームの戦略は、まったく機能しなくなる。日本代表選手として人気を博している中田を失えば、チーム力が大きく低下するばかりか、観客数にまで影響を与えることになる。

ベルマーレ平塚で選手の育成や補強を担当する、チーム統括部長代理、上田栄治は、中田の移籍に関して次原にこう告げていた。

「中田はベルマーレ平塚にとってなくてはならない選手です。中田を失うことはチームにとって痛手であることは間違いない。多くのファンも、中田を観るために競技場に足を運んでくれるんです。中田は絶対に手放したくない。金銭には換えられない選手です。ですから、ベルマーレ平塚が積極的に中田の海外移籍を推し進めることはしません。しかし、チームのすべての者が、中田のプレーが海外でも十分に通用することを信じています。中田の才能は、Jリーグでは納まり切れないでしょう。ヨーロッパでプレーすることは中田の進むべき道です。それは日本のサッカーのためでもある。ですから、中田の移籍をクラブが潰《つぶ》すようなことは絶対にない。中田自身が望む移籍先が決まれば、クラブはそれに同意し移籍の交渉を始めます。しかし、正式な交渉ができる段階までは、中田本人と次原さんにお任せするしかありません」

次原はベルマーレ平塚が、中田の移籍に理解を示してくれたことに安堵《あんど》し、そして感謝した。クラブは、戦力が低下することを覚悟の上で、中田のサッカー選手としての未来に賭《か》けてくれた。最大の理解を示してくれたベルマーレ平塚に、正規の移籍交渉を行ってもらえるよう準備を整えることこそ自分の仕事なのだ。上田は交渉が形になれば、追ってヨーロッパに出向き、相談することを次原に約束した。

ベルマーレ平塚の理解に支えられた次原は、中田のために執念を燃やした。中田には、サッカー選手として最高の移籍を遂げてほしかった。ゴードンが中田のために選び出したいくつものヨーロッパのクラブの中で、中田にとってはどこが最適なのか。中田が活躍できるクラブは、ゴードンのリスト以外にもあるのではないか。次原は、中田が巡り合うべきクラブを求めて、情報の収集と選別に躍起になった。


次原とフジタが約束の時間に到着すると、ゴードンもようやくホテルにたどり着いたところだった。ゴードンはさっそく資料を取り出すと、次原に新たなクラブのリストを見せた。そこには、ユーゴスラビア戦のときにはなかった、新しいクラブの名も記されていた。

「ここにあるすべてのクラブがトゥールーズにやってきます。優勝候補であるアルゼンチンを相手に中田がどんなプレーを見せるのか、関心は高くなる一方ですよ」

この一週間、ゴードンは、ヨーロッパの各クラブのスカウトやエージェントと会うたびに中田の話題を持ち出していた。

次原はゴードンが差し出したメモを自分のノートに書き写した。これらのクラブ名を聞いたら、中田は何というだろう。素早く書き留めながら、早く彼の声が聞きたいと思っていた。

・サンプドリア
・ユベントス
・ペルージャ

・アーセナル
・アストン・ビラ
・クリスタルパレス
・ニューキャッスル
・トットナム
・サンダーランド
・セルティック
・パリ・サンジェルマン
・マルセイユ

そこに記されたクラブについて簡単な解説をした彼は、この先もさまざまなクラブが名乗りをあげるだろう、といった。

「中田にとって最良のクラブは必ず見つかります。中田にはそれだけの力がある。ワールドカップの期間中、次原さんにはフランス国外のクラブにも足を運んでいただくかもしれません」

次原は、中田の移籍が後戻りできないところまで進んだことを実感した。彼女は胸の奥の思いを初めて言葉にした。

「ワールドカップを前に、日本のメディアは中田の移籍を大きく取り上げています。中には、ヨーロッパのクラブがジャパンマネーを目当てに中田を引き受ける、という報道まである。中田は、スポンサー付きだからヨーロッパのクラブに移籍できるんだ、と。実際、あるスポーツ新聞には、中田がシューズの契約をしているフィラが金銭を出し、チームスポンサーになっているイタリアのフィオレンティーナに入ることが決定したという、馬鹿げた記事まで出ているんです。私は、たとえそれが些細《ささい》なことであっても疑いを生むような交渉の進め方はしたくない。中田が実力で摑んだヨーロッパへの移籍を、絶対に汚したくないんです」

次原の淡々とした表情は最後まで崩れなかったが、その言葉には不安と苛立ちが込められていた。彼女が、慎重にならざるを得ない理由は明白だった。日本人選手の海外への移籍はこれまでにもわずかしかない。まして、中田のように複数のクラブを相手に交渉を進める選手はこれまでいなかった。

ゴードンは、次原の不安を遮るように力強い声で言った。

「あなたの言うとおりです。サッカー選手をそうした騒ぎから守るのも私たちの仕事です。でも、これだけは確かですよ。中田は、すでにヨーロッパのクラブから見て『金を出しても欲しい選手』になっている。しかし、だからこそ慎重に進めなければならない。大きなビジネスになる選手の周りには、金を儲《もう》けることだけしか考えていない人間も大勢集まりますからね。中田の移籍金は決して安くはありませんから」

Ｊリーグの選手規約にある「移籍係数による移籍金の算出」は、日本独特のものだ。年齢によってその係数が異なるのだが、中田のような若い選手の場合移籍係数は高く、巨額の移籍金が必要となる。もともと、人気のあるクラブに選手が集中することを避けるために、安易な移籍防止を考えて設けられたこのルールは、ときに若い選手の足かせとなる危険があった。ゴードンは、そうした日本の環境もすべて調べあげていた。

「中田は、移籍が難しいといわれるＪリーグにあって、その条件を正式にクリアできる唯一の選手と言ってもいいでしょう。ワールドカップは選手の見本市のような場所です。当然、クラブと選手の間で巨大な金銭も動く。商売人にとっても儲け時なわけですね。しかし、だからこそ、選手も、この機会を逃してはいけないんですよ」

二人はトゥールーズでの再会を約束すると、ミーティングを行ったホテルを後にした。

次原は、宿泊しているエッフェル塔近くのフラットへ、徒歩で帰ることにした。街の喧騒《けんそう》と大渋滞は、さらに酷《ひど》くなっていた。サッカーを待ち望む人々の歓喜は、まるで収まる気配がなかった。

ミッシェル・プラティニが頭を痛めていたエールフランスのストは、六月十日、開幕の日を待って終結した。

しかし、日本では別の大きな問題が持ち上がっていた。

日本サッカー史上歴史的瞬間となる六月十四日の対アルゼンチン戦のチケットが不足し、旅行会社が主催した観戦ツアーが次々に中止になったからだった。日本の旅行会社がチケットを発注したフランス国内の取次業者にも、ほとんどのチケットは届かなかった。日本代表戦のチケットは、日本人の手に渡ることなくフランス国内で消えていたのだ。

突然のツアー中止に、諦《あきら》めきれなかったサポーターは、トゥールーズ行きを決行し現地でチケットを手に入れるために奔走していた。

試合前日になると、トゥールーズの街には「チケット買います」というメッセージを掲げ、不安げな表情で立ち尽くすたくさんの日本人の姿が見られた。

ダフ屋の数も尋常ではなかった。日本代表対アルゼンチン代表戦の闇チケットの値段は急騰し、最高で一枚八十万円の値段がついていた。

十四日の朝になると、トゥールーズのスタジアム前では、普段では考えられない光景が見受けられた。チケットの買い手の日本人サポーターと、売り手のフランス人が道端で肩を並べているのだ。チケットを持たないサポーターは、ダフ屋が売りつけるチケットが高すぎて買えない。試合開始の時間が迫り、崩れるようにして泣きだす若い女性サポーターもいた。

日本代表を応援しつづけているサポーター集団「ウルトラス・ニッポン」の約二百人のツアーメンバーも、チケットを手にできないまま、トゥールーズの街に到着していた。旅行会社が前日までに手に入れていたチケットは、わずかに十五枚だった。日本代表側のチケットはたった三枚。残りは、アルゼンチン代表側のものだった。彼らは、ツアーのメンバー全員でスタジアムに入れなければ、スタンドからの応援を諦め、市庁舎前の巨大なテレビの前に陣取り、いつもと同じように声援を送ろうと思っていた。だが、ウルトラスの中心メンバーは、最後までチケット入手の可能性に賭けたいとも思っていた。

ここまで来て、日本代表への応援を諦められるか——。

彼らは早朝から、いくつかのグループに分かれてチケット探し求めた。旅行会社がチケット購入のために用意した現金はおよそ三千万円。すべてフランとUSドルに両替されていた。ウルトラスのメンバーは、用心深く現金をバッグに詰めると、マラソンランナーのようにトゥールーズの街を駆け回った。

午後までに二百枚のチケットを掻《か》き集めるため、ダフ屋に手当たり次第に声を掛けた。

日本代表戦のチケットをさばこうとしているダフ屋には、マフィアを思わせるプロと、このチケットが金になることを知って、自分のチケットを売り小遣い稼ぎをしようとする普通の市民とがいた。最も高いチケットは一枚四十万円、安いものでも五万円から十万円の値がついていた。

海外での応援やヨーロッパ・サッカーの観戦にも慣れている中心メンバーは、値引きの交渉を引き受けた。座席の位置を気にしている余裕はなかった。とにかく、全員でスタジアムに乗り込むことが最大の目的なのだ。

ツアー客すべてにチケットが揃《そろ》ったのは、ゲーム開始三十分前。連番で手に入れたチケットはわずか、五枚。ウルトラス一行二百人は、結局、スタジアムで散り散りになった。

彼らはスタジアムへつづく橋を渡りながら全員でサポーターソングを絶叫した。

このワールドカップの期間中、メンバー全員が声を揃えて応援したのは、このときが最初で最後だった。

その後、クロアチア戦、ジャマイカ戦は、先乗りした旅行会社のスタッフがダフ屋からチケットを買い揃えていたため、ウルトラスはゲームを観戦することはできた。もちろん、席はばらばらだ。彼らがアジア地区最終予選で見せてきた横断幕や紙テープを使っての大がかりな応援は、結局、ワールドカップでは披露できなかった。

「消えた観戦チケット」はどこへ行ってしまったのか。フランス国内でもチケット不足の一件は、連日報道されていた。日本、イングランド、オランダ、ベルギー、フランスなど熱狂的ファンを抱える数カ国で、チケット問題は深刻化していた。事態を重く見たワールドカップ組織委員会も調査を始めた。マフィアや国際詐欺組織の名前まで取り沙汰《ざた》されたが、結局、チケットの行方はようとして知れなかった。

スペインとの国境を挟んだピレネー地方の中心都市、トゥールーズは、パリに次ぐ学園都市として知られている。赤い煉瓦《れんが》で造られた家が多く、人々はトゥールーズを「バラ色に染まる街」と呼んでいた。

十三日の午後、そのトゥールーズに到着した日本代表は、夕方には試合会場となるミュニシパル・スタジアムでトレーニングを始めていた。

降りつづいた雨が、芝生を鮮やかな色に変えていたが、土にしみ込んだ水分は必要以上に足元を柔らかくしていた。パスを送ろうとボールを蹴って足を振り抜くと、芝が泥と一緒に大きく剝《は》がれることもあった。フィールドのコンディションは、最高とは言いがたかった。

チームには、右膝靭帯を傷めていた井原が戻っていた。どことなく、安堵の雰囲気が漂っている。練習の合間、選手たちは陽気に笑った。ほどよい緊張感に包まれながら、がむしゃらな気負いからは解放されていた。

雨が落ちそうな曇り空に覆われたトゥールーズは気温が低く、中田は長袖のトレーニングウェアを着込んでいた。だが、ピッチを走る中田は、体が軽かった。ホテル生活の単調な毎日に飽きていた彼は、ゲームができることが嬉しかった。緊張はあった。だが、目前に迫ったアルゼンチンとの一戦は、これまでの戦いと変わらなかった。中田には、日本代表戦と通常のJリーグのゲームとに、優劣をつけることはできなかった。どんなゲームに臨もうと、いつも全身全霊を傾けることで、彼はサッカーに向き合ってきたのだ。

ただ、抑えがたい勝利への気持ちは、中田自身の鼓動を高めていた。

中田は、数日前にエクスレバンでのミーティングで見せられたアルゼンチンのビデオを思い出していた。コーチの小野剛は、アルゼンチン選手の細かいテクニックを説明するため、五月十九日のアルゼンチン代表対チリ代表のゲームを選手たちに見せた。小野は、アルゼンチンの猛攻が後半になっても衰えなかったと言った。

バティストゥータやクラウディオ・ロペスのシュート、オルテガやベーロンのドリブルとパスを観て、選手たちは息を呑《の》んだ。ビデオの中のアルゼンチンは圧倒的なスピードでチリ・ゴールを目掛け、攻めあがっていった。

岡田はアルゼンチンの戦力を分析し、選手たちへこう説明した。

「試合開始直後から、アルゼンチンは積極的にプレッシャーをかけてくる。どんなに攻められても、前半は耐えなければならない。押し寄せる攻撃を防いで、相手のペースを崩すんだ。

こちらが最初の三十分を守りきれば、必ずアルゼンチンの攻撃のリズムが乱れる。そのときがチャンスだ。とにかく三十分は、集中して守りきってほしい」

だが中田は、ビデオを観ながら、アルゼンチンに恐れを抱かなかった。今の日本の守備力ならアルゼンチンの攻撃にも太刀打ちできるだろう、という自信さえ持っていた。地道に重ねてきたディフェンスの練習は、確実に実を結んでいる。岡田が取り組んだ守備の強化は、選手たちに守ることへの共通意識を植えつけていた。

二人、三人で相手を追い詰める組織的なゾーンディフェンスは、日本のサッカースタイルとも呼べるものだった。

むしろ、アルゼンチンの攻撃を凌ぐことで訪れるチャンスを、いかに活かすかが問題なのだと、中田は思っていた。

実際、トゥールーズのピッチに立った中田は、翌日のゲームを思い描き、足先の感触を確かめるようにして、何度も何度もゴールに向かってパスを出した。中田はアルゼンチン戦に臨む前日こう語った。

「アルゼンチンを怖がって、まったく攻めることをやめてしまったら、アルゼンチンの思うつぼじゃないか。守ることは全員が分かっている。問題は、その先、どう攻撃を仕掛けていくか――。緊張はしてるけど、怖くはないですね」

自分のパスをゴールに叩き込むフォワードの姿を思い描きながら、彼は、ボールの感触を確かめた。

スタンドが青く揺れている。超満員の観客席は、三万七千人の歓喜で染まっていた。多くの日本人サポーターが観戦を諦めなければならなかったにもかかわらず、スタジアムの六十パーセントは日本人で埋められていた。

六月十四日午後二時三十分、両国の選手が二列になってピッチに向かって歩みを進めた。怒号のような歓声がスタジアムを包み、選手たちに向かって国旗や応援用のマフラーが振られた。どんよりとした空は日差しを阻み、気温は十七度までしか上がらなかった。六月中旬のフランスでは珍しい、肌寒い一日だった。

メインスタンドの一角に座ってピッチを見下ろしていた次原は「また新たな戦いが始まってしまった」と思っていた。

次原は、ワールドカップに出場を決めた日の中田を思い浮かべた。

イランに勝ち、フランス行きを決定した直後のことだった。日本代表の選手同士が抱き合い讃え合ってテレビのインタビューに応じている最中、中田はフィールドにいた日本人スタッフの携帯電話を借り、自宅でテレビの前にいる次原へ電話を寄越したのだった。夫や友人たちと日本代表の勝利を喜んでいた次原は、受話器を持ったまま声を失った。

「俺だけど。これで誕生日プレゼントは買わなくていいでしょ」

その日は、次原の三十一歳の誕生日だった。中田は、次原に素直におめでとうとは言えなかったのだ。

突然の電話に驚いた次原は、すぐにピッチへ戻るようにと中田を促した。中田は早口で、翌々日の成田への出迎えの時間を確認すると「じゃあね」と言って電話を切った。


あの日は中田にとっても日本代表にとっても、ひとつのフィニッシュラインのはずだった。だが、中田や日本代表の戦いに終わりはない。さらに大きくなっていく対戦相手に挑みつづけなければならないのだ。次原は、ワールドカップが終われば、ヨーロッパのクラブへ移籍する中田に、休息のときはいつやってくるのだろうかと考え胸が詰まる思いがした。

だが、次原の感傷はすぐに吹き飛んだ。ゴードンから電話が入り、リストにあったクラブ以外にも複数のクラブが中田のプレーを見に来ていることを知らされたのだ。

日本代表のウォーミングアップを眺めていたゴードンは、中田の姿を見つけ、ゲームの開始が待ちきれなかった。低い気温の中、流れるほどに汗をかき、体をほぐしながら走っている彼のコンディションは、ユーゴスラビア戦を遥かに上回っていた。しかし、その中田だからこそアルゼンチンの強力なマークを覚悟しなければならない。ゴードンは、アルゼンチンの監督、パサレラが、「中田に仕事をさせてはいけない。中田を徹底的にマークしろ」という指令を出していることを、チーム関係者から聞いていた。

四月末にブラジルを破ったアルゼンチンは、ワールドカップ前のAマッチで五連勝を飾っており、九八年フランス大会では三度目の優勝に照準を合わせていた。

七八年第十一回アルゼンチン大会で優勝したチームのキャプテンだったパサレラは、九四年アメリカ・ワールドカップ直後、監督になり、選手の世代交代をなし遂げ若いチームを作り上げていた。マラドーナが抜けたチームの核は、ドリブルを得意とし、攻撃の起点となる二十四歳のオルテガが担っていた。

オルテガは貪欲《どんよく》なプレイヤーだった。パサレラは、そのオルテガにゲームの流れを作ることを命じ、選手には気持ちをひとつにして戦うことを訴えつづけた。スタープレイヤーはいらない。我々はチーム一丸となって敵を倒す。そう言うパサレラは、選手個人個人に厳しく規律を求めた。マラドーナによって栄誉を与えられてきたアルゼンチンは生まれ変わり、集団としての強さが際立っていた。

レフェリーのコイントスが終わり、日本のキックオフでゲームはスタートした。中山、城、名波と繋がったパスは、新しい日本サッカーの歴史に記された最初の軌跡だった。

日本代表は注意深くボールを回していった。次の瞬間に始まるアルゼンチンの嵐のような攻撃に備えるためだった。全員が緊張し、ぎこちない動作も目立った。中田は、胸腔を開くように大きく息を吸い込んだ。

静かな数分が過ぎた。中田はいくつかのパスを放つと、目の前でボールを奪い合うアルゼンチンには脅威を感じなかった。アルゼンチンは用心深く様子を窺《うかが》うように一定のラインまで上がると、それ以上は切り込んでこなかった。日本代表が行ってきた紅白戦とは、明らかに違っている。バティストゥータは紅白戦での岡野のように、一直線にゴールへは突進してこなかった。

中田はチャンスだと思った。三十分まで守りきるという岡田の戦略は鉄則だ。しかし、日本が攻め上がる機会は絶対に増えるはずだった。中田は、終始、中山と城、サイドバックの相馬と名良橋に視線を送った。激しいマークをかわしながら、隙を見て一気にスペースへパスを出すためだった。

試合開始十三分、中田からのパスを名波が左前方へ一気に押し出す。疾走する相馬に緊張するアルゼンチンは、オフサイドの笛で安心したように歩きだした。

中田の思ったとおり、日本の守備は安定していた。井原は、ディフェンスラインを厳密にコントロールし鉄壁を築くために声をからしていた。バティストゥータには秋田が、クラウディオ・ロペスには中西が追いすがった。アルゼンチンの要《かなめ》であるオルテガの動きは、山口、名波がケアーし、ときには中田や相馬も加わった。

フィールドにいる日本代表は、一体となってアルゼンチンに対峙していた。ゴールを守る川口能活を除いた十人は、風を孕《はら》んだヨットの帆《セール》のように、ほどよい緊張を湛《たた》えて自陣と敵陣を行き交った。

点在する選手が作り出した大きな帆《セール》は、彼らが繰り出すパスと、紡ぎ合う視線、そして、アルゼンチンの攻撃を防ごうという強い共通の意志だった。その中心に中田がいた。

アルゼンチンは、日本代表を牽引《けんいん》する中田を崩そうと、ボールではなく彼の足を目掛けてスパイクを向けた。ボールに絡むたびに足首や脛《すね》に激痛を感じた中田は、彼らの容赦のないアタックから逃げながらパスを送らなければならなかった。

オルテガの行く手を遮り、クラウディオ・ロペス、バティストゥータが走り込むスペースを埋めて、アルゼンチンの動きを制御していた日本代表は、悲観的になっていた日本人記者やサポーターたちを驚かせた。

しかし、予想に反して静かなスタートを切ったアルゼンチンは、日本代表のしっかりとしたゾーンディフェンスに業を煮やし、二十分を過ぎるとドリブルを多用してゴール前への突破を仕掛けてきた。日本代表のイエローカードぎりぎりの守備が続いた。

驚いたことに、トゥールーズのミュニシパル・スタジアムには、試合の時間経過を示す時計が動いていなかった。選手たちが戦う九十分は、相手によって長くもなり短くもなる。もちろん、アルゼンチンは、時間の経過をゆっくりと感じさせる強敵だった。前半を０―０で乗り切りたい。あとどれくらいの時間、アルゼンチンの攻撃を凌げばいいのか。時間の見えないゲームは、選手たちの苛立ちを募らせていった。

押されぎみではあっても、中田は攻撃のためのパスを放っていた。分厚いアルゼンチンのディフェンスを突破するため、トリッキーなパス回しも厭《いと》わなかった。中山や城が中田にパスを出し、パサーの中田がシュートを放つ場面もあった。

パサレラがベンチを立ち、怒鳴り声をあげた。中田と名波へのマークを徹底しろ、というものだった。

守備のために力を振り絞っていた日本代表は、前半が終盤にさしかかることをベンチからの声で知った。三十分を守りきれば、攻撃のチャンスが訪れる。日本代表の選手たちは、献身的な守備に徹し、前半の三分の二が過ぎるのを待っていたのだ。

後半に向け、リズムを摑みたい。アルゼンチンの攻撃を封じ込め、密《ひそ》かな自信を持っていた日本代表の誰もが、防戦一方のゲームで終わることだけは阻みたかった。

しかし、アクシデントは二十八分に訪れた。ラインを押し上げていた相馬が出した横へのパスを、オルテガが素早くカットし、シメオネに渡す。そのシメオネがオルテガに強烈なリターンパスを送ると、それが、オルテガのマークに入っていた名波の右足の甲に触れてしまう。ボールはバティストゥータの足元に転々とした。スローモーションのようにゆるやかなステップを踏むと、バティストゥータは右足でボールを柔らかく蹴りゴールを奪った。日本代表の気持ちが、守備から攻撃へ切り替わろうとしていた一瞬の出来事だった。

皆の表情を和らげようと、川口が両手を広げ「大丈夫、大丈夫だ」と笑顔を見せた。だが、硬くなった選手たちは、相手へのマークが微妙にずれていることに気がつかないままだった。

ゲームが再開すると、待っていたようにアルゼンチンの猛攻が日本代表を襲った。バティストゥータ、クラウディオ・ロペス、ミッドフィルダーのサネッティ、ベーロン、ディフェンダーのセンシーニまでが日本ゴールを目掛け、鋭いシュートを放った。

ベンチから立ち上がった岡田は、必死で走りつづける選手に残り時間を告げるため、幾度も叫んだ。

チームの歯車の狂いを調整しようと、声をあげ、両手を煽《あお》った中田はアルゼンチンのチャンスの芽を摘もうと、ディフェンスに走り回った。

しかし、日本代表とアルゼンチン代表との力の均衡は、もろくも崩れていった。

ピッチの前でほどよく張り詰めていたヨットの帆《セール》は、アルゼンチンが巻き起こす風に耐え切れず、激しく裂けてその推進力を失っていた。顔色を失った岡田は、ライン際に立つとフィールドにいる選手に細かいマークの指示を送ったが、意思の疎通は思うようにはいかなかった。守り抜かなければならない時間は、まだ終わってはいなかった。

川口が好セーブを連発し、井原がゴール前で的確なブロックを見せた。ようやくアルゼンチンの追加点を阻むと、0―1で前半が終了した。

ロッカールームに戻った中田は、まったく落胆していなかった。中田の思いは、攻撃の手段にだけ絞られていた。十本を超えるシュートを放ちながら、得点にいたらないのはなぜなのか。彼の頭の中には、アルゼンチンを欺くためのパスとゴールを決めるために必要な動きが、次々に浮かび上がっていた。彼は、得点に絡むはずの中山、城、相馬、名良橋へ、アルゼンチン・ゴールに詰め寄るための短い指示を繰り返した。

選手を前にして厳しい表情の岡田も、決して諦めてはいなかった。

「後半の二十分は、シンプルに戦う。そうすれば、また得点のチャンスは巡ってくる」

岡田は、反撃のため交代する選手やその時間帯を考えつつ、ハーフタイムを終えピッチへ送り出す選手たちへ、再度「耐えるサッカー」を言い渡した。

スタンドには不思議な空気が立ち込めていた。アルゼンチンと日本が対等に戦っていることについて困惑する観客と、0−1とはいえ善戦する日本代表のサッカーに興奮を抑えられない日本人サポーター。ワールドカップでは何が起こるか分からない、という雰囲気が、日本代表を中心にして渦巻いていた。

ハーフタイムに入り、ゴードンは、中田のプレーを見ていたスカウトたちの対応に追われていた。日本では予想もされなかったが、スカウトは、中田のプレーを称賛するだけでは終わらなかった。彼らは、移籍のための具体的な方法を、大至急知らせてほしいと言ったのだ。ワールドカップが始まり、激化するであろう中田の争奪戦を、彼らは予測していた。

ゴードンは、ユーゴスラビア戦以上に中田が苦しんでいることが分かった。日本は善戦していたが、攻撃力の不足は改善されてはいなかった。フォワードのポジショニングが開きぎみで、ゴール前に突っ込んでいく鋭さは一向に見られない。

もし、中田がパスを出す相手がバティストゥータとクラウディオ・ロペスなら、得点は必ず加算されていたはずだ。スパイクを受け、痣《あざ》を作っているであろう中田の足を心配しながら、後半中田が、前半以上にパスを出すことに夢中になる、とゴードンは思っていた。

後半に入っても、アルゼンチンの勢いは衰えなかった。しかし、それ以上に日本代表はアルゼンチンの攻勢を圧する綿密な布陣で戦った。序盤のような固い一体感は戻らないものの、選手たちは皆、頑なまでに自分の仕事に忠実だった。チームに心地よいリズムが戻りつつあった。選手たちの間に、新たに見えない帆《セール》が張られ、アルゼンチンに劣らない力を持って立ち向かっていることを選手たちは自覚していた。

後半十一分、山口からの長い縦パスを城が踵《かかと》で流した。そのバックパスを中田がゴールへ向けてシュートを放った。右に外れたものの、城も中田もゴールへの感触を摑んだような気がして、微笑みあった。

このゲームで最初に動いたのは、パサレラだった。後半十六分、中西の果敢な防御に対し、覇気の見られないクラウディオ・ロペスに代え、バルボを投入する。追加点が欲しいパサレラはゴール前にバルボを据えることで、日本の守備陣に競り勝つ算段だった。

アルゼンチンの交代を待つ間、中田は、安定しはじめた守備と、山口、名波の強い押し上げを感じながら、フォワードとのコンビネーションが嚙《か》み合ってきているのを実感していた。何度も繰り返し出す中山や城へのパスは、一分の狂いさえも許されない。中田の足先の感触は、研ぎ澄まされたように鋭くなっていた。

特に、疲労と逆行するように執念でボールを追う中山との呼吸は、時間の経過とともに合ってきていた。中山の目には「どんなパスも俺に持ってこい。必ず決めてやる」という気迫が込められていた。中田は、中山が走る背中を見ながら、ゴールまでの距離が少しずつ縮まってきていることを感じ取っていた。

そんなとき、岡田は選手の交代を告げた。バルボが投入されてから五分後、中山に代えて呂比須ワグナーをピッチに送り出したのだ。

岡田の決断は、順当だった。中山の右膝の限界を考えれば、途中交代はやむを得なかった。まして、どうしても一点が欲しい状況にあって、呂比須の瞬発力に賭けるのも当然だった。セットプレーで競り合い、ゴールをねじ込む可能性を岡田は信じていた。

しかし、その岡田の決断に中田は唖然《あぜん》とする。うまく機能しはじめたチームの中で、中山はその牽引車だったのだ。もう一人のフォワード、城は外に開いたまま、ゴール前に詰めきれないでいた。

中田の考えでは、呂比須が入るタイミングは、もう少し後だった。中山とともにゴールを狙う時間があと十分でもあれば。ピッチを離れ、小さくなっていく9の背番号を目で追いながら中田は呟《つぶや》いた。

「なんで、今、変えちゃうんだ」

中田は沈んだ気持ちを奮い立たせようと、今一度、選手たちと声を掛け合った。

ゲームが再開すると、アルゼンチンは一瞬の隙を突くようにシュートを放った。ゴールマウスを守る川口は、追加点を阻むために果敢な動きでアルゼンチンのフォワードに立ちはだかり、ボールをその胸に受け止めていた。彼のファインセーブにスタンドはどよめき、このままなら日本が土壇場で同点に持ち込む可能性もある、と囁《ささや》き合った。

後半二十七分、アルゼンチンの固い守りを担っていたセンシーニが、城と激しく競り合い、負傷する。やむなく退場した彼に代わって控えのチャモが出場した。

ラインを下げたアルゼンチンの守備を威嚇するように、日本代表は攻め上がった。中田は、激しいフィジカルコンタクトに耐えながら左右にパスを出した。日本代表はディフェンダーがゴール前まで駆け上がり総攻撃を仕掛けるが、結果には繋がらなかった。

じりじりと時間が過ぎていった。四十分に相馬に代わって平野が投入されるが、彼が強烈なミドルシュートを放つ機会は訪れない。その三分後、右コーナーで中西が行く手を阻む二人のディフェンダーをするりとかわし、ゴール前にクロスを上げるが、呂比須のシュートはディフェンダーの脚に触れ、ゴールから大きくそれていった。

結局、そのままゲームは終わった。レフェリーの笛が鳴ると、中田は腰を折り両手で汗が流れる足を強く摑んだ。悔しさが中田に深いため息をつかせた。

力を振り絞るようにボールを追った選手たちは、腰に手を置き、呆然として芝を見つめた。アルゼンチン代表と日本代表の間に大きく横たわった一点は、歓喜と落胆を鮮明に映し出していた。

インタビューに答えた岡田は、顔色を失いながら敗戦を振り返った。

「アルゼンチンが強いことは分かっていた。でも、ワールドカップは結果がすべて。その結果が残せなかったことが、非常に残念です。戦いの内容が良かったと言われても、結果が残らなければ意味がないんです」

岡田は、「次のクロアチア戦で勝利を目指す」と言うと、それ以上は多くを語らなかった。眼鏡の奥には、涙が滲《にじ》んだように見えた。

ピッチでサポーターに一礼し、足早に引き上げる途中、中田は右足の脛に強烈な痛みを感じ、足を引きずるように歩いた。ロッカールームに戻り、ソックスを下ろし、脛当てを外すと、鮮血がしたたり落ちた。十五センチほどの縦に長い傷が見えた。スパイクのポイントに抉《えぐ》られ、脛が一センチほど凹んでいたのだ。激痛に顔を歪《ゆが》めた中田は、改めてアルゼンチンの汚いマークに感心していた。ボールを持つと、寸分の狂いもない正確さで足を痛めつけられた。アルゼンチンの選手には、ボールを奪うことと同時に、中田の足を壊すことが重要だった。中田はサッカーが違うのだと思った。そして、絶妙な反則に怒りを感じることもなかった。

治療したドクターは「この傷は一生消えないだろう」と言った。中田はクロアチア戦までには痛みが消え、腫《は》れが引くことだけを願った。

ロッカールームでユニフォームを脱ぐと、中田は釈然としない思いでゲームを振り返った。反撃を試みていた最中の中山と呂比須の交代は、戻りつつあった攻撃のリズムを断ち切ることになった。「あと十分、中山がいたら」と思う気持ちは、なかなか消えなかった。

中田は思い余ったように、岡田に話しかけた。

「どうしてあそこでフォワードを交代したんですか。呂比須を入れる時間は、もう少し後だと思う。一発を意識するあまり、それまでの流れが止まってしまった。あそこで流れを止めてほしくなかった」

岡田は中田の話を聞いても無言だった。岡田が巧妙に立てた戦略は、岡田自身の手で確かに実践されたのだ。クロアチア戦を六日後に控えた岡田は、敗戦という結果にも俯《うつむ》いているわけにはいかなかった。

信じて貫いた戦略を変えることなどあり得ない。岡田は、中田を遮った。

だが、しばらくすると岡田は中田を呼び止め、こう言った。

「お前と俺の考えがずれれば、それは、すぐにゲームに跳ね返る。ヒデの言うことも分かるが、今は気持ちをひとつにしていくしかないんだ」

岡田の静かな声に、中田は黙って頷《うなず》いた。

第三章
「ナカタ　ワズ　バッド」

優勝の筆頭候補、ブラジル代表の密着取材を続けていた「フランスフットボール」誌の記者、バンサン・マシュノーは、ブラジル代表が滞在するレジジーという街で日本代表対アルゼンチン代表のゲームを観ていた。マシュノーは、ザガロやジーコを始め選手たちに感想を求めた。

決勝トーナメントでの対戦が十分に予想されるアルゼンチン戦とあって、マシュノーが取材するブラジル選手のほぼ全員が、このゲームをテレビ観戦していた。

一点差でのアルゼンチンの勝利に、ブラジル代表の監督、ザガロも驚きを露《あらわ》にしていた。一カ月に及ぶワールドカップの初戦、チームのコンディションを整え、戦いのモチベーションを上げることが難しいことは、彼には分かっていた。しかし、ブラジルとともに世界のサッカー界に君臨するアルゼンチンが、サッカーの発展途上国のひとつに過ぎない日本代表の緻密なサッカーに苦しんでいた。終盤、顎の上がったアルゼンチン選手の姿を目の当たりにし、ザガロは、ワールドカップで確実に勝つことの難しさを実感していた。

そのザガロとは違い、満足そうに日本代表の善戦を讃えていたのはブラジル代表のテクニカルディレクター、ジーコだった。鹿島アントラーズの指揮官として日本サッカーに情熱を傾けてきたジーコは、自分の教え子でもあるアントラーズの秋田、相馬、名良橋のプレーを手放しで称賛し、岡田の目指したサッカースタイルが、今の日本代表にとって最善だったことを認めた。ジーコは、日本代表の実力が、世界のレベルに近づいていることをブラジル代表の選手とともに語り合った。

二年前までアントラーズでプレーしていたレオナルドや横浜フリューゲルスのミッドフィルダー、サンパイオ、アトランタ・オリンピックで日本五輪代表に苦杯を喫したロベルト・カルロスは、皆、興奮ぎみにゲームを振り返った。そして、一九九〇年イタリア・ワールドカップで躍進したカメルーンのように、日本代表が今大会の台風の目になることを、口々に予想した。

マシュノーは彼らの話を聞くうちに、ブラジルにとって日本がごく身近な国であることが理解できた。九三年にJリーグが開幕して以来、日本はブラジルのコーチや選手たちに多くのことを学び、それを乾いた海綿のごとくに吸収していったのだ。ブラジルと日本の絆《きずな》の強さを感じ、日本のサッカーが飛躍的に発展していった経緯を知る思いがした。

サッカージャーナリストになって二十五年を経たマシュノーにとって、日本は特別な思い入れのある国だった。九三年十月、カタールのドーハで行われたアメリカ・ワールドカップ・アジア地区最終予選の取材に当たった彼は、日本サッカーの挑戦と挫折《ざせつ》をつぶさにリポートしていたのだ。

オランダ人、オフト率いる日本代表は、ワールドカップ初出場を目指し、韓国や西アジアの強豪、イラン、イラクとの戦いを繰り広げていた。オフトは、誠実で器用な日本人選手に、それぞれの役割を明確にし、組織力で戦う、いわゆるヨーロッパ的なサッカーを実践させていた。長年、韓国に負けつづけ、ワールドカップへの夢を打ち砕かれてきた日本代表は、オフトの教えを忠実に体現し、ワールドカップ初出場への道をひた走っていた。

オフト・ジャパンの中心に立っていたのは、ブラジルサッカーの洗礼を受けた二十六歳のフォワード、三浦と、ブラジルから日本に帰化し、日の丸のために戦うと誓ったラモス瑠偉だった。

ブラジルでプロデビューを飾り、コリチーバ、サントスＦＣといった名門チームで活躍した三浦は、九〇年に帰国して読売クラブと契約した後、日本代表のエースストライカーとなった。日本サッカー界に真のスターが登場した瞬間だった。

また、日本サッカーの不遇の時代を多くの日本人選手と支えたラモスは、燃えるような闘争心を剝き出しにし、ワールドカップ出場を目指していた。

マシュノーは、三浦やラモスにロッカールームで話を聞き、オフトにインタビューを行って、新時代を迎えた日本のサッカーの記事を連日「フランスフットボール」誌に掲載していた。

九三年十月二十八日、日本代表はワールドカップ出場を賭け、予選の最後にイラクと対戦した。イラクに勝利すれば、韓国を蹴落とし、初めてのワールドカップが待っている。負けはもちろん、同点も許されない。ワールドカップへの出場が不可能となったイラクが相手なだけに、選手たちも日本からカタールへ駆けつけたサポーターも、日本代表の勝利を信じて疑わなかった。韓国に勝利した日本代表には、これまでにない勢いがあった。

大勢の日本人記者に混じってゲームを観戦したマシュノーも、大方の予想どおり日本が有利だと思っていた。だが、イラクは素晴らしいプレーを繰り広げた。彼らは、ワールドカップ出場の可能性が失《う》せたゲームでも渾身《こんしん》の力で挑んでいた。

日本とイラクの力が鬩《せめ》ぎ合う好ゲームは、2—1、日本代表の一点リードで終盤を迎えた。日本代表が勝利を手にしたと思った後半のロスタイム、イラクにコーナーキックが与えられた。ショートコーナーからゆるやかなクロスが上がり、鮮やかなヘディングシュートが、日本ゴールの左上隅に吸い込まれていった。土壇場での同点ゴール。スタジアムが、凍りついたように沈黙に包まれた。やがて、嗚咽《おえつ》と絶叫が渦巻き、選手たちはピッチに腰を下ろしたまま動けなくなっていた。

サポーターだけでなく、ワールドカップ出場の瞬間を伝えようとカタールに入っていた数百人の取材陣も言葉を失った。

マシュノーの隣で、日本の記者が泣いていた。彼は、その記者に近づき励ますように肩を叩いた。

「ジャーナリストはホワイトでなければいけない。君がここで泣いていてはいけないよ」

涙をぬぐう記者に、彼は熱っぽい口調で言った。

「日本には経験が必要なんだ。この苦い経験は、次世代の礎となり、必ず日本のサッカーを変えるだろう。その軌跡を君は追いかけるんだ。私も、遠い東の国のサッカーを観つづけよう。この日が、よい思い出になる日のためにね」

その年、フランス代表もまたアメリカ大会への出場を果たせなかった。ヨーロッパ最終予選、最後のゲームで、ブルガリアに逆転負けを喫したのだ。九八年に開催国となるフランスは、日本代表と同じ苦しみを味わっていた。

以後、マシュノーは日本のサッカーに注目しつづけてきた。彼は来日も果たし、Jリーグのゲームを熱心に取材した。名古屋グランパスエイトで采配を振るった監督のベンゲルは、二十年来の親友だった。ストイコビッチとは、彼がマルセイユでプレーしていた頃から家族ぐるみの交流を続けている。ヨーロッパを代表する才能が、プロサッカーをスタートさせたばかりの国へ集まっている事実が、日本への興味をさらに強くしていった。

Jリーグの試合では、未完成ではあったが大器を思わせる選手も見つけることができた。何より南米やヨーロッパの選手も一丸となって戦うJリーグには、がむしゃらな情熱が感じられ好感が持てた。マシュノーは、若者たちが無邪気に応援を繰り返すサポーターの姿に感動を覚え、この国の選手たちは幸福だと思った。

日本人が「ドーハの悲劇」と呼んだ日から四年と八カ月後、日本代表はワールドカップでアルゼンチンと戦った。マシュノーはまったく経験のない監督が作り上げたチームが、機能し、組織力に富んでいることに目を見張った。三浦もラモスもいない日本代表は、経験の不足を組織的な戦略で補った。全員がチームのために走り、他の十人へ貢献していた。

ワールドカップではマラドーナやロナウドのような、ずば抜けた能力の選手を持つ国が断然有利だ。しかし、そうした選手は神からの恵みのようなもので、すべての国に存在しているわけではない。フランスや日本は個々の力を鎖のように繋ぎ合わせて戦うしかないのだ。組織プレーを主体とした日本代表だが、選手それぞれの能力もヨーロッパの選手に引けを取ってはいなかった。彼らのプレーが波のように連なっていけば日本にも勝機がある、とマシュノーは思った。ブラジル代表の選手たちと雑談を交わした後、彼は親しい日本人記者に勇んで電話をかけた。

「アルゼンチン戦をテレビで観たよ。ブラジル代表の選手たちも大興奮だった。もし、日本代表がアルゼンチンに勝ったら、ブラジルにとってはこれ以上ないプレゼントになるはずだったんだからね。まあ、負けたのだから、おめでとう、とは言えないが、日本はワールドカップで持てる力を十分に発揮した。一流のスピードとテクニックを披露したんだ。国際舞台で素晴らしいインプレッションを与えたね」

その記者は、マシュノーの感想を詳しく知りたがった。もちろん、彼はその期待に応えた。

「久々にじっくり日本のサッカーを見たが、チームの規律正しさは相変わらずだ。それは素晴らしいことだよ。また、アルゼンチン戦では、それぞれの選手の才能がはっきりと見て取れた。今すぐヨーロッパのチームでもプレーできる選手もいる、と私は思っているよ」

彼は、記憶を蘇《よみがえ》らせてまくし立てるように話した。

「左サイドバックの相馬は素晴らしい。守備と攻撃をこなすあの身体能力と戦略の理解力は、ヨーロッパの選手と比べてもぬきんでている。フランス大会で最高の左サイドバックは、ブラジルのロベルト・カルロスに違いない。だが、相馬は、ロベルト・カルロスに次ぐ左サイドバックになる力を持っているよ。フランス代表の左サイドバック、バンサン・カンデラより遥かに良いね。そして、ゴールキーパーの川口だ。彼の俊敏さと勇気ある動きは、日本代表の堅実なサッカーに攻撃的な要素を十分にプラスしている。彼の積極果敢なセービングは、ただの防御じゃない。攻撃にも匹敵するものだ。体は小さいが、それがハンディになるような選手じゃないね。日本のディフェンスは全体的に安定していて、アルゼンチンを良く抑えていた。井原のマーキングは絶妙だったし、秋田の強さはアルゼンチンにもプレッシャーを与えた。しかし、ヨーロッパでのディフェンスのレベルは桁外《けたはず》れに高いからね。比較すれば彼らを最高というわけにはいかないだろう。それにしても……」

彼は声が途端に低くなった。

「得点力の欠如は、チームの息の根を止めてしまう。フォワードに関しては、四年後の課題になったと言わざるを得ないな。次回のワールドカップまでに、代表にふさわしいフォワードを育成できるかどうか、それが、一次リーグ敗退と決勝トーナメント進出を分けることになる。フォワードに関しては、我が国も同じ悩みを抱えているんだが」

マシュノーの選手への批評は終わらなかった。

「名波のしなやかなパスはブラジルの選手たちの目もひきつけていたよ。彼の左足はヨーロッパでも必要とされるレベルのものだ。守備のセンスも十分に長《た》けている。これからも期待したいね」

その日本人記者は、マシュノーへ中田についてのコメントを求めた。マシュノーが、以前から中田を高く評価していたことを知っていたからだ。マシュノーは中田が今大会、いくつものクラブチームからオファーを受けていることをすでに知っていた。

少し沈黙したマシュノーは、短くこう言い放った。

「ナカタ　ワズ　バッド」

マシュノーの言葉に、記者は驚いて問い返した。彼は、アルゼンチン戦の中田に厳しい言葉を発した。

「今日の中田は決してチーム最高のプレイヤーではなかった、ということだ。彼のスルーパスがチームの求めていたものだったかどうか、中田自身が感じているだろう。彼はあのゲームで、自分が満足するプレーより、チームに沿ったプレーを心掛けるべきではなかったのか。私は、彼がこれほどまでにインディビジュアリストだとは思わなかったよ」

フランスのみならず、ヨーロッパでは権威さえ伴うマシュノーの中田への感想は、記者の予想を覆した。驚く記者の耳に、再びマシュノーの声が響いた。

「ナカタ　ワズ　バッド。だからこそ……。中田はヨーロッパへ行かなければならない、絶対に。ヨーロッパのクラブチームでなら、日本代表の中では傲慢《ごうまん》に見える才能が、必ず活かされる」

マシュノーは、中田のぬきんでた才能を見定めていた。

笑い声をあげた彼は、ヨーロッパでの中田の可能性を、フランス・リーグのサンテチエンヌからセリエAのユベントスへ移籍したミッシェル・プラティニを引き合いに出し、移籍するチームを選ぶことの大切さを語りはじめた。

「チームを選ぶことがいかに大切か、ほとんどの選手は、移籍した後で気がつくんだ。どのレベルのチームでプレーするのが自分にとって有利なのかを見極めなければならない。偉大な選手でさえ、移籍後の数カ月は結果を出せずに苦しんだんだからね。プラティニは、ユベントスへ移籍してから半年間、まったく使いものにならなかった」

マシュノーは、中田との初対面のときのことを思い返していた。その声はいかにも楽しそうだった。

「中田と初めて言葉を交わしたのは、去年の十二月だった。欧州選抜対世界選抜戦の前日、宿舎のホテルで会ったんだ。私が『気分は？』と聞くと、彼は少年のようにケラケラと笑って『まあまあ楽しんでますよ』と言った。彼は、ロナウドの前でもバティストゥータの前でも、緊張する素振りすら見せなかったよ」

クロアチア戦が楽しみだよ、と言って、マシュノーは電話を切った。彼は、ブラジル代表の原稿を執筆するために、急いでホテルの部屋に戻り、パソコンに向かわなければならなかった。


トゥールーズ郊外のホテルには物々しい警備が敷かれていた。道路に面した門扉にも警官が立ち、エントランスにもエレベーターホールにも機銃を携えた警官がいた。中田は、ワールドカップとはいえ、あまりに強力なセキュリティーに驚かずにはいられなかった。

戦争の代わりと言われるサッカーの世界大会には、フーリガンやネオナチといった凶暴で下劣な犯罪者も訪れている。連日、街で暴れるフーリガンの姿がテレビ画面に映し出されていた。

激化する暴力に対抗するためには、窮屈に感じる警備も仕方ないのだろう、と中田は思った。ホテルからスタジアムに向かうバスは、すべてパトカーが先導し、赤信号で停止したことすらない。徹底的な選手の警護は、これまで経験したことのないものだった。中田は、屈強な警官に守られる中で、ヨーロッパで行われるワールドカップだからこそここまでの警備が可能なのだろう、と考えていた。

今回のワールドカップでは、フランス政府だけでなく、イギリスのスコットランド・ヤードもドイツの警察も、フランス国内の治安維持に全力を傾けていた。二〇〇二年、韓国と日本の共催で行われるワールドカップで、フーリガンやネオナチのいわれのない暴力に対抗する断固たる措置が取れるのか、信号機をすべて青にしてしまうほどの警備態勢が取れるのか、その懸念はフランス大会が始まるとすぐに指摘された。日本のワールドカップへの準備が、サッカー選手の強化と育成だけですまされないことは明白だった。

アルゼンチン戦を終え、ホテルに戻った選手たちは、食事を摂《と》るとそれぞれの部屋に戻り自由な時間を過ごしていた。だが、中田は、監督の許可を得て迎えの車に乗り込んだ。向かったのは、トゥールーズの目抜き通りにあるソフィテルホテルのロビーだった。その晩、いよいよエージェントのゴードンと初めて会い、詳しい話し合いをすることになっていたのだ。ゴードンは、スタッフとともに中田を出迎えた。次原、フジタを伴った中田は、ゴードンが特別に用意したレストランの個室へと導かれた。

ゴードンの厚い胸板は、明らかに彼がスポーツ選手であったことの証だった。丸みを帯びた少し重そうな体は、現役を引退してからの年月を物語っていたが、それでも、彼がプロのサッカー選手だったということは、その体格を見れば頷けた。

挨拶《あいさつ》を済ませテーブルにつくと、ゴードンはさっそくこれまでの状況と最新の情報を中田に伝えた。ゴードンの元には、アルゼンチン戦を終えた中田についての新たな問い合わせが複数、届いていた。クラブを選別するためのディナー・ミーティングは、和やかな会話のうちにスタートした。

アルゼンチン戦について話が及ぶと、初めてゴードンの口から中田への厳しい言葉が発せられた。

「アルゼンチンを一点に抑えた試合は、高く評価されているようですが、中田選手にとっては会心のゲームではなかったはずです。あなたはゴール前でずいぶん無駄な動きをしなければならなかった」

それは、決して高圧的な物言いではなかった。ゴードンは、ピッチの上で起こった出来事を中田の気持ちを代弁するように検証していった。

「パスを出す先を探して、走り回らなければならない状況でしたね。前を向いてパスを受けようとしたあなたが、タイミングが合わず結局、後ろを振り返ってボールを受け取らなければならなかった。ここで大方の攻撃のチャンスは潰されてしまったんです。しかし、これはあなただけの問題ではない。コンビネーションが問われているんです」

ゴードンはひとつの答えを導き出した。

「私は、日本代表のサッカーを否定しているわけではない。エージェントとして中田選手個人の可能性だけを考えている。私が言いたいのは、もし、あなたのパートナーがバティストゥータだったら、ゲームの結果はまったく違うものになっていた、ということです」

中田は黙ってゴードンの話に耳を傾けていた。得点をあげることのできなかった悔しさは、凝《しこ》りとなって、中田の体の奥深くに沈んでいた。

ゴードンは、中田のためのファイルに目を落として言った。

「私は、中田英寿という才能に出会えたことを誇りに思っている。自分が信じた才能をこの手に委《ゆだ》ねられるのは、エージェントとして最も興奮する瞬間なのです。あなたが、日本を出てヨーロッパでプレーすることは、もはや必然です。それは今日のあなたのプレーが証明している。あなたは、あなたのパスを待ち望む、素晴らしいフォワードと出会わなければならない。例えば、リバプールに所属しているオーウェンのような」

中田は十八歳のイングランド代表をまったく知らなかった。ゴードンはそのことに驚くこともなく、続けて中田に問いかけた。

「あなたの実力がヨーロッパで活かされることは間違いない。ただ、最初にどの国の、どんなチームを選ぶかが、あなたの将来に大きく影響します。私が一番知りたいことは、あなたが何を基準にチームを選ぶか、ということです」

　中田は料理を口に運ぶ手を止め、フォークとナイフを皿の両脇に置くと、ゆっくりと話しはじめた。

「マスコミからそういう質問をされると、プロとして金銭が一番とか、サッカーをするための環境が大事、と答えるんです。でも今、僕がヨーロッパのチームに移籍するとしたら、それと同じぐらい、大切なのは監督のことです」

　ゴードンはファイルにペンを走らせながら、中田に話を続けるよう促した。

「正直に言って僕は、サッカーを始めてから今まで、完全に監督を信頼できたことがない。サッカーに関する考え方が食い違ったり、戦い方に疑問を持ったりしてきました。だから、移籍するチームを決めるときには、まず監督と話をしたいです。僕が求めるのは、実践するサッカーの理論をすべて言葉にして表現できる監督。僕が百パーセント納得できるサッカーの理論を持っている監督です。言葉でなければ、実際自分でプレーしてみせてくれてもいい。とにかく、僕が、まったく疑うことなく信じられる戦略を提示してくれなければ嫌です」

　ゴードンは頷いた。

「そうじゃなければ――。僕のプレーを信じ、僕の戦略を全面的に支持してくれる監督かな。そういう監督なら、話し合い、トレーニングを重ねてチームを作っていけると思うから。とにかく、どちらかのタイプの監督です。中途半端は駄目だと思う」

やはり、中田は自分のサッカーが理解されない苦しみに縛られていたのだ、とゴードンは思った。中田に必要なのは、理解を深め合う監督なのだ。中田が明確に打ち出した監督への思いを、ゴードンはファイルに詳しく書き残していった。

「分かりました。あなたの求める監督を見つけ出しましょう。広いヨーロッパの中でなら、あなたが求める監督も見つかるでしょう。私はそのために、地の果てまで駆けずり回る覚悟はできていますよ」

ピッチの上の傲慢にも見える態度からは思いも寄らないおとなしい中田に、ゴードンは矢継ぎ早な質問を始めた。

「私は、エージェントとしてあなたのことをもっとたくさん知らなければならない。日本ではどんな生活をしているのですか。好きな食べ物は肉とイタリア料理だと聞いていますが、本当ですか。ガールフレンドはいますか。将来の夢はなんですか。さあ、隠しごとはなしに、全部話して聞かせてください」

それまで言葉を選んでいた中田はゆっくりと話しだした。

やがて、二人はサッカーのプレーについても語り合った。ゴードンは、中田に具体的なアドバイスを始めた。厳しいマークのかわし方や、ルーズボールのキープの仕方など、食事をそっちのけに立ち上がり、まるでボールが弾け飛んでいるように食卓の脇でジャンプし、選手と競り合う衝撃を表現し、ときには寝そべって、プレーの解説に熱中した。ゴードンの大きな動作にテーブルがガタガタと揺れた。ゴードンと中田の間に入ったフジタは、音を立てるグラスを支えながら通訳をしなければならなかった。

六月十四日、NHKで全国放映された日本対アルゼンチン戦は、スポーツ中継としては史上最高の視聴率六十七・三パーセントを記録していた。スタジオ解説者を務めていたラモスはアルゼンチン戦の直後、日本代表の健闘を讃えながらも「選手の中にはワールドカップを甘く考えている者がいる。代表としての気持ちが感じられない」と、批判の言葉を残した。

全国各地で熱狂的な応援を繰り広げていた若者たちは、決勝リーグ進出への望みを繋ぐため「クロアチア戦での勝利を確信している」と叫び、日の丸を打ち振った。

ワールドカップを戦う日本代表が、国民をひとつにしていた。熱病にも似た興奮は、日本全土を埋め尽くしていたのである。

第四章
世界の評価、日本の評価

一九九八年六月二十日、フランス各地は真夏のような暑さに見舞われた。日本代表対クロアチア代表戦が行われるナントは、早朝から気温が上がり、正午には三十度にまで達していた。

ロワール川が大西洋に注ぐ地に築かれたこの港街は、十五世紀にブルターニュ公国の中心地として栄えた。歴史が息づく街には、重厚な佇《たたず》まいとは不釣り合いな、青いユニフォーム姿の日本人が溢れていた。

日本代表が決勝リーグに進むためには、クロアチアに勝つしかなかった。三万九千五百人を収容するナントのラ・ボージョワール・スタジアムには、その可能性を信じて三万人の日本人サポーターが訪れていた。

勝利を求めていたのは、岡田と二十二人のメンバーだけではなかった。自国の英雄たちの決戦に、日本国民のほとんどが高揚していた。フランスに渡ることができなかった観衆は、日本のあちこちで巨大なテレビモニターの前に集い、すさまじい応援を始めていた。

このとき多くの日本人は、サッカーは国事であり、その国の国風である、というヨーロッパや南米の人々の魂の昂ぶりを初めて理解したのだった。

前日までの涼やかな風はどこへ消えてしまったのか。ピッチには、じりじりとした日差しが照りつけていた。芝が焼け、むっとする熱気が立ち込める。

午後二時、フィールドに歩み出た中田は、立っているだけで噴出する額の汗をぬぐわずにはいられなかった。ピッチで感じる温度は、体温よりも高いほどだ。湿度は三十六パーセントと低いものの、三十五度の気温は、それだけで選手を苦しめるのに十分だった。

快晴のもとで行われる第二戦は、クロアチアだけでなく猛暑とも戦わなければならない。中田は、途轍《とてつ》もなく過酷なゲームになることを覚悟していた。

岡田は、スターティングメンバーにアルゼンチン戦とまったく同じ十一人を送り込んだ。粘り強い守備でクロアチアの進路を塞《ふさ》ぎ、相手が疲れた刹那《せつな》、攻撃を仕掛ける。前半は守りに徹し、後半に勝負を持ち込む。岡田ジャパンにとっては、一貫した作戦だった。

ワールドカップの出場権を得てから岡田が謳《うた》いつづけてきた「一勝一敗一分け」の構想は

初挑戦の日本にとっては、手の届く具体的な目標だった。岡田は、自分自身にも選手たちにも、分かりやすい目標を掲げることで、予選突破のモチベーションを高めようとしたのだ。

アルゼンチン、クロアチアより戦力の劣るジャマイカに一勝する公算なら、一敗を喫している今、クロアチアには最低引き分けなければならない。だからこそ、ゲームの中で起こり得る危険は、最大限に削除しなければならなかった。負けないために最も重要なのは安定した守備だった。

岡田の目指した「負けないサッカー」は、アルゼンチン戦以降、スポーツ紙の記者やサッカー評論家から、消極的だと叩かれることも多くなっていた。特に、一試合で三人まで許されているメンバーチェンジが遅い、という批判の声は高かった。なぜ、呂比須や森島や岡野をもっと早く使わないのか。攻撃の起点にもなる小野伸二や伊東輝悦をなぜベンチに座らせたままなのか。連日メディアでは、先発メンバーや交代要員についての疑問が語られていた。

短期決戦のワールドカップでは、二十二人の総力を結集して戦わなければ、勝機を逃すことにもなる。どの選手をどの場面に使うのか。また、調子の上がっている選手と波に乗り切れない選手をどう使い分けるのか。すべてが監督の采配にかかっていた。確かに、ベーシックなメンバーチェンジのパターンを状況に応じて行う岡田は、劇的な選手交代をしてはいなかった。

消極的と言われた岡田にも、クロアチア戦でいきなり強気にはなれない理由があった。クロアチアは日本が最も恐れるカウンター攻撃を得意とし、セットプレーでは常にゴールを脅かす正確さを誇っていた。ゴールを決めるストライカーがチームに存在していれば、攻撃で生じる多少のリスクは埋め合わせることができるだろう。しかし、得点を奪うことが難しいチームでは、相手にもゴールを与えない安定したゲームを展開するしかない。固定された先発メンバーで戦うことは、守備を重視した基本戦術を守るために他ならなかった。

ワールドカップの経験がない岡田にとって、この戦術の貫徹は、チームに混乱をもたらさないための楔《くさび》でもあった。ワールドカップ・アジア地区最終予選から八カ月、攻撃の強化を怠ったツケが回った、となじる者もいたが、それでも、岡田は、外部からの雑音を遮断し、やはりクロアチア戦でも自分の信じた考えを曲げることをしなかった。

日本と同じくワールドカップ初出場のクロアチアは、事実上、ユーゴスラビアに並ぶ強豪国だった。旧ユーゴスラビアから独立直後に参加した九六年のヨーロッパ選手権では、ベスト8に輝き、国際舞台でもその実力を認められていた。

両国の選手が一列に並び、国歌が斉唱される。白地に赤の格子柄があしらわれたユニフォームの左腕に黄色のキャプテンマークを付けたダボール・シュケルは、メインスタンドに向けられたまっすぐな視線を微動だにしなかった。

スペイン・リーグの強豪チームのひとつ、レアル・マドリッドに所属するフォワードのシュケルは、三十歳の年齢を感じさせない俊敏な動きで得点を量産してきた。これまで、幾度も相手チームに止《とど》めを刺すゴールを奪ってきた彼は、スペースを見いだす嗅覚《きゅうかく》と完璧なトラップで観客を魅了した。何より、ゴールへの執念がすさまじかった。フランス・ワールドカップで最も注目すべきフォワードはクロアチアのエースだ、というジャーナリストも少なくなかった。このゲームから三週間後、ワールドカップの得点王に輝き、クロアチアを三位へ導いたシュケルは、ワールドカップの期間中、ジャーナリストたちの期待を一度も裏切らなかった。

審判を挟んで右サイドには、両手を腰の後ろで組んだ日本代表のメンバーがいた。「君が代」がラ・ボージョワール・スタジアムを包み込むように響き渡っていた。

ワールドカップ屈指のフォワードをマークし、ゴールを阻止しなければならない井原、秋田、中西の顔は、戦いを前に上気していた。

攻撃力で日本代表を圧倒するクロアチアも、ピッチに最強メンバーを送ることはできなかった。クロアチアのエースとして君臨してきたアレン・ボクシッチは代表を怪我で外れ、チームの司令塔、ズボニミール・ボバンも負傷してベンチからの観戦を余儀なくされていたのだ。

試合前日、練習後に記者からボバンが怪我で日本戦に欠場する予定だと聞かされた山口は、落胆の声をあげた。

「ボバンがいないんじゃ、がっかりですね。ボバンを抑えることを楽しみにやってきたのに」

山口はボバンと体をぶつけ合い、競り合う瞬間を思い描くことで、戦いへの闘志を掻き立ててきた。

山口を落胆させたものの、クロアチアの支柱でもあるボバンの欠場は、日本代表に精神的な余裕を与えてもいた。シュケルを抑えれば、必ずチャンスは訪れる。日本代表のメンバーは、そんな強い意志で結ばれることになった。

もちろん、日本代表を取り巻く雰囲気は、決して明るいものだけではなかった。クロアチア戦に負ければ、決勝リーグへ進むことは絶望となる。再三再四、岡田と攻撃についてのディスカッションを重ねた中田は、自らに強烈なプレッシャーをかけていた。

健闘する守備陣に比べて、不甲斐《ふがい》ない攻撃陣を責める空気は、エクスレバンの練習スタンドでも膨張していた。スポーツ新聞の記事やテレビのキャスター、サッカー解説者の辛辣《しんらつ》なコメントが、それらを煽っていた。

批判が渦巻く中、得点をあげられない事実に一番苦しんでいたのは、岡田と選手たちだった。すんでのところでゴールを奪えないもどかしさと悔しさに、彼らの心は鋭く抉られていた。

しかし、ワールドカップを伝えるニュースは、得点が入らない原因を「チームに覇気のあるベテランがいないから」「若い選手のワールドカップへの情熱が足りないから」という情緒的なコメントで説明しようとしていた。三浦と北澤の帰国は、日本代表への攻撃の恰好《かっこう》の材料だった。

中傷を振り払うのは、勝利しかなかった。決勝リーグに進むためにも、自分たちの誇りを守るためにも、日本代表はクロアチアに勝たなければならなかった。目の前に迫っているのは、日本のサッカーの、サッカーに情熱を捧げる人々の、そして、長い時間を共に過ごしたチームのための戦いだった。

後がない日本代表は、ゲームが始まると全員が躍動的に動き回った。クロアチア陣内に切り込む両サイドバックの相馬と名良橋は、中田の姿を追いながら、攻撃に備え敵陣に近い位置でボールを待った。岡田が攻撃参加を命じていた中西もまた、左サイドを攻撃のたびに駆け上がっていった。

案の定、クロアチアは、日本の出方を見定めるように守備的な戦いを挑んできた。攻めることが絶対条件の日本代表を、待ち構えている。

日本代表は、そんなクロアチアのゾーンディフェンスを破る速攻で対抗しようとした。二人、三人がかりでボールを持つ選手を追い詰める。奪ったボールは、素早く、名波や中田へ戻された。全員がチェスの駒のように与えられた役割に徹し、機能していた。

中田はクロアチアのカウンター攻撃に細心の注意を払いながら、一撃を加えようとパスを放っていた。中山と城も中田のパスを待つだけでなく、スペースを求めてピッチを行き交った。アルゼンチン戦とは違い、シュートでプレーを終えようとする意志が皆の心にはあった。

対するクロアチアは、走る距離を最短に止《とど》めピンポイントのパスをシュケルに合わせる、合理的な攻撃を仕掛けてきた。体力の温存を考えてか、激しい攻撃はまだなりを潜めていた。

先攻させ、疲れたところで逆襲に転じるという作戦は、暑さを警戒したクロアチアにとって最善策だった。しかし、序盤、遮二無二《しゃにむに》走る日本選手にクロアチアが圧倒されていたのも事実だった。彼らは、冷静さを装いながら、次第に日本の執拗《しつよう》なサッカーに苛立ちを隠さなくなっていた。

前半半ば、中田は一気に攻め入るならここだと確信した。後半まで体力が保つかどうかを考えている余裕はなかった。先取点をあげることが、断崖に立つチームにはどうしても必要だったのだ。

二十二分、フリーキックを得ると、中田と名波はクロアチアの選手が作った壁を見ながら耳打ちをした。中田が小さく出したボールを、名波が左足ですくい上げるように柔らかくドライブをかけた。岡野が「ポヨン」と名づけていた名波の変則フリーキックは、惜しくもクロスバーを越えていった。

三十四分、待っていたチャンスはその名波の執拗なマークによって生まれた。プロシネツキの足元に名波がボールを奪おうとまとわりついた。煩《わずら》わしそうな表情のプロシネツキは、左後ろから中田が近づいてくるのを察知できなかった。名波をかわそうとくるりと円を描いた瞬間、中田はボールとプロシネツキの間にするりと体を入れていた。

右足でボールを前に強く蹴り出すと、中田は胸を張り、両手を振って右タッチライン際を全速力で走った。中田の行く手を遮るクロアチアの選手は誰もいなかった。

中田がゴールに向かって勇壮なドリブルを続けると、彼が巻き起こしている風を感じたように、中山が体をピクリと震わせ、右足で強いステップを踏んだ。背中で中田の気配を窺いながら、左サイドにぽっかりと空いたスペースに向かって飛び込んだのだ。

中田は中山の動きを瞳の端に捉えながら、絶対に視線を向けなかった。中山をフリーにしておくために、中田は自分でゴールまで持ち込むほどの勢いを保たなければならなかった。

中山は中田が運ぶボールの振動に同調するように、ゴールへのイメージを描きはじめた。

どの地点でボールを受けるのか、左右どちらの足でトラップをするのか、ゴールマウスのどこにシュートを放つのか。

正確に前に落とすには右でトラップ。ゴールの正面に出すぎずペナルティエリアの左で待つ。シュートは、反応を始めたゴールキーパーの脇を抜くため叩きつけるように。中山は、ひとつひとつの自問に答えを出し、中田のパスを待った。

中田の右足が蹴り出したボールは放物線を描いて、中山のやや後方から胸元に落ちてきた。中山は、思ったとおりに中田のクロスを右足で受け取った。

ドリブルを終えた中田は、息を弾ませて中山の後ろ姿を見守っていた。中山のトラップは完璧だった。ディフェンダーのソルドが背後から迫っていたが、中山はすでにシュートの態勢に入っている。ゴールを阻もうとするのは、三十五歳のベテランゴールキーパー、ラディッチただ一人だ。中田は、中山のアウトサイドぎみのシュートが鮮やかにヒットしたことをその目で確かめた。

中山と繰り返し話し合ったイメージどおりの連携だった。中田は、ゴールへの意欲を燃やす中山が、膝の痛みを押して、中田のパスに合わせ全力で走っていることを知っていた。井原とともにチームのリーダーとなった中山は、たとえ、ボールが前線に送られることがなくても、走ることを怠らなかった。夜も眠れぬ思いでゴールを決めたいと念じていた中山の気持ちを一番理解していたのは、彼にパスを出す中田だった。

手応えを感じていた中田は、ゴールキーパーの動きに目をやった。ラディッチは、腰を落とし、足を広げて中山の前に進み出た。一対一の攻防。右に反応したラディッチがかろうじて残した左手に、中山のシュートはドスンという音をたてて阻まれた。

会心のシュートが、逆に少しでもダフってゴールキーパーの足元でバウンドしていたら……。

日本は最大の好機を逸する。中田はほんの一瞬、天を仰いだが、すぐに踵《きびす》を返すとディフェンスのために走りだした。

好機の後に押し寄せる危機。サッカーの公式そのままに、スタニッチが放ったスルーパスがシュケルに届くと、選手たちは、また先制点を奪われるのではないかと体を硬くしていた。しかし、シュケルもゴールを決めることはできなかった。彼の足元に飛び込んだ川口が、ぎりぎりのところでシュートを抑えた。

ゴールを守りきることで勝利は必ず近くなる。川口は、中田と中山のコンビネーションプレーを最後方で見ながら、クロアチアに勝てると信じていた。

前半終了間際、フリーキックから城がヘディングシュートを放ったが、右へ大きくそれてしまう。勝敗の行方は後半戦に持ち越された。

暑さで体力の消耗の激しい選手たちに、氷と冷水が手渡されているとき、観客席を離れてスタジアムの通路に出た次原は、手にしたミネラルウォーターのボトルに口をつけることもできず電話の応対に追われていた。

次原はゲーム中でも鳴り響く携帯電話を、そら恐ろしい気持ちで握りしめていた。この数日、次原の電話は、二十四時間、休むことがなかった。電話の相手は、大半がマスコミでスポーツ新聞の記者も多かった。日本でも中田の移籍が取り沙汰されていたが、そのクラブがどこになるのか、憶測ばかりが飛び交っていた。中田に関する根も葉もない噂が紙面に掲載されるたび、次原の気分は重くなった。顔見知りの記者は、電話で移籍の事実を確認しようと、一日に何度も電話をかけてきたが、実際にオファーを受ける段階にあっては、次原も言葉を濁すしかなかった。

さらに、次原を悩ませたのは、中田の移籍に関する、エージェントやクラブの関係者と名乗る者たちからの電話だった。受話器の声は、ほとんどが訛《なま》りの強い英語を話した。エージェントたちは、次原に愛想を振りまき、ときには高圧的な態度を取ることもあった。彼らは一様に、ヨーロッパの大きなクラブチームの名前を騙《かた》り「中田の移籍に関して交渉したい」と、次原に言った。

「私は、×××クラブの代理人をしていますが、すぐにも中田選手と移籍の交渉を始めたいのです。クラブは、どうしても中田選手が欲しい、と言っています。私は×××から選手の移籍に関して全権を委ねられています。ですので×××との交渉は私がすべて代行します。他のエージェントとは一切、係《かか》わりを持たないでください。いいですね」

驚くべきことは、こうした人間たちが二重に代理人を演じていることだった。次原にクラブチームのエージェントであると名乗った男たちは、逆に、クラブへは「私は中田の正式な代理人だ」と告げていたのである。彼らは「中田と交渉するなら、私を通さない話はすべて無効になる」と大げさな態度を取っていた。あざといエージェントたちはすぐにバレる嘘を軽々とつき、自分の利益を収めるため駆けずり回った。

後半が始まる直前、ロンドンでテレビ観戦しているゴードンから次原に電話が入った。

「クロアチア戦が終わったら、各クラブは、中田獲得に向けて動きはじめる。その中には、胡散《うさん》臭い話も多いはずです。中田の名前は、ワールドカップの二試合で世界に知れ渡った。怪しげな人々も大勢現れる」

次原は、携帯電話に舞い込むエージェントたちの話をゴードンに伝えた。二人は、得体の知れない男たちについても、詳しく情報を交換し合うことを約束した。

中田以外にもスポーツ選手の代理人を務め、その交渉に当たってきた次原は、世界のサッカービジネスの闇を覗《のぞ》き見た思いがして、暗澹《あんたん》たる気持ちになっていた。人々の感動を呼ぶワールドカップは、一攫千金《いっかく》を狙う者の大きな商売のマーケットだった。

次原の胸の中で、中田のために数多くのエージェントと接触し、少しでも条件の良い移籍を実現したいという気持ちと、巨大なビジネスとそこに巣くうエージェントたちから中田を守らなければという思いが揺れていた。

次原は、フィールドにいる中田には、微《かす》かな不安も与えたくないと強く思っていた。

一方、ロンドンのオフィスでテレビ観戦を続けるゴードンの元には、引きつづきクラブ側のエージェントたちから連絡が入っていた。ワールドカップが開催されて十日、彼らはマーケットに出揃った選手たちの品定めを、すでに終えようとしていた。中田に目をつけたエージェントたちは、より具体的な条件を提示しはじめていた。

その中には、ゴードンが嫌悪感を抱く金にしか興味のないエージェントもいた。ゴードンにとってみれば、それは予測していた状況だった。四年に一度の書き入れ時であるこの時期、中田につけられた高い査定を考えれば、サッカーより金儲けに心血を注ぐ輩《やから》が躍り出てもまったく不思議ではなかった。

中田に対する評価は、二つあった。ひとつは、サッカーの技術に対するものだ。攻撃的ミッドフィルダーとしての資質は、ヨーロッパ、南米、アフリカを見渡しても頭ひとつ抜け出ていた。ゴードンは、中田のプレーを初めて見たとき、二十歳のガスコインを思い出していたが、それは他のスカウトも同じだった。ガスコイン、ジダンやデル・ピエーロに次ぐ選手として、中田は嘱望されたのだ。エージェントには選手の半年後の姿、一年後の姿、そして二年後の姿を知る先見の明が必要とされる。日本代表としての中田だけを評価し、それが彼の実力のすべてだと考えている者は、誰一人としていなかった。

そして、中田へ与えられたもうひとつの評価は、金になる選手、というものだった。

中田に対するエージェントたちの意見は一致していた。それは、ヨーロッパのリーグでプレーすれば中田の潜在的な才能は一気に発揮されるはずだ、というものだ。選手の移籍が少ないJリーグに比べ、ヨーロッパでは、その選手の実力と比例するように移籍は繰り返される。強いクラブへの移籍こそが、選手の力を示す物差しだった。ヨーロッパのサッカービジネスで動く金額は、まさに桁外れだった。活躍し、実力を見せつけた選手には、巨額の移籍金が提示された。選手にとって高額な移籍金は、栄誉以外のなにものでもなかったが、その金を目当てにする者は後を絶たなかった。

エージェントの報酬は、移籍金のおよそ二割。ロナウドの移籍金が三十六億円であることを考えれば、その商売の大きさが分かる。金に執着するエージェントたちは、活躍する選手、すなわち高い移籍金が次々に提示されるであろう選手にしか興味を示さなかった。中田はすでに「金を生む選手」として、彼らのリストに上がっていたのだ。

ハイエナのようなエージェントは、選手のためにクラブを選ぶのではなく、金だけを基準にクラブとの交渉に入る。狙いを定めた選手の代理人を装い、偽装のまま、クラブと交渉に入ることもあった。通常の社会では信じがたい詐欺のような行為がまかり通っていた。サッカーの世界では、暗躍する者が成功を手にすることも少なくなかった。

一度、金儲けの道具にされた選手は、その社会からなかなか抜けられないのである。


ハーフタイムの終わりが近づいていた。

体力はそう簡単には戻らない。暑さが体中の力を根こそぎ奪っていた。どんなに水分を補給しても、まだ水が飲みたかった。体中の細胞が、砂漠の砂のように乾いている。中田は、自分の体がゲーム前より、ずいぶん軽くなっているような気がしていた。

ピッチに出ると、いつものように選手の布陣を確かめるようにきょろきょろと辺りを見回し、中山や城とは短く声をかけ合った。灼熱《しゃくねつ》の芝の上での四十五分は、とてつもなく長く感じられるはずだ。中田は、ただ目の前のボールにだけ集中しようと考えていた。

後半が始まると、先に動いたのはクロアチアだった。ディフェンダーのシュティマッチを下げ、フォワードのブラオビッチが入る。しかし、日本代表も臆《おく》することなくクロアチア・

ゴールを脅かした。後半七分、ボランチの山口が名波からのパスを受けシュートを打つ。十三分に城がゴール前で派手なオーバーヘッドキックを見せると、観衆は緊張を解き、どっと沸いた。

タッチライン際で、岡野がフィジカルコーチのフラビオとアップを始めていた。

「十五分が過ぎだら、中山に代えて岡野を入れる」

中田は、岡田から交代選手とそのタイミングを告げられていた。中田には、息が合った中山が下がってしまうことが残念だったが、岡野のスピードは、やはり暑さに参っているクロアチアにとって脅威になるはずだった。

後半十六分、中山と握手を交わした岡野がピッチを駆ける。絡みつくような暑さをかいくぐるようにして走る選手の中で、岡野は、短距離走なみの疾走を見せた。岡野は悠々とボールを追いかけ、縦にボールを出して攻撃を試みる。岡野は、ピッチの上にスペースを見つければ、それがどんなところでも走り込んでやろうと考えていた。単調な長いパスが増えたゲームに変化をつけたかった。リズムを変えれば、ゴール前にもスペースが必ず生まれる。岡野はあり余ったエネルギーを放出して、チームを引っ張った。

中田は岡野を走らせるためにピンポイントの長いパスと、コンパクトなスルーパスを併用した。岡野が左サイドを突っ走って上げたクロスを、相馬がいつもとは違う右足で蹴ったが、ボールはバーを大きく越してしまった。

残すところ三十分を切ると、クロアチアも積極的に攻撃を仕掛けてきた。ゴール前に突撃すると見せかけて放たれたシュケルのループシュートは、川口の顔を強張《こわば》らせた。しかし、かろうじてクロスバーに当たったボールは、ピッチの外に向かって弾け飛んだ。

流れは日本にも残されている。そう感じた中田は、反撃に向けてパスを放った。クロアチアがゴール前のスペースを埋めていた。中田は、振り向いてフリーの山口にボールを戻した。その刹那、アサノビッチが走り込んできた。そのボールを奪うとシュケルにラストパスを出したのだ。

しかし、今度は、井原が猛然と進み出てスライディングし、アサノビッチのパスをカットする。大きな危機をキャプテンの機転で免れたと思った瞬間、そのボールは再びアサノビッチに戻ってしまった。

井原にパスを寸断されたアサノビッチは、ここで大きなドリブルを始めた。日本のゴール前に迫ったアサノビッチは、左足を鞭のように撓《しな》らせ、ゴールの右にいたシュケルにパスを出す。シュケルのマークに付いていた中西は、その寸前にブラオビッチにユニフォームを鷲《わし》摑《づか》みされ、つんのめるように倒れ込んでいた。ブラオビッチを追いかけた井原の頭上を、アサノビッチのパスが越えて行った。ピッチに手を付き、すぐに起き上がった中西が離れてしまったシュケルに向かって一歩踏み出したとき、シュケルは美しいトラップを見せていた。シュケルの足元に静かに落ちたボールを、彼の左足がゴールに突き刺した。ゴールマウスを斜めに切り裂くボールは、川口の左手を弾きネットを揺らした。

シュケルの両手が翼のように広げられた。歓喜したクロアチアのサポーターたちが、すかさず赤い発煙筒を焚《た》いている。防弾着に身を包んだ警察官が、発煙筒を奪い取ろうとスタンドになだれ込んだが、狂喜した観客は警官を恐れることなく手荒なセレモニーを続けた。

リスタートが切られると、岡田がベンチで慌ただしく動きだした。残り時間十一分。名良橋を森島に代えた岡田は、ラインの脇に立つと、守備的布陣から4―4―2の攻撃的布陣へ、システムの変更を大声で告げていた。

その五分後、名波に代わって呂比須が投入された。一点を取るための策はそれですべてだった。中田からのクロスに呂比須が渾身のダイビングヘッドで応えたが、劇的なゴールには繋がらなかった。

刻まれる時間と戦うように、日本代表はそれでもゴールを諦めなかった。しかし、クロアチアも厚い守備で一点を守りきろうとしていた。風を切っていた岡野は行き先を失い、足を活かすことができなくなっていた。チームに献身するように声を張り上げた森島にも、なす術《すべ》はなかった。

試合終了十分前、スローイングのためにタッチラインの外に出た中田に、突然、アサノビッチが走り寄ってきた。

「プリーズ。チェンジ　ザ　ユニフォーム。試合が終わったら、俺とユニフォームを交換してほしいんだ」

いったい何を考えているんだ。中田は呆気《あっけ》に取られてそのアサノビッチを見たが、すぐに黙ってスローイングをした。

ゲーム終了を告げる笛が鳴った。ゴール裏のスタンドからは悲鳴と泣き声があがっている。井原は両足を抱え座り込んでしまった。日本代表の決勝リーグ進出は、この敗戦で九十九パーセント絶望的になった。

突然、アサノビッチが叫びながら中田をめがけて飛び掛かるように突き進んできた。

「ユニフォームはいつ取り替える？　ナウ　オア　アフター？　ここで？　それともロッカーに帰ってから？　できればここで、今すぐ交換したいんだけど」

中田は黙ってユニフォームを脱ぎ、アサノビッチに手渡した。アサノビッチもまた中田へ自分のユニフォームを差し出した。中田は彼と握手をすると、すれ違うようにピッチの中央に向かった。ようやく立ち上がった井原が、サポーターへ挨拶に向かうことを促していたのだ。メンバーは重い体を引きずり、スタンドに向かって歩いた。

クロアチアのサポーターたちは、国旗を掲げながらいつまでも国歌を歌っていた。

その中の一人、クロアチアの首都、ザグレブからバスを乗り継ぎ、フランスに入った二十歳のクレシミール・ラピッチは、祖国の勝利に酔いしれていた。だが、対戦相手となった小柄な日本人のプレーにも感動していた。ラピッチは、クロアチアの勝利を喜ぶのと同じぐらい強い調子で、日本のサッカーの魅力を周囲のサポーターたちへまくし立てるように話していた。

「クロアチアの選手に比べたら、日本人の体はまるで子供みたいだろ。手足が短くて、ジャンプ力だって比べものにならない。でも、地を這《は》うような安定感と、いつまでも満タンのガソリンを備えているような体力は、凄いよ。あんなに精巧なサッカーを実現させるんだからな。日本はプロサッカーができてから数年しか経っていないらしいけど、この進歩は驚異じゃないか。あの8番、使えるよ。怪我しているボバンの代わりに、欲しいと思わないか？」

ラピッチは、友人の腕を掴むと、猛然と日本のサポーターに向かって走りだした。

「ワールドカップが終わってザグレブに帰ったら、金ためようぜ。四年後に日本へ行くんだよ。日本のサッカーって、異次元のサッカーだよ。俺たちの知らない面白さがある。だから、二〇〇二年のために日本人と友達になるんだよ」

日本とクロアチアに声援を送った若者たちの間に緊張はなく、穏やかな笑顔だけが交わされた。ラピッチは、日本人の青年に自分が着ていたクロアチアのユニフォームを差し出した。

「決めなきゃ駄目なんだよ。決めなきゃ、意味がねえんだよ」

静まり返った通路に中山の声が響いた。前半三十三分のチャンスにゴールを決められなかった中山は、自分に言い聞かせるように叫んでいた。失点を許した川口は、唇を嚙みしめ、言葉を発しない。

体力の限界にあった選手たちは、視線を落とし、押し黙ってロッカールームへ入っていった。

激しい批判の中、日本代表のサッカーにおいてただ一人決断を下す資格を持つ監督は、決勝リーグへの進出が絶望的になり表情を硬くしていた。ゲームの直後、NHKのインタビューに応じた岡田の顔は青白く、声にはまったく力がなかった。

「世界の壁と表現すればいいのか、ゴールは遠かった。選手たちには素晴らしい経験になったかもしれない。しかし、ワールドカップは結果がすべてです」

着替えを終え、バスに乗り込む中田は、足元だけを見つめて歩いた。耳にはヘッドフォンをつけ、取材陣がたてる乱雑な音を遮断した。

自分のパスをアサノビッチにカットされたことが、シュケルの得点に繋がった事実は、中田の胸の中に火傷のような痕《あと》を残していた。

注意深く警戒していた、たった一本のパスで、拮抗《きっこう》していたゲームが覆ってしまった。それまでの時間、日本代表は中盤からシュケルに向けた長いパスを何本も凌いでいた。

クロアチアの監督、ブラジェビッチは選手たちに、「今日の最大の敵は暑さだ。日本にボールを持たせてもいい。絶対に無理をしてはいけない」と言っていた。クロアチアは、監督の指示どおり、ボールの支配率では日本に圧倒されながら、それでも、あの一瞬、戦いを制するための鋭い刃を、日本代表に振りかざしたのだ。

ゲームを終えた中田の体重は四キロ、中山の体重は四・五キロ減っていた。

クロアチア戦に負け、日本列島に充満した情熱は、海になだれ込む溶岩のように冷却され、いびつに凝固していった。日本代表の勝利を信じ、祈るように応援を続けていた人々は、まるで日本のサッカーの未来が閉ざされたかのように、沈黙し、落胆した。

中には、ワールドカップ初出場の日本代表に対して冷静なファンもいたが、沸点に達した興奮を持て余し、それを悲しみや怒りに変えるサポーターが大半だった。

そうしたサポーターたちの憤りに火をつけたのは、NHKのスタジオで解説をしていたラモスの言葉だった。試合後、女性アナウンサーにコメントを求められたラモスは、怒りを隠すことなく、早口でまくし立てるように話しだした。

「Jリーグと同じ気持ちでやっている選手がいた。悔しくて仕方がない。中学生みたいなミスばっかりで、気持ちなんてぜんぜんない。ただ、だらだらやっている選手がいる。本人たちがそれで精一杯と言うなら、最初からベテランを連れていけばよかった。バックの選手の何人かは必死でやっていた。だけど、他の選手は必死で戦っていない。全日本だと思っていない。結局逃げ道を探している。次に勝っても何になるの！」

　ラモスが向けた怒りの矛先には、岡田が攻撃の柱に指名した城がいた。城は、シュートが枠を外れるたび、照れ笑いを浮かべながら、歯を見せて髪を掻きあげた。Jリーグ一、熱い男と呼ばれるラモスから見れば、そんな城の姿は情けないだけだった。

　ヴェルディ川崎のチームメイトである三浦と北澤を切った岡田への批判も込められていた。修羅場を潜《くぐ》ったベテランを外して恰好ばかりつけている若手を使うから、こんな不甲斐ないゲームになるんだ、と低い声で吐き捨てるようにコメントをしたラモスは、怒りをぶちまけていたのだ。

「一試合ずつ、戦争のつもりで戦わないと。プロ意識を持っている選手、少ない。日本のサッカーの将来を考えている選手、何人いるかわからない。僕なら、次のゲーム、三、四人はメンバーチェンジする」

VTRを観てゲーム解説を始めると、ラモスの悔しさとやるせなさは激しさを増していった。

「中田のパスミス、いけなかった。中田のミスから始まった。中田のプレー、前へ出ていない。本来の力出していない。Jリーグでも日本代表でも同じにやっている。プレッシャーに負けているのか、負けていないのか分からないけど、ゲームメーカーとしてもっとやってほしかった。城、今回ミスしている。笑っている顔、見たくない。体張って自分の仕事してほしかった。タレントっぽくやってる場合じゃない」

井原や中山、相馬を「良くやった」と言ったラモスは、中田と城を名指しして敗戦の原因とした。負けることを恥と考えない選手には、戦う資格などない。ラモスは闘争心に欠ける選手が日本代表としてワールドカップに出場していると思っていた。それが空《むな》しかった。

この日、解説を務めたラモスは、ワールドカップへの執念を人一倍燃やした選手である。フランス・ワールドカップに向け、日本代表復帰を最後まで望んでいた彼は、本当は、トゥールーズやナントのピッチに自分が立ちたいと考えていた。プロ野球に比べ、まったく人気のなかった日本のサッカーを支えた彼には、日本のプロサッカーの先駆者としての自負があった。そして、ワールドカップへの執念は、彼の中でくすぶりつづけていたのである。

ラモスが読売クラブで見せたプレーの数々は人々を熱狂させ、彼が現在のJリーグ開幕に大きく貢献した選手の一人であることは誰もが認めていた。日本に帰化し「日の丸のために戦う」と公言した彼は、日本代表に選ばれるとチームを血気盛んなプレーで牽引した。天性のパスの才能と、強靭《きょうじん》な精神力は、五年前、ワールドカップを目指したオフト・ジャパンの背骨だった。若いサポーターたちとも気軽に言葉を交わした彼は、代表の顔だった。

ラモスがなぜ、NHKの解説であそこまで怒りを露にしたのか。そこには、ラモスの純粋な勝負への執念と、ワールドカップへ出場できなかった悔しさが窺えた。彼は、ただ負けたことをなじっていたのではない。Jリーグと同じ表情でピッチに立つ選手たちが許せなかったのだ。


九四年のアメリカ・ワールドカップに向けてのアジア地区最終予選。九三年十月二十五日、宿敵、韓国に1—0で勝利した日本代表は、ワールドカップ初出場の夢を目前にして、祝賀ムードに酔いしれた。韓国に勝利した後、残されているのは、イラクとの一戦だけだった。

韓国戦の直後、選手たちは肩を叩き合い、涙して韓国に勝ったことを讃えあった。最終戦で当たるイラクより強いといわれた日本代表は、韓国にさえ勝てば、ワールドカップ出場権を手中にできると信じていたのだ。

ラモスは、韓国戦に勝利した直後、歓喜に涙する選手の前で、怒りを爆発させた。選手やジャーナリスト、サポーターがひとつになって喜びの声を掛け合っているその場で、彼は怒鳴り声をあげたのだ。

「韓国に勝っただけでワールドカップに出るつもりになってるなんて、馬鹿げてる。こんなことで、次、勝てると思ってるの。皆、なに喜んでるの。予選はまだ終わってないよ！」

イラク戦への危機感を募らせていたラモスは、感激のコメントを求めるマスコミにこう吐き捨てると一人バスに乗り込んだ。ラモスの激昂は、戦いの原動力であり、ワールドカップに賭けた一念だった。

クロアチア戦直後のラモスは、五年前とは打って変わって、投げやりな怒りしか見せなかった。ワールドカップを観ていることしかできない彼には、若い選手たちへの苛立ちを言葉にするしかなかったのだ。しかし、ラモスの怒りは、それでも勝利を諦めきれないという思いの証でもあった。

ラモスの言葉は、国家的関心事となったワールドカップにおいてはあまりに影響力を持ちすぎた。日本対クロアチア戦は、やはり視聴率六十六・九パーセントにまで達していた。フランス・ワールドカップが開催されてから、サッカーを観た、選手の名前を知った、という人々も日本には大勢いた。ゲームの観戦をしたファンはそれぞれに感想を語り合ったが、ラモスの言葉は直接的にサッカーファンの胸を貫いてしまった。

中継を見ていた多くの人々は二連敗による予選敗退の悲しみを薄めようと選手を慰めるとともに、やがて戦犯探しも始めた。

「中田のパスミスで負けた」

「ミスをしても笑っている城は許せない」

「攻撃陣の不調のせいで無得点に終わった」

「井原、中山、相馬は頑張ったが、中田、城、名波はよくなかった」

日本代表が負けた原因はどこにあるのか。いったい誰のせいなのか。多くのサッカーファンは、ラモスの言葉に導かれ、日本代表の敗戦の理由を決めつけていった。

中田はクロアチア戦が終わると、日本にいる友人から何本かの電話を受けた。友人たちは、ラモスの発言とその反響を中田に伝えた。日本は翌朝を迎えていて、クロアチア戦の結果が大きく報じられていた。中田の調子が悪く、日本代表は波に乗り切れなかった、と言ったテレビ解説者やコメンテーターがほとんどだった、と友人は静かに言った。

だが、中田はそのことに驚きはしなかった。終わってしまったプレーに関する批評や分析がどんなものになっても、それはプレーをしない者の勝手な言い分でしかなかった。ゲームを振り返るのは、サッカー評論家に任せておけばいいのだ。

たとえ何を言われても、自分の信じるサッカーが揺らぐことはない。中田はスポーツの敗者が、安易に叩かれる構図もよく理解していた。


やがて、中田は渦巻く思考を停止させていた。少年時代から、ゲームのたびに過ぎ去った時間は戻らないことを思い知らされていたからだ。これまで戦ったゲームで、後悔がないゲームなどありはしなかった。しかし、中田は後悔と子供じみた言い訳が何も生み出さないことを知っていた。勝敗を分けた大量なプレーのデータを体に刻むと、あとは感傷に浸ることを拒絶したのだ。

中田は、ゲームの一部始終やその中で繰り広げられたプレーをすっかり忘れてしまうことがある。嘘ではない。彼は、自分のプレーや相手と競り合ったシーンを映像や言葉にして覚えていないのだ。中田自身のプレーは記憶として留められるのではなく、彼の運動中枢にインプットされる。神経に刷り込まれたプレーに関する情報は、ピッチに立ち、ボールに触れ、選手と激しくぶつかり合うたびに中田の全身を駆け巡り、フィールド上で再生される。勝利のためのデータは確かに蓄積され、次なる戦いに活かされるのだ。

自分を鼓舞したり、慰めたりする情緒的な記憶は、中田にとっての情報にはなり得なかった。むしろ、ゲームの記憶は正確な判断を下すために邪魔になることがある。対戦相手への恐れや、諦めを生むからだ。記憶の消去と、体感情報の蓄積が、中田のプレーを支えていたのである。

中田は、ゲームが終わると次の戦いにだけ目を向けた。彼にとって自分を高めるための最も神聖な場所がピッチだった。

ホテルの部屋に戻るとすぐにパソコンに向かってホームページ用のメールを書いた。中田は、ホームページの読者へ、クロアチア戦での思いを自分の言葉で伝えたかった。

「前半は日本がボールをしっかりと支配していたのですが、後半に入ると相手に支配されっぱなしでした。この原因は何でしょうか？　それは、ボールを取った後の、つなぎの遅さにあると僕は思います。試合前半は取ったボールを比較的よくつないでいたのですが、後半は、まともにつなげずに、闇雲にクリアーするか、敵にパスをカットされる場面が多かったのです。その原因は、ボールを取った後の動きだしの遅さにあったのではないかと思います。僕にも一人、ずーっとマークがついていたので、ほとんどボールがこなくて残念でした。攻撃面では、サイドからの攻撃は結構できていたのですが、やはり精度が低く、決定的な場面を作ることが、ほとんどできなかったのが残念です。まあ、よくないところを言いはじめたらきりがないので、このへんで止《や》めておきましょう。

最後に、みなさんはどう思っているか分からないけど、日本チームもちゃんとパスつなぎができるのです。でも、もっと一本一本に意味（メリハリ）を持たせるようにしていったらいいのではないかと思います」

中田は「この結果で、またマスコミに叩かれるかなー。憂鬱《ゆううつ》だなー」と冗談めかしてメールを結んだ。

「まっ、とりあえず、ワールドカップがもうこれで終わったわけではないので（四年に一度、またあるしね）。最後までしっかりやろうと思います。みなさんも最後まで見ていてください」

深夜に、中田は再びパソコンのスイッチを入れた。ホームページに送られてくるメッセージ・メールを読むためだった。

中田のホームページのヒット数は、この日だけで三百八十万に達していた。これは驚異的な数字だ。また、中田宛の新たなメッセージは、クロアチア戦の夜から二十四時間で六千百四十件にもなっていたのである。マスコミへの発言を止めていた中田のホームページは、いつしか巨大なメディアになっていた。

中田は驚きながらもカーソルのバーを動かし、膨大なメッセージをひとつずつ読みはじめた。

数十件のメールを読み進めたとき、送信者からの非難や罵倒《ばとう》が数多く届いていることに驚いた。

「お前のパスミスで日本は負けたのだ」

「もう二度とパスをミスするな」

「イタリアへでもどこへでもいっちまえ」

「タレントのようにちゃらちゃらするな」

中田へエールを送りつづけてきたファンの一部が、ラモスやサッカー評論家の言葉をなぞらえ、中田のホームページに八つ当たりとも取れる文句を連ねてきた。

サッカーは、観衆すべてを評論家に変えてしまうスポーツだ。選手のプレーはもちろん、一挙手一投足までもが、批評の対象になる。観衆が選手を無条件に許すのは、チームが勝利を得たときだけだ。

中田はプロサッカー選手になった自分を、サーカスの演技者にたとえたことがあった。お金を取って、常人にはできないプレーを見せるという立場が、それに似ていると思ったからだ。中田はプロとして、常に観客を意識した。自分のプレーでスタンドを沸かせたいという気持ちが、中田を突き動かしていた。ピッチの上で自分を表現するには、体力の限界まで走り、戦うしかない。ベルマーレ平塚でのゲームでも、ワールドカップ・アジア地区最終予選でも、中田のプロ意識は変わることがなかった。

日本サッカーが敗者であることが当たり前だった時代、サポーターたちは選手に寛容だった。負け試合でさえ健闘を讃え、海外の強豪チームと対戦するだけで歓喜した。

しかし、日本のサッカーを取り巻く環境は、ここ数年で一変した。実力を持った日本代表は、勝利の喜びをサポーターと分かちあえるまでになっていた。そして、その反動は選手たちに重くのしかかっていく。勝利への賛辞が輝かしいものになればなるほど、敗者となった選手たちに向けられる言葉は残酷になる。必死で応援を続けるサポーターは、勝敗にヒステリックに反応し、その感情の起伏がサッカーへの愛情の尺度だと考えているようだった。ヨーロッパや南米に倣えば、それも当然だった。

しかし、選手はメディアとの軋轢《あつれき》の中で、もがき苦しむことになる。初出場したワールドカップでの注目は極まり、さまざまな情報が氾濫した。ゲームの勝敗が空と山を分ける稜線《りようせん》のように明確に見て取れると、監督や選手たちはその責任を問われ、追い詰められていった。日本のサッカーが成長の過程で与えられた試練だった。

中田は暗い部屋で、パソコンの光る画面を見ていた。豹変《ひょうへん》したファンからの中傷を、無視できなかった。浮かび上がる文字のひとつひとつが、中田の体を硬くした。

マスコミとの関係を断っていた中田は、自分を支援してくれるファンと本音で語り合うことを目的に、不特定多数の人々の声の受け皿として、パソコンのホームページというメディアを利用した。第三者が仲介することのないパソコンは、彼がファンと言葉を交わす理想の方法だった。だが、それは直接、中田を傷つけることにもなったのだった。

目に見えぬ人々の憎悪が、自分に向けられている。

中田は思考回路を冷却し、状況をみつめ直そうと必死になった。負けた自分が批判を受けることを拒絶したわけではなかった。言いたい人は、言えばいい。ずっとそう思ってきたのは事実だ。彼が恐ろしかったのは、責められることではなかった。パソコンに記されたメッセージが一様に同じだということだった。彼らは、明らかにマスコミの影響を受けていた。

メディアが「中田の調子が悪い」と言えば、「お前の調子が悪かったから負けたのだ」と書き、「中田のパスミスが原因で負けた」と言えば「パスミスをするな」と書く。そして、誰もが、中田ならこれぐらいのことで怒ったりしないだろう、と決めつけていた。

「自分の目でサッカーを観ている人はどれくらいいるんだろう」

状況の断片を切り取り、あたかも真実のすべてと決めつけるマスコミには嫌気が差していた。そして、そのマスコミの論調を鵜呑《うの》みにして、その尻馬に乗り、騒ぎ立てる人々も相手にしたくなかった。ミスのないサッカーを観客は求めている。だが、自分は人間なのだ、と叫びたかった。

コンピューター制御された、感情のないロボットじゃないんだ。

中田は、自分は怒りにも悔しさにも駆られ、のたうち回るようにして生きる人間なのだ、と言いたかった。倦怠《けんたい》感と吐き気で眠れなかった。多くの人たちがマスコミに引きずられてしまう現実は、増えつづけていたメールを朝まで読み通したとき確実なものになった。この半年間、捕らわれつづけていた孤独感が、再び中田を強く縛っていた。


中田は、明け方になって次原に電話をかけた。電話はすぐに繋がった。七時間の時差がある日本との連絡に追われていた次原も、まだやすんでいなかった。

「俺だけど」

中田は、低い声で続けた。

「ホームページへのメールを止《や》めようと思う。もう、限界だから。マスコミを介して攻撃を仕掛けられたら、自分を守るしかないじゃない。これは、俺だけの問題じゃないよ。メールの掲載を休止するっていうメッセージ、送ったから。読んでほしいんだ」

　その声を黙って聞いていた次原は、中傷をやり過ごすことのできない中田が痛々しかった。

中田は、声を絞り出すようにして吐き出した。

「昨日のゲーム、本当に俺のせいで負けたのかな。負けたのは俺のせい？　あれが俺のパスミスなの。分かるんなら答えてよ！」

　感情を露にして叫んだ中田の、喉《のど》に詰まり、絞り出されるような声が響いた。次原は、中田が涙を流しているのではないかと思い、受話器を強く握りしめた。弱気な姿を決して人に見せない中田が、こみ上げる憤りに声を震わせている。次原には、そんな中田を励ます言葉がすぐには見つけられなかった。

「とりあえず、報告します」

　沈黙の後、そういった中田の声は、平静になっていた。

　早くベッドに入るように諭して電話を切った次原も、黙って受話器を置いた中田も、一睡もできないことは分かっていた。

翌六月二十一日付け、フランスのスポーツ紙「レ・キップ」には、クロアチア対日本戦の記事が克明に記されていた。選手ひとりひとりへの採点では、中田に両チームで最高の七・五ポイントが与えられた。唯一の得点をあげたシュケルが七点であることを考えれば、中田の中盤での仕事が、勝敗に関係なく、大きく評価されたことは間違いなかった。

その頃、中田のホームページでは、彼からのメールの休止が宣言されていた。

「……もう限界です。確かに俺は忍耐強いほうではないです。でも、たとえ忍耐強い人が読んでいても、読むに堪えない内容が多すぎました。……昨日の試合に関しても、こちらのジャーナリストたちからは、高く評価してもらった。もちろん、俺の悪い点についても、きちんと評した上で、全体的な評価をしてくれている。自分で言うのは何だけど、この二試合、調子はまずまずだったと思う。もちろん、勝たなくちゃ意味がないのは重々承知のこと。でも、なんでこんなに評価が違うのか、俺には理解できない。……誤解しないでほしい。俺も納得できる批判ならば、真摯《しんし》に受け止める。俺は自分のことを誉めてくれと言っているのではなくて、正当な評価を下してほしいと言っているのです……」

そこには、生身の中田の感情が込められていた。

「結果を出すしかない」

そして、ワールドカップの後、ヨーロッパのクラブチームへの移籍を成功させ、自分のサッカーが世界で通用することを証明する。中田が孤独と緊張から解放される術は、もはや、それしかないように思われた。

六月二十二日の午前中、激しいフィジカルトレーニングをこなした日本代表の選手たちに、その日の午後、ワールドカップ期間中、最初で最後のオフが与えられた。

中田は、パリからやってきた友人のカメラマンとともにエクスレバンの観光名所であるブルジェイ湖に出掛けた。街で買い求めた釣り竿を抱え、チャーターしたモーターボートで湖畔を遠く離れたのだ。

目的の釣りは、退屈だった。二時間も釣り糸を垂れ、浮きがピクリとすることもなかった。気の毒に思ったモーターボートの運転手は「湖をドライブしないか」と、中田を誘った。周囲には一艘《そう》のボートも見えなかった。運転手は、中田に「運転を任せよう」と言って助手席に移った。

中田は、運転手の手を借りて、生まれて初めてモーターボートを運転した。スピードメーターは八十キロを示していた。

「釣りより、こっちのほうが面白いよ」

中田は声をあげて笑った。その顔からは、苦しげな表情が薄れていた。

第三部　遥かなる道のり

第一章
アトランタ五輪の傷

一九九六年七月二十六日、アトランタ・オリンピックでリーグ選敗退を喫した日本五輪代表は、フロリダ半島のオーランドから、日本へ向け旅立った。彼らが戦ったスタジアムは、本大会が行われているアトランタではなく、マイアミとオーランドにあったのだ。

五輪サッカー、男子リーグD組で二勝一敗の成績を収めながら得失点差で決勝トーナメントへの進出を逃した五輪代表は、すぐさま帰国の途についた。

五輪代表を率いた監督の西野朗と選手たちを迎える大勢のマスコミは、戸惑いの表情を隠せなかった。

七月二十一日、五輪代表とはいえ、世界最高の実力を誇るブラジルを1―0で撃破し、スポーツ紙の号外まで出させた衝撃は次のナイジェリア戦で急速に萎《しぼ》んでしまった。0―2の完敗は、日本の若いサッカーの限界を感じさせたかに見えた。

だが、三試合目のハンガリー戦では、二度の逆転劇を演じ、3―2で劇的な勝利を遂げる。キャプテン、前園真聖の二つのファインゴールは、声援を送るサッカーファンに、ナイジェリア戦の黒星を帳消しにする喜びをもたらした。

リーグ選終了後には、ブラジル、ナイジェリア、日本が二勝一敗で並んだが、結局、得失点差で上回る日本以外の二チームがベスト8に進んだ。

「世紀の大番狂わせ」「百回に一度の勝利」と、世界を震撼《しんかん》させたブラジル戦の勝利の重さと、二勝をしていながら決勝へ進めなかったという残念な結果は、記者たちを当惑させた。

だが、戸惑っていたのはマスコミだけではなかった。飛行機から降り立った西野の顔にも、選手たちの顔にも、複雑な表情が浮かんでいた。ブラジルに勝利した誇らしさと、ベスト8を逃した悔しさ、五輪予選から続いた海外遠征の疲れが入り交じっていた。

サングラスをかけた中田は、最後尾を歩いていた。時折、選手たちと言葉を交わすときには笑顔を作ったが、それ以外は終始、能面のように無表情なままだった。

彼の態度には理由があった。

中田はオリンピックを戦い、ある絶望を感じていたのだった。

ブラジルを粉砕した五輪代表の中には、確執とも呼べるわだかまりが存在していた。

端を発したのは、ブラジル戦の八日前にスポーツ新聞に載った前園の発言だった。前園は、取り囲むプレスに「五輪代表のサッカーがディフェンシブすぎる。もっと攻撃的に戦いたい」と本音をぶつけた。勝利を求めた前園の意見は、一夜にしてメディアを賑《にぎ》わす「監督批判」へと変わってしまった。当然、選手たちの間には、不穏な空気が流れた。

西野は前園と話し合い、ベベットやジュニーニョ、ロベルト・カルロス、アウダイールといったセレソン（ブラジル代表）の選手を有するブラジル五輪代表との戦いでは、守備的にならざるを得ないことを言い聞かせた。

だが、実のところ、前園を始め、城、中田らは、西野の言葉に納得していなかった。

中田は同室のキャプテン、前園と同じ考えを持っていた。

「どんなに守っても、ゴールが入らなきゃ、最高でも引き分けにしかならない」

中田は、五輪代表の戦力が、ブラジルはともかく、リーグ選を戦うナイジェリアやハンガリーに劣っているとは思えなかった。選手たちにとっても、西野が築いた五輪代表チームは「勝てるチーム」であった。

「このチームは、守って失点を恐れるだけのチームじゃない。攻めて、相手に怖いと思わせることだってできるチームだよ」

九五年に行われたオリンピック一次予選終了後、オーストラリア合宿から五輪代表入りした中田は、二次予選を突破しオリンピックへの出場が決まったときから、これまでで最高の舞台での激戦を心待ちにしていた。

そして、自分たちのサッカーがブラジルやナイジェリアとどの程度の戦いができるのか、楽しみにしていた。

中田には自信があった。

「守備がすべてのサッカーじゃ、情けないよ。同じ人間がサッカーやるんだから、100－0で負けることはないでしょう」

しかし、十九歳の無邪気な闘争心は、相手の攻撃の芽を摘む地道なプレーに徹していた守備陣にとって、傍若無人に映った。

結局、自分たちの力を示し勝つために攻めたいと願う攻撃の選手たちと、監督の戦略を忠実に守り、確実に勝機を見いだしたい守備の選手たちとの対立は、ブラジル戦を目前にして、明確になっていた。

中田は決して守備を軽んじていたわけではなかった。ただ不必要に相手を恐れ、引いてしまうのが日本五輪代表のサッカーだとは、思っていなかっただけだ。

七月二十一日のブラジル戦。後半二十七分に伊東が一直線にブラジル陣内へ駆け込み、ゴールキーパーのジダとディフェンダーのアウダイールが交錯した隙《すき》にこぼれたボールを蹴《け》り込んだ。歴史的な一点が、マイアミのオレンジボウル・スタジアムの電光掲示板に灯《とも》された。

中田は総攻撃を仕掛けたブラジルのシュートを渾身の力で受け止めている川口を見ながら、どんなことがあってもこの一点を守りきらなければと考えていた。

ピッチに立つ選手全員がディフェンスに必死だった。まさに、西野が目指したサッカーがそこにはあった。

パスのコースを変えられたことに苛立《いらだ》つブラジルの選手が、過激なフィジカルコンタクトを仕掛けてきた。その形相は常軌を逸していた。

守るためにゴール前まで戻っていた中田にも、手加減は加えられなかった。

後半の三十分が過ぎた頃、相手ディフェンダーに肘《ひじ》打ちを食らった中田は、右の腕がちぎれたような衝撃を受けた。やがて、右腕は痺《しび》れ、感覚をまったく失った。感覚のない腕を振りながら守備をすることは、体に思いも寄らぬ負荷をかけた。痺れた右腕では、競り合ったときにも相手の出方が読めない。左右の腕のバランスを補おうとすると、体が大きく揺れだした。

上昇する血液中の乳酸値が、彼の呼吸をぜいぜいと荒くした。それまで絶好調だった中田のコンディションは、微妙に狂いはじめていた。

その数分後、激しいボディアタックを受けた中田は、ピッチの中ほどに倒れ込んだ。

中田は起き上がれない。

西野は、すかさず中田に代え、ディフェンダーの上村健一を投入した。

しかし、中田は起き上がれなかったのではない。じっとして、西野の交代の声を待っていたのだ。

栄光のブラジル戦を最後まで戦いたいという思いはあった。しかし、右腕の感覚を失い、体が重くなっている自分が戦うより、一点を死守しなければならないチームにはフレッシュな守備のスペシャリストが必要だと思えたのだ。

中田は、1―0の勝利の瞬間をベンチで迎えた。ユニフォームを脱ぎ、アンダーシャツになった中田の右手には、痺れた腕を冷やすためアイシングが施されていた。

スタンドへの挨拶《あいさつ》を終え、再びミックスゾーンに戻る選手の中に右腕を吊った中田の姿もあった。

疲労困憊《こんぱい》の前園が、隣を歩く中田に声を掛けた。

「勝ったな、ブラジルに」

中田はニッコリと笑った。

「うん。だけどバテバテだった」

このとき、前園も中田も、守り抜いて得た勝利を確かに誇りに思っていた。

七月二十三日、マイアミからオーランドのシトラスボウル・スタジアムに場所を移して行われたナイジェリア戦に先発出場した中田は、ナイジェリア五輪代表と競り合いながら、驚きを隠せなかった。

向き合った褐色の勇者たちには、以前に恐れを抱いたほどの猛々《たけだけ》しさがまったく感じられなかった。信じがたいスピードと鞭のように撓《しな》る体を持ち、ピッチを我がもの顔に走っていた怪物のようなカヌーでさえ、ごく平均的な「優れたフォワード」に見えた。

公式戦で二度目の対戦となるナイジェリアは、中田にとっては、ブラジルよりも遥かに怖い存在だった。九三年八月二十九日、岐阜の長良川競技場で戦ったナイジェリアの記憶が、彼には鮮明に残っていた。U―17世界選手権で初めて戦ったナイジェリアの選手たちは、どんな場所からでも、どんな体勢でも、シュートを狙《ねら》い撃った。

このチームのメンバーが代表入りすれば、ナイジェリアは無敵のチームになる。

「日本人の自分には、勝てる相手じゃない」

アフリカのサバンナを駆けるガゼルのように機敏で、驚異的な跳躍力と耐久力を持ったナイジェリアの選手たちは、中田の想像を超える能力を兼ね備えていた。

甲府市立北中学校、山梨県立韮崎《にらさき》高校とサッカーに明け暮れた中田は、考えることで自分のサッカーを作り上げてきた。理想のサッカーを想定し、それを実現するために理論を積み重ね、方程式を解くようにプレーをした。ボールを蹴ることはたやすい。しかし、サッカーというゲームにおいて、思いどおりのプレーを体現することは、至難の業だった。

しかし、U—17でナイジェリア選手の身体能力を目の当たりにしたとき、中田は、生まれながらにサッカー選手である人間もいるのだ、と思い知らされた。彼らは、遺伝子に刻まれた本能のままボールを操っていた。

こんな奴らと戦っても、一生、勝てるわけがない。

自らヘディングシュートを決めたにもかかわらず、結局、2—1でナイジェリアに敗れた中田は、彼らの天賦の才能を脳裏に焼きつけることになった。


ところが、再度、挑むことになったナイジェリア五輪代表は、三年前から殆ど進歩していなかった。ボールを競り合い、攻撃や守備のたびに体をぶつけ合うと、その印象が間違っていないことが実感できた。驚いて声も出なかった彼らの身体能力も、速くてしなやかなサッカーの技術もさほど成長していなかった。

カヌーが人間に見える。

中田はナイジェリアのカヌーと肩をぶつけ合いながら、咄嗟《とっさ》に思った。

これなら、勝てる。

カウンターを恐れ、ラインを下げた戦術は、ナイジェリアを対戦相手にすれば当然のことだった。だが、ナイジェリアの実力を自分の尺度で計っていた中田は、攻め入る機会が十分にあることを感じたのだ。

やがて、一向に攻める気配のないチームの雰囲気に苛立った中田は、ディフェンダーの田中誠や路木龍次に「もっと押し上げろ」と何度も怒鳴った。摑《つか》みどころのないゲームに、ナイジェリアのゴール前で待っていた前園や城も憤慨していた。

西野の戦術を忠実にこなし0―0で前半が終わったとき、中田は、このままでは勝てないと考えていた。

西野は、戦いの前に選手たちにこう告げていた。

「ブラジル戦と同じように、前線へあまり飛び出してはいけない。自分たちのエリアでボールを奪うことを考えろ」

だが、前半戦を終え勇んで戻ってきた前園と中田は、ディフェンシブな戦い方に異論を唱えた。西野は言った。

「オフェンス陣が思いどおりに攻撃できないのは、守備陣が引いて前線へのサポートが少ないからではない。このチームのシステムのせいでもない。選手それぞれが、ナイジェリアのボディコンタクトに負けている。だから、ボールがキープできないだけだ」

しかし、中田は四十五分間、描いていた「今日のナイジェリアなら攻めれば勝てる」という思いを、どうしても封じ込めることができなかった。

左サイドの後ろ側にいる路木へ、中田は語気を強め、注文をつけていた。

「後半はもっと押し上げてくれよ。そうじゃないと攻められないから」

守ることに奔走した選手のほとんどが、中田に憤りを感じていた。

西野の顔色が瞬時に変わった。

「何を言ってるんだ。みんな、頑張っているんだぞ!」

怒りに震えた怒鳴り声が、中田に向けられていた。中田は、西野の顔をみつめ、黙っている。

それまで見せたことがない西野の爆発的な怒りは、ロッカールームを凍りつかせた。

最年長の服部年宏が、西野の立場と中田の気持ちを察するように、攻撃に貢献できなかったのは自分のせいだと言って、西野へ途中交代を申し出た。

慌ただしいハーフタイムは、西野の激昂《げきこう》と中田の沈黙で終止符が打たれた。

攻撃陣は、中田を怒鳴る西野に落胆していた。守備陣は、中田の発言を監督への造反とみなし、そのわがままを西野が諫《いさ》めたことで溜飲《りゅういん》を下げた。

わずかな休息の最中、チームには、修復不可能なほどの亀裂《きれつ》が生まれていた。

中田のサッカー選手としての経験がもたらした意見は、結局、理解されなかった。このとき、チームにとっての中田は、単に面倒なエゴイストでしかなかった。

だが中田は、ハーフタイムのロッカールームで、ナイジェリアが現在の五輪代表にとって、それほどの脅威ではない事実を単に伝えたかっただけなのだ。彼もまた、他の選手と同じように、ブラジルを撃破した一戦を「まぐれ」と言わせないため、とにかくナイジェリアに勝利したかった。

後半が始まると、五輪代表のサッカーは統率を欠いていった。集中力が途切れてきた終盤、三十八分にオウン・ゴールが決まると、チームは、糸が切れたように迷走を始める。四十四分、PKを奪われ、日本の息の根は完全に止められてしまった。

0―2の完敗に、若い選手たちは動揺を隠しきれなかった。ゲームが終わると、観客席に挨拶もせずにロッカールームへ引き上げてしまった。一人、スタンドへ手を挙げたのは、ゴールキーパーの川口だけだった。

七月二十五日のハンガリー戦を、中田は、ベンチの端で見ていた。西野は、中田をゲームから外すことで、断絶したチームをひとつにまとめあげようとした。

ハンガリー戦の先発メンバーが読み上げられたとき、中田はなぜ、自分が外されるのか、理由が知りたかった。単なる戦術の問題なのか、ナイジェリア戦のハーフタイムでの事件が原因なのか、西野から本当のところを聞きたかった。

だが、中田へ言葉が掛けられることはなかった。このチームにあって、中田は完全に蚊帳《かや》の外に置かれてしまった。

十九歳の中田は、小さな、そして、サッカー選手としては取り返しのつかないほどの大きな絶望を感じていた。

中田は自分の体に刷り込まれた感覚と、それをもたらした経験を信じてゲームを戦っていた。ナイジェリア戦でも、対峙する敵の身体能力やコンディションを読むことで、ボールの行方を探り、パスのコースを決めていた。

ボールを競り合いながらナイジェリアの力を推し量って感じた自信は、中田の中で「攻めろ」というサインになって示された。

しかし、指揮官は真っ向からそのサインを否定した。

サッカーはベンチで行われているのではない。ピッチの上での戦いなのだ。

そう思っていた中田は、皮膚が触れ、相手の息遣いが聞こえる場所でボールを追いかけている自分の感覚を信じてもらえないことが、苦しかった。

ゲームを戦う中田が、最も信じていたものは、自分が重ねた経験だった。中田が百パーセント信じ得る情報は、実際の体験でしかあり得なかった。通常、サッカー少年には、憧《あこが》れの選手がいるものだが、それも中田には皆無だった。

経験と、その経験から授かった感覚をフィールド上での指標にしている中田は、名前や戦績だけで相手を畏怖することがない。海外のサッカーリーグの中継も、ワールドカップ中継も見たことがなく、クライフもプラティニもベッケンバウワーも、過去のサッカー選手に過ぎなかった。自分のサッカーを築き上げる手だては、地道な練習とゲームで繰り広げられるプレーだと、中田は信じていた。

逆に言えば、中田は自分で確認できないことを、または自分で体験できないものを、まるで信用しなかった。土ぼこりの舞う甲府のグラウンドでも、輝くような芝を敷き詰めた国立競技場でも、中田が得る経験に優劣はなかった。中田が培った経験は、中田の想像力と混合され、戦いの展開やひとつひとつのプレーを構築していった。それればかりか、無意味な恐怖や不安を取り除き、勝機を見いだす冷静な心を保つ助けにもなった。

どんなに周囲が「ブラジルは強い」と言っても、以前戦ったブラジルのサッカーを思い出せば、必ずチャンスが訪れることを疑わなかった。彼自身「絶対に勝てない」というナイジェリアへの思いは、二年後の新たな経験で、瞬時に覆っていた。

経験という裏づけがある限り、中田は頑《かたくな》に自分の主張を曲げない。その中田を受け止めることを、西野は拒絶した。


戦いのメンバーから外された、わがままな人間。

サッカー選手にとっては、致命的な烙印《らくいん》だった。

中田はチームからばっさりと切り落とされてしまうと、テレビでゲームを観戦するような感覚でハンガリー戦を眺めた。ピッチへ立たない限り、中田のサッカー勘は絶縁体に覆われた金属のように刺激に対して鈍くなってしまう。

自分を理解をしようとせず隔絶する者に、中田の心は簡単に閉ざされた。

ドラマチックなハンガリー戦の勝利の後に、得失点差による予選敗退の苦い知らせが待っていた。

最後の夜、選手たちは食堂に集まり、これまでにないほどわいわいと騒いだ。西野も前園も川口も、灼熱《しゃくねつ》の中での戦いを振り返っていた。その席には、中田もいた。

だが、中田の心に刻まれた孤独は、痣《あざ》になってはっきりと残っていた。


西野が育て、率いた五輪代表のブラジル戦での勝利は、日本サッカー史に刻まれた。

アトランタ・オリンピック、サッカー競技で金メダルを獲得したのは、優勝候補筆頭のブラジルではなく、中田が「勝てる」と思ったナイジェリアだった。


七月二十六日、マイアミから成田に到着し、取り囲まれた報道陣の間をすり抜けて到着ロビーを出ようとしたとき、前園は中田を導いた。迎えに来ている友人に、ベルマーレ平塚の寮まで送ってもらえるよう頼んでくれることになっていた。

平塚に住む中田は気に病んで何度も断ったが、前園は大丈夫だよと言って友人に携帯電話をかけた。中田が五輪代表に入って以来、ずっと同室だった三歳年上の前園は、中田が初めて心から打ち解けたJリーグの選手だった。

中田は、とにかく前園のプレースタイルが好きだった。リスクを恐れず切り込んでいくドリブルは、中田が理想とするゴール前でのチャンスを何度も作り出した。マラドーナを敬愛し、大好きなサッカーを真摯《しんし》に話すゾノは、オリンピック最終予選、アトランタ・オリンピックを経て、無二の親友といえる存在になっていた。

しばらくして友人が現れた。彼は都内のマンションに前園を送り届けると、当然のように東名高速に乗り、厚木インターへ向かっていた。ベルマーレ平塚の寮は、インターを下りてから十五分ほどのところにあった。

前園が誰よりも信頼するその友人は、名前を後藤祐介と言った。二十四歳の後藤は、前園の友人でもあり、彼のマネージメントスタッフの一人でもあった。帝京高校でサッカー部に所属していた後藤は、卒業後、二年間アルゼンチンへ放浪の旅に出ていた。

アルゼンチンから帰国し、役者の勉強を始めていた後藤はサッカーの経験を買われ、次原がプロデュースするサッカーのイベントの手伝いをした。その後、次原から前園を紹介され、意気投合する。以来、公私にわたり前園のサポート役を務めてきたのだ。

後藤は、初めて会った中田にも、優しい笑顔を向けた。

「遠くまで送ってもらって、本当にごめんなさい」

「大丈夫だよ。高速に乗ればすぐだから」

中田は車の中で、後藤の帝京サッカー部時代のエピソードやアルゼンチン放浪の話を聞き、後藤がいかに独りで戦ってきたかを理解した。

帝京サッカー部の練習やチームでの規律は聞きしに勝る厳しさであり、日本の裏側にあるアルゼンチンは、そのサッカーも含めて中田のまったく知らない世界だった。

「ブエノスアイレスでサッカー観たらしびれるよ。あいつら本気で人を殴るためにサッカー場へ行ってるからね。死んでもいい覚悟がないと、アルゼンチンではサッカー観られない。でもさ、ラテンの音楽がサッカー場に合っていて、これが最高なんだよ」

三度アルゼンチンへ行った後藤は、独りぼっちってきついよな、と言った。

「地獄みたいな孤独を経験すると、自分のことじゃなく、人のことばっかり考えるようになるんだよ。俺みたいな人間でも、誰かのために何かできることがあるんじゃないかなあって」

中田は、ナイジェリア戦のハーフタイムのときからぬぐい去れなかった悔しさを後藤に告白していた。

「ハンガリー戦に出なかったのは、監督から外されたからだよ。もっと攻めたいってことは、俺とゾノとで西野さんに言ったんだ。だけど、俺だけが落とされた」

「サッカーやってると、そういうことってあるよな」

少年のように素直に悔しさを言葉にした中田へ、後藤は言った。

中田は、後藤が事態を詮索《せんさく》もせずに、さらりと言ってくれたことが嬉《うれ》しかった。

「俺って人に理解されないんだ。友達もぜんぜんいないしね」

後藤は、携帯電話の番号を中田に告げた。

「今度、どこかで飯でも食おうよ。ゾノも一緒にさ」

「そうだね。そうしよう。サッカーとは関係なく、遊びに行きたいね」

寮の前まで送り届けてくれた後藤に、中田はペコリと頭を下げた。

部屋に戻ると、中田はすぐに洗濯と部屋の掃除を始めた。出発の際、きれいにした部屋は、汚れた様子はなかったが、少しでもほこりがあると落ちつかないので、掃除機をかけ、濡れたタオルで隅々まで拭《ふ》いた。

掃除をすれば、心が落ちついた。

洗濯機にトレーニングウェアを入れながら、中田は思った。

オリンピックは終わったのだ。

中田には、苦戦を強いられるJリーグでの戦いが待っていた。

第二章
新生ベルマーレ

アトランタ・オリンピックから戻り、チームに合流した中田は、苦渋に満ちた思いでナビスコカップを戦うことになった。選手とのミーティングもそこそこにフォーメーションをくるくると変える監督、トニーニョ・モウラへの信頼は、すでにチーム内で失墜していた。

中田も例外ではなかった。何の説明もないまま、右のウイングバックとして出場させられることもしばしばで、その役割やチーム戦略が中田へ語られることはなかった。

選手たちは、トニーニョから勝利への意欲を感じられないでいた。自分がブラジルから連れてきた選手にポルトガル語で指示を与えるだけで、日本人選手とは視線も合わせない。ベルマーレ平塚のサッカーを作り上げようという気概が、まったく感じられない監督を、選手たちは尊敬できなくなっていた。ベルマーレ平塚のチーム内には、戦いに望むための勢いがまったくなかった。

たび重なる惨敗は、残っていた覇気をも選手たちから奪ってしまった。監督やコーチ批判は、ベルマーレ平塚の選手にとってもはや日常の話題だった。

この時期、ベルマーレ平塚はJリーグ開幕以来の不調に喘《あえ》ぎ、泥沼の中にいた。

一九九六年九月四日、ナビスコカップ準決勝で清水エスパルスと戦ったベルマーレ平塚は、5—0の大敗を喫していた。

選手たちは、はっきりと「戦術の失敗」を意識し、監督に対する憤懣《ふんまん》を態度に表していた。3バックから4バックに変更されたディフェンスは、このゲームでまったく機能しなかった。チームの最年長者であるゴールキーパーの小島伸幸は、「意思の統一がぜんぜんない。監督と選手たちとで話し合いをしなければならない」と、苦り切った表情で記者たちに話した。

中田も、あまりのお粗末なゲームに怒ることも忘れていた。

スポーツ紙の記者たちは、ベルマーレ平塚の選手と監督のトニーニョの間に不信感が充満していることを察していた。それぞれの選手から噴き出された監督への不満は、次々に記者たちのノートに書き留められていった。

中田は、試合後「選手たちの集中力と試合に向かう姿勢が足りない」という、監督の呑気《のんき》なコメントを記者から聞かされた。そのとき、中田は憤りを爆発させこう吐き捨てた。

「そんなもの必要ない」

監督から、エスパルス戦に向けての戦略を聞かされていなかった中田は、選手に責任を押しつけようとしている監督に呆《あき》れていた。選手はバラバラで、パスのコースや攻撃のシステムも築かれていなかった。エスパルスの攻撃に押されディフェンスラインがずるずると下がると、大方の選手は自陣のゴール前まで引きずられた。中田は中盤では一人前線に残り、ゴールのチャンスを狙うべくボールが上がってくるのを待った。前半三ゴールを奪われたベルマーレ平塚は、後半にも二点を失っていた。

「後半はわざとボールを追わなかった。とにかく点を取らなければ勝てないし、戻っても前線に選手がいないからカウンターすら仕掛けられない。だから、待っているより仕方がなかった」

中田は情けないサッカーを自嘲《じちよう》しつつ、怒りを込めて最後まで得点の可能性を求めていたことを記者たちに明かした。

熱狂に包まれていた日本平スタジアムで、ベルマーレ平塚というチームは完全に崩壊していたのだ。

そして中田は、このコメントを契機に、まったく別の問題に巻き込まれていった。

翌日の各スポーツ紙のサッカー欄には、清水エスパルスの勝利とともに、ベルマーレ平塚の内紛が掲載されていた。当然、中田のコメントも載っていた。記事自体は小さかったが、「わざとボールを追わなかった」という見出しは目を引いた。

あるスポーツ紙は、中田の言葉を部分的に掲載していた。

――五失点の惨敗にイレブンの口から監督批判が続出した。（中略）中田にいたっては、「後半はわざとボールを追わなかった」と、問題発言まで飛び出した――

その記事を読んだ何人かのチームメイトは「こんな態度の選手がピッチにいるのはおかしい」「プロとして恥ずべき怠慢だ」と言って、中田への怒りを隠さなかった。

この問題は沈静化するどころかさらに大きくなっていった。

監督のトニーニョは「中田は手に負えない」と彼の造反を訴えた。中田は、もはやベルマーレ平塚が抱える火種だった。

九月六日、中田はフロントから清水エスパルス戦の後の発言に対する説明を求められた。呼び出された中田は、「わざとボールを追わなかった」という言葉だけを意図的に引用されたことと、言葉の真意をすべて話した。選手管理部は、すぐに中田への理解を示したが、「誤解を受けるからこれからは慎重にコメントするように」と忠告をした。

チーム内は紛糾していた。フォワードの野口は、先発出場を外され「監督の考えは理解できない」と公然と批判をした。ゲームから外されていたベッチーニョは「トニーニョが監督として残るなら、自分は退団する」と発言する。九四年、天皇杯を制覇したベルマーレ平塚の立役者であるベッチーニョは、同じブラジル人でありながら、後から就任したトニーニョとは、まったく反りが合わなかった。

そして、清水エスパルス戦の記事を読んだサポーターは、当然、その記事の内容を信じ、時間が経過するごとに中田への不信感を募らせていった。

ベルマーレ平塚のホームゲームでは、サポーターから選手全員に送られるはずのエールから「ヒデ・コール」が消えていた。中田の名前が紹介されても、スタンドは静まり返っている。中田の真意までを知ることのなかったサポーターは「わざとボールを追わなかった」という記事を読んで、中田への抗議を態度で示したのだった。

以来、ゲームの最中、得点を決めた中田へぱらぱらと拍手が湧いたが、やはり中田の名前が叫ばれることはなかった。ファンの抗議の態度はしばらくの間、続いたのだった。

中田はいつも俯《うつむ》いて、ピッチの上では決して笑顔を見せなくなった。チームメイトも、そんな中田を敬遠した。同じゲームを戦いながら、中田は独りだった。中田が好プレーを見せても、誰一人駆け寄らない。ハーフタイムでロッカーに戻るときも、ゲームが終わり観客に手を挙げるときにも、中田に言葉をかける選手はいなかった。

中田は、マスコミにも一切、口を噤《つぐ》むようになった。喋《しゃべ》ることで騒ぎに巻き込まれるなら、いっそ黙っていたほうがいい。以後、中田はマスコミの前でもファンの前でもその表情を消していく。

中田にとってこの記事が、メディアとの軋轢《あつれき》のスタートになった。

九月十四日、低迷するチーム状況の打開と選手との確執を理由に、フロントは監督のトニーニョとコーチのジョゼに休養を通告。そして、即座にユースの総監督を務めていた植木繁晴が監督代行に就任した。

一九五四年九月十三日、神奈川県生まれの植木は、新城高校から日本大学に進んだ。卒業後、フジタ工業に入社し、ベルマーレ平塚の前身であるサッカー部に籍を置いた。センターフォワード、ミッドフィルダーとして十年間をサッカー部で過ごした彼は、七九年には日本代表にも選出される。八六年に現役を引退すると、そのままフジタに残留し、若手の育成を手掛けることになった。

その後、三年間をサテライト監督として過ごし、九五年のアジアカップウィナーズ選手権でトップチームを指揮し、チームを優勝に導いた。

そして、九六年、トニーニョの監督就任に伴い、ユース総監督として若い選手の育成に従事していた植木は、推進力を失ったベルマーレ平塚を再建するため、再びトップチームでの采配を振るうことになった。

百八十二センチ、八十五キロの大柄な植木は、温厚な顔の印象とは異なり、情熱ほとばしる一本気な性格だった。フロントはクラブ生え抜きの植木を指導者に据えることで、チームが生まれ変わることを望み、監督就任を要請したのだ。

植木には胸に秘めた思いがあった。それは、日本人を中心にしたチームを作りたいというものだった。

Jリーグが開幕し、飛躍的なステップを踏んだ日本のサッカーが、外国人選手に頼らざるを得ないことは十分に理解できた。文字どおり勝利を求めるそれぞれのチームは、南米やヨーロッパの有名選手を莫大な契約金で来日させた。だが、植木はそうしたやり方に反発を覚えていた。

場つなぎ的に海外から出稼ぎにやってくる選手を、チームの柱にしていたのでは日本サッカーの核は、いつまで経っても固まらない。

特に10番のポジションは、これまで外国人選手に牛耳られてきた。植木はそれが悔しかった。日本のゲームメーカーが育たなければ、日本のサッカーは必ず先細りになる。

植木は機会が訪れたなら、日本人が先頭を切りゲームの流れを作るチームを築きたい、と考えていたのだった。

九月に入り、フロントから監督就任を要請された植木は、きっぱりと自分の構想を伝えた。それが認められるなら、監督を引き受ける、とも言ったのだ。

「中田を司令塔としたチームを作る」

それで結果がでなければ、即座に責任を取るとも植木は付け加えた。彼は、サッカー人として外国人に頼るだけのJリーグに楔《くさび》を打ち込みたかった。その楔が、中田なのだ。

植木の目から見て、視野の広い中田のパスは、他の日本人が持ち得ないものだった。植木の理想は攻撃の拠点を中田に絞り、彼が自在にフォワードを駆使するサッカーだった。十九歳の若い中田にチームを動かせるのか、という意見もあったが植木に迷いはなかった。中田が十七歳の頃からそのプレーを見つづけてきた植木は、彼なら、日本だけでなく世界にも通用するゲームメーカーになれることを疑わなかった。

フロントは、黙って植木に采配を一任することを約束した。

植木には、チームを作るためにまずやらなければならないことがあった。中田との正面切った話し合いである。トニーニョと一言も口をきかなくなっていた中田が、何を考え、何を求めているのか、植木はそれを知り理解してやることが、クラブのためにも自分のためにも必要なのだと思っていた。

　また、中田と選手たちとの間に生まれた心の隙間《すきま》を埋めることは、チームを率いる植木の急務でもあった。

　植木は、中田を呼んで二人きりで話しはじめた。

「お前が考えていることを全部話してほしいんだ」

　見るからに中田の心はすさみ、凶暴性と怯《おび》えとが背中合わせになっていた。

　植木は詮索することなく正直に意見を聞こう、と言った。最初は戸惑った中田も、いつしかそれまで抑えていたものが溢《あふ》れ出すように思いの丈を語った。

「これまでみたいな練習をしてたんじゃ駄目です。俺はもっと練習がしたい。まず、何十分でも繰り返しパスをする相手が欲しい」

　インタビューで「練習が嫌い」と答える中田は、本物の練習嫌いだと信じられていたが、もちろん、それは事実ではない。中田のプレーのすべては、実は豊富で地道な練習によって支えられていた。

　学校時代から基本的なパスを繰り返すことで、中田は、ボールのコントロールや蹴る際のスピードを磨いてきた。地味なパスを気が遠くなるほど続けることで中田の目指すサッカーは構築されていた。

まるで、少年サッカースクールで行われるような単調なパスを、受ける足で感覚を確かめながら大切に繋《つな》いでいくのだ。しっかりと止めて蹴る。蹴ったボールの距離やスピードや回転をこまやかに気遣いながら、何時間でも繰り返されるパスは、すべてのプレーの規範となるものだった。

サッカーの指導をすることなどまったく興味がないと言った中田も、こうした絶対的な基本を必要とする小学生になら手ほどきをしてみたい、と考えたことがあった。

「別に教えることなんて何もない。小学生たちと、いつまでもパスを繰り返していれば、自分の練習にもなる。子供たちの柔らかいボールタッチは、プレーの参考になる」

しかし、Jリーグに入ってから、中田にとって最も重要なこの対面パスは、トレーニングの最初に、わずか十数分行われるだけになっていた。

「パスは、一人じゃできないんです」

そう言った中田に植木は答えた。

「分かった。お前に付き合う相手がいなければ、俺が付き合ってやる」

「シュートの練習もぜんぜん足りない。もっと、ゴールの枠に向かって繰り返しシュートを打ちたい。でもこの練習は、ゴールキーパーが付き合ってくれなければできませんよ」

「そうか。何とか方法を考えよう」

植木の態度に、中田は自分を囲んでいた冷たい空気が消えていくのを感じていた。

中田は、これまでのサッカーに対する不満や、自分の考えるサッカーを、饒舌《じょうぜつ》なまでに言葉にした。黙って話を聞いていた植木は、中田が描いているサッカーが、自分がベルマーレ平塚で実践しようとしているサッカーと同じであることが分かった。

全員で攻め、守るサッカーは、中田も欲していた。そのためには、強靭《きょうじん》な体力が必要なことも認めていた。守備が攻撃になる攻守一体のプレーこそ「負けないサッカー」を常としたチームの骨子となるはずだった。

五輪代表の期間において、中田が「守備を怠る選手」という評判がたったことに、植木は首を傾《かし》げていた。植木が知る限り、中田は守備でも意識の高い選手だった。コンパクトで速いパスを繋ぎ、ダイナミックな切り返しのパスとゴール前に刺さる鋭いスルーパスを駆使してゴールを狙う。その胸のすくような瞬間のために、中田はなりふり構わず守りに徹することができる選手だった。

やがて中田は、理想のサッカーのために必要だと思うものをあげた。それはスピードのあるフォワードだった。

それは植木も同じ気持ちだった。フォワードの補強は、チームの課題のひとつだった。

そして、中田は、運動量のある松川友明をサテライトから引き上げることを提案した。中田のパスに反応し、ドリブルで局面を打開できるプレー範囲の広い選手が必要なのだ、と中田は力説した。植木にも異論はなかった。松川は、植木のもと、トップチームで中田とプレーすることになった。

二人は時間が過ぎるのも忘れてサッカーの話に興じ、その話し合いは幾度となく行われた。それは、監督と選手のやりとりというよりも、同じチームの仲間としてのものであり、サッカーを愛する兄と弟のようでもあった。

植木は、普段は大人びた中田が、実は自分の幼さをさらけ出し、素直に打ち解けることができる相手を求めていることが分かった。植木は、天才的な若いサッカー選手が求める父性的な愛情を注ぐことを厭《いと》わなかった。植木にとって中田は、自分の行く末をも託す「恐るべき子供」だった。

中田はそれまで目の前を塞《ふさ》いでいた霧が晴れたように、楽しげな表情をしていた。植木は、これまでの誰とも違って、中田の言葉すべてに耳を傾けてくれた。サッカーの話がこんなに楽しいのは、何年ぶりだろう。中田にとって、理想のサッカーやベルマーレ平塚の戦術や戦略を植木と語り合うことは、一年以上も忘れていた喜びだった。

中田は友人や親しいライターに会うたびに、植木とサッカーの話をしていること、植木が中田にサッカー人として対等に向かい合ってくれることを嬉しそうに話した。

「植木さんは、サッカーがピッチの上で行われていることが分かっている。何でも話せるし、どんな相談もできる。植木さんが監督になってくれて、本当に良かった」

どんな発想も受け止めてくれる植木との会話の中で、中田のサッカーはより明快になっていた。オリンピックから帰国後はチームから逃げ出したかったが、そうした日々を重ね、やがてゲームが待ち遠しくなっていた。

一方、植木は改めて覚悟を決めていた。

中田のチームで勝てなければ、サッカーの世界から離れてもいい。そのときは、タクシーの運転手にでもなろう。何をやっても生きていける。

中田はベルマーレ平塚にとって、そして植木にとって、まさに切り札だった。

九月十九日、植木はチームのメンバーを集め、目指すサッカーの構想を具体的にぶちあげた。植木は全員攻撃全員守備のフレキシブルなサッカーを掲げ、選手たちに明快に考えを伝えたのだ。システマチックな攻撃の要《かなめ》となるのは、もちろん中田だった。チームの全員が、植木の据えた若い司令塔を認めていた。選手たちもまた、中田が持つ才能が尋常でないことを、強く感じはじめていたのだった。

選手たちは明るい表情で植木の登場を歓迎していた。植木のためにも結果を出そうとチームの士気は一気に上がった。その雰囲気は、サポーターの中にあったわだかまりも溶かしていった。

九六年九月二十一日、対名古屋グランパス戦で植木体制はスタートした。チームは、誇りを取り戻し、徐々にではあるが勝利を摑むためのサッカーを築き上げていった。

植木は、大腿部《だいたい》の筋肉を傷めながら、気が遠くなるほど続けられる中田のパスに付き合っていた。いよいよ足がいうことを聞かなくなると、中田のパスの相手をサテライトから探し出した。

間もなく、植木の見据えた才能は、彼の予想を遥かに超え成長を遂げていく。自らのサッカー人生を賭《か》けた若者を、二年後には手放すことになるとは、植木はまだ知らなかった。

第三章
世間を震撼させたスルーパス

一九九六年Jリーグ・セカンドステージで九位に甘んじたベルマーレ平塚は、九七年ファーストステージが始まると、好調な滑り出しを見せ、生まれ変わったように活《い》き活きとゲームを戦った。

植木が目指したサッカーは、意外なほど早く実現されていった。歯車がしっかりと嚙《か》み合ったチームは、前年までの停滞が嘘のように底力を発揮する。

中盤からプレスをかけ、より高いポジションでボールを奪い、素早く攻撃に転じる攻守の切り替えが速いゲーム展開をこなしていくうち、選手の間には、それまで希薄だった信頼の絆《きずな》も培われていった。

植木は中田のパスを活かすため選手補強にも着手した。四月には、ゲームメーカーを中田一人に絞るため、これまで10番のポジションを守りつづけてきたベッチーニョを放出した。

さらに、本田技研でプレーしていたブラジル人フォワード、ロペスを獲得する。ロペスは前年度ＪＦＬで得点王になり、帰化して日本代表に入るのではないか、と噂される選手だった。

時折、日本代表監督の加茂周が、平塚競技場へゲームの観戦に訪れていたが、周囲は「ロペスが代表に入るのかもしれない」と囁《ささや》いていた。

植木の指揮のもと、たびたび勝利を手にできるようになると、さらに中田のプレーは際立っていった。戦略が活きれば、それが勝利という結果になって跳ね返ってきた。中田はこれまで頭の中で描くだけだった大きなサイドチェンジのパスや、ゴール前を縦に切り裂くようなパスを駆使することができた。

それまでの中田は、才能はあるが、それを使いきれていないと評されることが多かった。例えば、中田を、「よく転ぶ選手だ」と言うサッカー評論家が少なくなかった。確かにパスを受けた後、中田は芝に腰を落とすようにしてパスを出していたことがある。それを見たテレビ解説者は「あんなに簡単に転んでは駄目だ」と、彼を批判した。

しかし、中田は転んでいたのではなく、自分から芝の上に倒れ込んでいたのだった。受けるボールの回転や緩急、パスのコースや相手のポジションを考えたとき、ボールを蹴る足先をフラットにしたほうが良い、もしくは、ボールを地面から高い位置で蹴ったほうが良い、と判断したとき、中田はわざと体を四十五度にまで倒してボールを受けた。当然、パスを送った後はそのままピッチに尻餅をついた。だが、そのプレーを理解してくれる人はいなかった。

「分かっていないよ、ぜんぜん。まあ、分かってもらわなくてもいいけどね」

中田は友人にそうこぼし、サッカー評論家や解説者の言葉に興味をなくしていった。

しかし、チームが上昇気流に乗ると、周りの反応は明らかに違ってきた。中田の複雑なパスの意図も、少しずつ理解されていく。

中田は漠然とではあったが、大きな目標が固まりだしたのを感じていた。

「植木さんが率いるチームで優勝したい。ベルマーレ平塚を日本一にしたい」

中田はその目標を誰にも告げなかった。じっと自分一人で温めながら、勝つために必要な体を作ることに熱中した。ボールを支配し、ドラマチックなパスを繰り出すには、敵を弾《はじ》きとばす身体が必要だった。中田は、相手の攻撃を寄せつけない鎧《よろい》のような筋肉を、練習の後のウエイトトレーニングで鍛え上げていった。時間は惜しくなかった。中田が興味を持てるものは、同じ年の若者に比べれば、そう多くはなかった。練習以外の時間は、ウエイトトレーニング、前園や後藤と集って食事をすること、買い物、そして簿記の資格試験のための勉強に費やすぐらいだった。

大学進学とJリーグ入団との狭間《はざま》で迷った経験を持つ中田は、プロのサッカー選手になったときから、サッカー以外の仕事にも興味を持ってきた。

「サッカーしか知らない人間になりたくない。自分の世界を狭めたくない」

中田は、その動機だけで十分に勉強に勤《いそ》しめた。

実際、サッカー以外の仕事をすることなど不可能だったが、ならば一般の人と同じスタートラインに立ち、資格試験だけでも受けてみたいと思っていた。

中田が簿記試験を受けたのは、経理の知識があればどんなビジネスにも役立つし、資格を持つことは自分にとってマイナスにはならないと思ったからだ。

簿記学校の通信講座を受けはじめたのは、九六年の春だった。アトランタ・オリンピックにも持っていった分厚い問題集は、数学が好きな中田にとって、退屈をまぎらわす恰好《かっこう》の材料だった。その年の十月、簿記の二級試験にまで合格していた中田は、五月の一級試験に向けテキストを離さないようになっていた。

九七年五月十二日、同月二十一日に二〇〇二年ワールドカップ共同開催を記念して国立競技場で行われる日韓戦の日本代表のメンバーが発表された。その中に中田の名前があった。六月に始まる九八年フランス・ワールドカップのアジア地区第一次予選日本ラウンドに向け、監督の加茂が、中田を始め、柏レイソルの下平隆宏、名古屋グランパスエイトの平野孝、セレッソ大阪の西沢明訓を初選出したのだった。

五輪代表からは、川口、路木、城が名を連ねていたが、前園の名前はなかった。

中田は数日前に、代表入りが決定したことをチームの広報から聞かされていた。中田は、驚き、戸惑った。自分が代表に名を連ねることなど予測していなかったからだ。

日本代表に選出されていた前園や城から、代表でのサッカーや雰囲気を聞かされたことはある。だが、実際、加茂ジャパンのサッカーを観たことがなかった中田には、実感が湧かなかった。九七年三月二十三日に始まったワールドカップアジア地区第一次予選オマーンラウンドは、まるで他人事だった。友人の前園の活躍を応援し、そのプレーを気にすることはあっても、自分が日本代表に固執することはなかった。

そればかりか、自分は絶対に選ばれないだろう、と考えていたほどだった。アトランタ・オリンピックを戦った五輪代表での中田の評判が伝わっているとすれば、加茂は明らかに自分のような選手を好まないはずだ。

そう考えていた中田は、選ばれたことを不思議に思わずにいられなかった。

そして、他に気がかりなこともあった。五月二十一日の日韓戦に向け行われる合同練習の期間中に、簿記一級試験が実施されることになっていたのだ。中田はベンチを温めるくらいなら試験を受けたほうがよいと思っていた。この機会を逃せば、秋か来年の春まで、試験は受けられなかった。広報を通じ、日本サッカー協会に申し出た中田はその思いを一蹴された。

五月十九日からの合同練習に参加した中田は、加茂から先発出場を通告されたのである。


五四年のスイス・ワールドカップ予選で初めて対戦して以来、この日まで九勝三十二敗十三分けと大きく負け越している韓国は、ワールドカップ初出場へ向けて戦う日本の前に、大きく立ちはだかる存在だった。だが、中田には韓国への苦手意識はまったくなかった。

「韓国だからやりにくいってことはありません。ただ体力のある韓国代表を相手に走るとちょっと疲れちゃうだろうけど」

人を食ったような発言がマスコミを賑わせた。攻撃力増強の駒として投入された二十歳の攻撃的ミッドフィルダーは、一躍注目を浴びていく。

九七年五月二十一日、晴天に恵まれた国立競技場に、青と炎がシンボルのユニフォームに身を包んだ中田が立っていた。背番号は、前園が付けていた8番だった。

サポーターたちの歓声は、ワールドカップ・アジア地区最終予選を前に、これまで以上の興奮を帯びている。「ドーハの悲劇」から四年を過ごし、二〇〇二年の日韓開催を待つ日本代表に、無様なゲームは許されなかった。

九五年一月から日本代表監督に就任した加茂は、日本人監督で初のワールドカップへ、という願いを背負っていた。加茂が横浜フリューゲルス監督時代に掲げたゾーンプレスという戦略は、日本代表でも形を変え継承された。

日本屈指の監督と謳《うた》われた加茂は、ワールドカップ前に、単純で分かりやすい戦略を貫き通すことを明言していた。九十分間、しっかりとボールをキープし、コンパクトなパス回しと素早い攻守の切り替えを要求されるゾーンプレスは、体力の消耗の激しいサッカーではあったが、今や世界のサッカースタイルの本流だった。

チーム最年少である中田は、ベルマーレ平塚同様、パスの供給役としてポジションについた。ゲームが始まると、周囲の様子がすべて視界に入っていた。肩の力は抜け、足が軽い。中田は、韓国があまりプレッシャーをかけてこないことに拍子抜けしながら、平塚競技場で繰り出すのと同じように、サイドを切り替える大きなパスや、ゴール前で待つフォワードの頭を狙った柔らかな放物線のクロスを送った。

中田の普段と変わらないパスが、ベルマーレ平塚のゲームを観たことのないサポーターには衝撃だった。中田がボールを持つたび、歓声がスタンドから滑り落ち、ピッチを埋めていった。

中田はポジションを把握しようと、何度も何度も首を左右に振り、スペースを見つけてパスを出した。

中田のパスの方向と、その正確さは、スタンドから見ているサポーターを熱狂させた。まるで空中から俯瞰《ふかん》しているかのように、彼は、ピッチのスペースとその先で待ち構える選手の居場所を知っていた。意表をつく中田のスルーパスは、韓国ディフェンダーを慌てさせ、三浦や城、西沢のシュートラッシュを演出した。

ゲームは同点で終わったが、中田のプレーには、マスコミも観衆も、そして監督の加茂も満足していた。

ピッチを去ろうとする中田に向かって韓国の選手が走ってきた。彼らは汗でぐっしょりと濡れた腕を差し出し、中田の手をしっかりと握ってこう言った。

「ユー　プレイド　グレイト」

強面《こわもて》の彼らの笑顔に、中田も素直に微笑《ほほえ》んだ。


マスコミや評論家が中田のプレーにさほど目を向けなかった頃から、中田と対戦したチームの外国人選手は一様に、彼のプレーを認め、その気持ちを中田へ伝えていた。

ゲームが終わった後、片言の日本語や、ポルトガル語で「よくやった」と言われるたび、中田は少年のように素直に応えた。勝敗に関係なく、試合終了の笛とともに中田へ駆け寄ったことのある選手は、清水エスパルスのサントスや、鹿島アントラーズのジョルジーニョ、ジュビロ磐田のドゥンガ、名古屋グランパスエイトのストイコビッチら、真の実力を持った選手ばかりだった。そして、あのカメルーン代表のエムボマも同じだった。

九七年一月に来日し、ガンバ大阪のフォワードとなったエムボマは、四月十二日、万博記念競技場でベルマーレ平塚と初めて対戦した。

ガンバ大阪で浪速《なにわ》の黒豹と呼ばれるようになった彼は、このゲームでも圧倒的な迫力でベルマーレ平塚の守備陣を脅かし、後半27分には華麗なゴールを決めた。松波からのパスを受け、ドリブルでゴール前に攻め入ると、ベルマーレ平塚のディフェンダーたちをかわすために、左右の爪先でボールを浮かし、体を回転させた。その浮かせたボールが落ちてきた瞬間、四十五度の角度で長い左足が振り抜かれた。エムボマのワールドクラスの技術に、観客は酔いしれた。

ガンバ大阪がリズムを握ったままゲームは終わり、ベルマーレ平塚は手痛い一敗を喫した。

試合終了直後、エムボマが力強い足取りで中田に向かっていく。周囲の選手たちが道をあけるほど、エムボマの顔は真剣だ。中田は何か言われるのかと思い、じっとエムボマの顔を見ていた。周囲も息を呑《の》んだ。だが、エムボマは何も言わず、中田へ右手を伸ばした。エムボマは、中田の手を握りながら、自分のユニフォームの肩の部分をつまみ、次に中田のユニフォームを指差した。彼は、中田にユニフォームを交換してほしいと言っていたのだ。だが、中田は新しいユニフォームを支給されたばかりで、それを手放すことができなかった。中田は申し訳なさそうに交換するのを断った。

ロッカールームに戻る途中、中田はこう言って笑った。

「エムボマがJリーグでプレーするなんて、反則だよね」

中田の冗談に皆が笑った。

数十分後、ベルマーレ平塚のロッカールームが騒然となった。ドアを開け、中を覗《のぞ》いていたのがエムボマだったからだ。通路に居合わせたスタッフや選手たちは、「エムボマがベルマーレ平塚のロッカーに殴り込んだ」と、騒いでいた。もちろん、事実は違っていた。エムボマは、中田を探し出すと、自分のユニフォームをそっと渡した。ゲームで着ていたものではなく新品のユニフォームだった。中田は、笑顔でそれを受け取った。エムボマのような選手が、ユニフォームを渡す相手に自分を選んでくれたことが嬉しかった。

九七年五月十二日、日韓戦の翌日、スポーツ紙の見出しには中田の名前が連なった。

「中田、絶妙なスルーパス」

「中田、日本代表の救世主に」

「中田デビュー、日本攻撃陣に一筋の光」

決定力不足に喘ぐ日本代表で殊勲者となった中田だが、彼自身は取り立てて高揚することはなかった。ただ、国際試合で実力のあるチームと戦えることは、嬉しかった。

戦った感触は体の奥に刻まれ、経験となって後の試合にも活かせるはずだ。ゲームで結果を積み上げていくことが、ピッチの上でのイマジネーションを膨らませてくれるはずだった。

中田にとって、ゲームの勝敗は最も重要なものだ。勝つ喜びを知らなければ、プロのサッカー選手になどなっていなかった。少年時代から、勝つためにサッカーを続けてきたのだ。手に入れた勝利は、中田にピッチに立つ選手の特権とも言える、爽快感《そうかい》や感動を与えてくれた。

「勝たなくていいゲームなんて、あるはずがない。勝利が欲しくないサッカー選手なんているはずがない」

子供の頃から、サッカーが上手《うま》いと言われつづけてきた。しかし、誰もどれぐらい上手いのか、教えてはくれなかった。中田は自分のサッカーのレベルを知るために、年齢や経験の差を超え、がむしゃらに相手へ挑んでいった。

中学でも高校でも、フィールドに立てば、選手たちは戦いの責任を均等に分かち合うことになる。中田は、学年で線を引く先輩・後輩の意識をあっさりと捨てていた。

「ピッチでは選手は皆、平等で上下なんてないはず。必死に勝とうと思っているときに言葉遣いとか礼儀とか、問題にしている場合じゃない」

プレーの最中には、選手は誰でも呼び捨てにした。ミスをする選手へは、容赦なく怒鳴り声をあげた。勝つことへの執念が、中田を駆り立てていた。中田は、後輩たちへ「ゲームが始まったら俺のことも『中田』と呼び捨てにしろ」と言っていた。

やがて、ベルマーレ平塚へ入団した中田は、礼儀知らずと言われても、そうした姿勢を変えなかった。

「Jリーグは学校のクラブ活動じゃない。サッカーは俺にとって生活の手段になった。ピッチの上で、言葉遣いや『さん』付けするような気を遣う余裕なんてあるほうがおかしいよ。すべてのゲームで実力を示してこそ、プロでしょう」

勝利を思えば、毎日の過酷なトレーニングを欠かさず、生活を厳しく節制することもできた。飲酒や飽食や夜遊びの楽しみなど、勝つことで得られる快感に比べれば、ささやかなものだった。

だが、中田には国際大会に出場するようになってから、勝敗とはまったく別な価値観が生まれた。自分は常に挑戦者である、という思いだ。

サッカーの頂点にいるのは誰なのか。ブラジル、イタリア、アルゼンチン、オランダ、ドイツ、といった強豪は、その自負を活力に戦いを続けている。だが、日本人に生まれ、普通の体格しか持ち合わせていない中田は、サッカー人生を終える頃になっても、ピラミッドの頂上にはたどり着けない。

だからこそ、中田は勝敗とは離れた舞台で、自分のサッカーを見極めたいという思いを持っている。世界のサッカー地図のなかでの、自分の位置を知りたい。世界の尺度で自分たちの本当の実力を確かめたかった。

挑戦者であるならば、その資質を知りたかった。

九七年六月、クロアチア、トルコと戦ったキリンカップにレギュラーとして出場した中田が、ワールドカップ・アジア地区第一次予選日本ラウンドでも代表の一員になることは疑いがなかった。

そんな中田には、ひとつだけ気がかりなことがあった。日本代表のゲームに出場しつづけることになれば、五月の試験を見送ったあと待っていた秋の簿記一級試験とワールドカップ最終予選とがまたもぶつかってしまうのだ。

いつの日か目指したい一級税理士へのステップとして必要な簿記一級の資格を取得すると

いう情熱が宙に浮いてしまったとき、それと入れ代わるように、これまで実感のなかったワールドカップの輪郭が浮かび上がっていた。U—17世界選手権、ワールドユース（U—20）世界選手権、アトランタ・オリンピックと三つの世界大会を経験した中田にとって、ワールドカップが四つ目の世界大会だった。

九七年六月二十二日、対マカオ戦を皮切りに、翌年のフランス・ワールドカップのアジア地区第一次予選日本ラウンドがスタートを切った。

前半十七分、中田は山口が出したグランダーのパスを迷わずシュートした。二十メートルの低い弾道は、そのままゴールネットを揺らし、日本代表得点の最年少記録を更新した。

三浦が六ゴールを決め、中田も二点をあげたゲームは、10—0の完勝だった。

二十五日の対ネパール戦を3—0で勝利した日本代表は、二十八日にはオマーンを迎えていた。

この日、真っ先にゴールを決めたのは、中田だった。前半四分、左のコーナーキックを受けた山口のパスをヘディングで合わせ、相手ゴールキーパーに動く隙を与えなかった。

結局、後半十八分に同点に追いつかれ、ゲームは引き分けで終わった。日本代表は、五勝一分けで難なくアジア地区第一次予選四組のトップとなり、最終予選に駒を進めた。

だが、フィールドを一周していた代表メンバーに向かって、国立競技場のスタンドを埋めたサポーターは、すさまじいブーイングで不満を表現していた。

格下のオマーンに引き分けたことが理由だった。体験したことのない抗議の下卑た響きの中で、中田はだんだん不機嫌になった。ブーイングを聞きながら、無性に腹が立っていた。

情けないってことは、選手が一番分かっているんだよ。

そう考えていた中田にも、追い討ちをかけるようにブーイングはやまなかった。選手たちは、挨拶を終え、足早にロッカーへと続く通路に姿を消していった。

九月から最終予選に臨む日本代表は「八試合、すべて勝つつもりで行く」と言う加茂を中心に、勝利を誓った。しかし、このとき、チームは、聞き取れないほどの小さな軋《きし》みをあげていた。ワールドカップに向けた最後の決戦で、その音は、轟《とどろ》くように大きくなっていくのである。

第四章
予選突破、世紀のゴール

フランス・ワールドカップ・アジア地区最終予選がスタートした。一九九七年九月七日、国立競技場で初戦のウズベキスタンを6―3でくだした日本代表は、良好なスタートを切った。だが、指摘される守備の乱れと攻撃力の欠如は、続くUAE（アラブ首長国連邦）戦、韓国戦で露呈していった。

九月十九日、灼熱のアブタビ、ザイード・スポーツシティで行われた一戦は、むせ返るような暑さとの戦いだった。

体温を上回る気温は、選手たちに呼吸困難を引き起こさせた。中田は熱い空気を吸い込みながら、日本人と同じようにバテているUAEの選手を見て、最後は我慢の勝負になることを予感した。

消極的なゲームの流れは、体力的な苦しさに輪をかけたが、UAEの選手の力なくだらりと伸びた腕を見るたび、必ず勝敗の分かれ目が訪れると、中田は思った。

だが、一進一退のプレーが続く後半、中田はあっさりと交代させられてしまう。ゲームの流れを変えようとした加茂は、中田に変え、森島を投入した。ロッカーへ引き上げ、氷で頭を冷やした中田は、釈然としないまま憤りを胸に押し込んだ。

投入された森島も、その役割を果たせぬままゲーム終了の笛を聞くことになった。

中田は、結局0—0の引き分けに終わったUAE戦を見届けながら、こう考えていた。

この試合は勝ちゲームだった。それを自分たちで、まるで望んだかのように引き分けにしてしまった。勝てるゲームをみすみす落としたんだ。このツケは、いつか自分たちで支払わなければならなくなる。絶対に。

引き分けが好結果であることを慰めのように繰り返す周囲の声を聞くたびに、中田は、目の前に迫っていた勝利を逃した悔しさに、長い時間押し黙っていた。

三戦目の韓国戦は、最終予選序盤の山場だった。九月二十八日、超満員に膨れ上がった国立競技場で韓国を倒せば、日本代表は追い風に乗ることができる。絶対的に有利な状況を作るために、選手たちは勝利だけを目指していた。

ピッチには、日本に帰化したばかりの呂比須ワグナーが立っていた。ベルマーレ平塚でもコンビを組む中田との連携を期待された呂比須は、割れるような歓声に両手を挙げて応えた。

五月の日韓戦で鋭いスルーパスを見せた中田は、韓国代表の監督、車範根《チャボングン》から名指しで警戒されるほどで、執拗《しつよう》なマークは必至だった。しかし、あのゲームから四カ月を経た中田は、韓国選手のコンタクトを跳ね返すだけの強さを身につけていた。恐れも、不安もなかった。中田にとって対する韓国は、UAE戦のツケを返す相手でしかなかった。

力が鬩《せめ》ぎ合う前半を終え、後半二十二分に決めた山口の華麗なループシュートは、日本の勝利を確信させた。選手たちは、韓国のゴールキーパー金秉址《キムビョンジ》の頭を越えるあまりに鮮やかなゴールに興奮を抑えられず、山口を取り囲んで離れようとしなかった。

速攻を仕掛けようとしている韓国の選手たちの目配せに気がついた中田は、それを阻止するため、急いでセンターサークルの中に走り込んだ。振り向くと、ゴール脇でまだ騒いでいる選手たちの姿が見えた。

中田はこの一点が、韓国の猛攻のきっかけになりはしないかと思っていた。

喜んでる場合じゃないんだよ。

中田はそう考えると、腰に手をやって選手たちがポジションにつくのを待った。韓国の息の根を止めるには、得点を追加するしかないのだ。

ゲームが再開されると、案の定、韓国はなりふり構わず攻撃を仕掛けてきた。

控えの秋田が、ベンチの横でアップを始めた。守備固めの準備が行われているかに見えた。

後半二十八分、加茂が選手交代を告げた。秋田は、三本の強烈なシュートを放っていたフォワードの呂比須に代わってピッチに駆けだしていった。四人で守るディフェンスラインにもう一人加わり、完全な守備固めが行われるはずだった。

しかし、このとき、フィールド上ではパニックが起こっていた。

秋田が、加茂からマークを命ぜられていた韓国のフォワード高正云《コジョンウン》は、秋田が入る直前に金大義《キムデイ》に代わっていた。金は、高とはまったく違ったポジションを取っており、秋田がマークするべき選手は、突然、姿を消してしまったのだ。新たな指示が下らないままフィールドに立った秋田は、ボールを追いながら、ずれた守備の位置を何度も何度も確認しなければならなかった。

井原がディフェンスのラインを見据えながら、左右の選手に声を掛けている。タッチライン際に立ったコーチの岡田は、腕を左右に大きく振りながら、戸惑う選手へ指示を与えた。

それまで吹いていた追い風が、逆風となっていくのに数分とかからなかった。

後半三十九分に徐正源《ソジョンウォン》がヘディングを決め、その三分後には、呂比須のマークにだけ徹していた李《イ》敏成《シンソン》が、呂比須が出てしまったためにフリーになり、ゴール前に飛び出していた。李の豪快なシュートが決まり、逆転は難なく達成された。

中田は何とか攻撃を組み立てようと、相手ゴールに向けた縦パスを繰り出していた。ベンチからラインまで歩みを進めた加茂が、声を荒らげ中田の名前を呼んだ。振り向いた中田に、加茂はこう叫んだ。

「ここで頑張らなあ、どうするんや！」

やがて韓国の勝利を告げる笛が鳴った。三戦を戦い終えただけの日本代表は、最終予選突破の可能性を自分たちの手で狭めてしまった。

こんなゲームをしているようじゃ、ダサすぎる。

自分に向かって吐き捨てるように言った中田は、長い中央アジアへの遠征が起死回生のものにならない限り、日本代表はワールドカップへは行けない、と思っていた。


九七年十月四日、日本の七倍という広大な国土を持つカザフスタン共和国の首都、アルマトイで行われた一戦は、日本代表にとって、勝利を前提とした楽なゲームになるはずだった。第一次予選で強豪イラクを倒して最終予選に進出したカザフスタンは、確かに侮れない相手ではあった。しかし、資金不足がたたり、代表チームは十分な準備ができぬまま最終予選を迎えていると伝えられていた。代表チームの合同練習は数えるほどで、ロシアのプロリーグに籍を置く主力選手は、試合の前日に帰国するのがやっとだった。

潤沢な資金と国をあげての協力態勢に支えられた日本代表とは、ナショナルチームとしての力が歴然と違うはずだった。

しかし、カザフスタンは、ホームのセントラル・スタジアムで、勇猛に戦っていた。空席が目立つ閑散としたスタンドでは、一万人ほどの観客がのんびりとゲームを眺めていた。カザフスタンへの声援はゴール裏で聞こえた子供たちの声だけだった。それでも彼らは、日本代表を打ち負かそうと必死だった。

カザフスタンに圧倒されているうちに、日本代表のチームとしての機能はゆっくりと落ちていった。

迫り来るカザフスタンの猛攻は、止《とど》まるところを知らない。

何が、チームの歯車を狂わせたのか。選手たちは、こんなはずではなかった、という焦りに苛《さいな》まれながら、時計の針が進むことだけを念じていた。

前半二十二分、秋田が、渾身のヘディングを叩き込んで奪った一点を守るためにフィールドをばたばたと走り回る日本代表は、まるで、負け試合を戦っているようだった。

防戦一方の局面に、体が思うように動かない。いつもなら、ピッチを飛び交っているはずの声も、混乱を示すだけの悲鳴に変わっていた。加茂は、ベンチから「プレス、プレス」と叫んでいる。

守ることだけに集中しなければならなかった後半、中田は、息苦しさを感じながら走っていた。

ここで足踏みしているようじゃ、ワールドカップなんか、夢のまた夢だ。

何とかしなければ、という思いは、中田に自ら強烈なシュートを打たせた。

後半四十三分、ゴール右サイドから放たれたライナー性のシュートは、会心の一撃だった。手応えはあった。だが、ボールは、惜しくも右のポストに当たって跳ね返った。

中田には、決まらなかったゴールを悔やんでいる時間はなかった。残り時間を守りきり、最低の内容のゲームだろうが、勝利だけはもぎ取らなければならなかった。

それは、ベンチにいる選手たちも同じだった。プレーできないサブメンバーは、声をからして声援を送る以外ない。足の止まったフィールド上の日本代表選手を鼓舞することで、やり切れない時間を過ごしていた。

これまで、日本代表は、先発メンバーとサブメンバーが共に戦うチームだった。ピッチにいてもベンチに腰を下ろしていても、その闘志に温度差はなかった。選手全員が一丸となって戦っているという意識は、彼らの誇りでもあった。

しかし、負けが許されない状況の中、ピッチの上で足が止まってしまった選手たちに向けられたのは、サブメンバーの絶叫だった。

「お前たち、それでも代表か！」

「ワールドカップに行く気がないのかよ！」

「やる気がないなら代えろ。メンバーを代えてくれ！」

じっと自分の出番を待っている城が、強張った面持ちで怒鳴り声をあげている。いつも温厚で笑顔を絶やさない、代表のムードメーカーである森島が涙を浮かべ、叫んでいた。

ベンチにいた誰もが、何もできない自分に歯がゆさを隠しきれなかった。

これまでサブに甘んじつづけてきた岡野が、すっくと立ち上がり、加茂の前に進み出た。

「みんな足が止まっている。このままでいいんですか。代えなくていいんですか」

「やめろ！　岡野、やめるんだ」

コーチの岡田が、加茂に食ってかかる岡野を制した。岡野には、この言葉が反逆ととられ、代表を下ろされることになっても構わない、という覚悟があった。

そのときだった。

最後までゴールにこだわった三浦が、カザフスタン陣内深くドリブルで切り込んでいった。そのボールが、カットされ、カウンター攻撃の始点になってしまった。

荒々しい粗雑なパスがつながり、山口、井原が振り切られると百九十センチの長身を誇るフォワード、ズバレフが、まるでバットを振るように長い足をボールに叩きつけた。

四十六分二十八秒、ロスタイムの同点劇だった。

それは、すべての者に、四年前のイラク戦の終末を思い起こさせた。

声もなくピッチを去った日本代表は、衝撃の夜を迎えることになったのだ。


カザフスタン戦が終わり、いつもどおり記者会見に応じた加茂は、その後、数時間で日本代表を去ることになった。日本サッカー協会会長の長沼健が、プレスを集めた記者会見で「加茂監督を更迭します。辞任ではありません。更迭です」と発表したのは、夜の十時半を過ぎた頃だった。

コメントを発表する加茂は、さばさばとしていた。

「流れを変えられず申し訳ない。こんなときには、大工の棟梁《とうりょう》が代わるのが一番だと思う」

後任の監督にはコーチである岡田武史が就任し、次のウズベキスタン戦で選手を率いることになった。

一方、選手たちは結果を出せないことで加茂が更迭された現実の重さに、必死に耐えていた。不調の日本代表の元凶にされていた加茂だが、選手たちからの人望は厚かった。加茂を糾弾するマスコミを見返すためにワールドカップへ出場する、と公言する選手もいたほどだ。

カザフスタン戦の最中、ピッチとベンチに分けられていた選手は、その夜にはひとつになっていた。

やり切れない思いに、数人の選手は禁酒を破り、ビールを手にした。

加茂は記者会見に臨む前に選手への挨拶を済ませていた。

「申し訳ない。途中で投げ出すのは男らしくないと思うが、上が決めたことやからな」

創成期の日本サッカーを支えてきた加茂には、世代の違う選手たちを黙って受け入れる度量があった。加茂は、生意気といわれる中田に対しても、高圧的な態度を取ったことがなかった。だが、中田は、加茂とは、ベルマーレ平塚の植木と交わすようなサッカーの話をしたことがなかった。

もはや日本代表は、背水の陣となるウズベキスタン戦に勝つしかなかった。

「加茂さんのために絶対にワールドカップへ行く」

そう言った呂比須は、涙を浮かべていた。離れがたいように深夜まで話を続けた選手たちは、加茂のために雪辱を果たすのだ、という思いを胸に満たしていた。

ウズベキスタンの首都、タシケントに移った日本代表は、紅白戦にも闘争心を剝《む》き出しにしていた。日本からは、最果ての地にも思える場所で日本代表の監督に任命された岡田は、選手たちにこれまでになかった規律を求め、停滞した空気を一新しようとしていた。

ロシアを経由し、はるばる日本から観戦に来た友人が、中田に差し入れの詰まった紙袋を差し出した。すっかり食欲のなくなっていた中田は、煎餅《せんべい》やスナック菓子を見て微笑んだ。減った体重を取り戻せないでいた中田にとっては、大好きなお菓子は、とりあえず栄養源になるはずだった。だが、中田の笑顔は続かなかった。彼は、突然、友人に頭を下げた。

「ごめんなさい。せっかくこんなところまで来てくれたのに、俺、ウズベキスタン戦に出られないんだ」

岡田は熟考した結果、先発メンバーの変更を決めていた。その中に、中田の名前はなかった。中田を外した岡田に、理由がないわけはなかった。しかし、中田は、それを知らされていなかった。

「なぜ落とされたのか、分からないよ。岡田さんに聞いてみないとね」

中田は、珍しく心の奥にしまっていた気持ちを吐露した。

「練習を見に来てほしい。紅白戦を見れば、俺がどんなに調子がいいか、分かってもらえるから。サブチームの選手たちの体が、凄く切れているのを分かってもらえるから」

中田の思いは、ベンチを常席とした選手の思いでもあった。自分たちの力で活路を見いだしたいという思いは、公式戦のフィールドに立つことがない選手の中で、より大きくなっていた。

十月十一日、パフタコール・スタジアムでウズベキスタンとの戦いが始まった。カザフスタン戦とは、打って変わり、スタンドは超満員の観客で埋まっていた。

日が沈み、スタジアムに照明がつく頃になると、足元からは冷たい空気が伝わってくる。ベンチの右端に座っていた中田は、腕を組み戦況をみつめていた。苦手な寒さに耐えるようにじっとしていた中田は、途中で一度、トイレに駆け込んだ。

監督となった岡田は、コーチのときと同じポロシャツとジャージを着て、ベンチとテクニカルエリアを何度も往復し、選手に向かって叫んでいた。

前半三十一分、ウズベキスタンに先制を許した日本代表は、気合が空回りするように攻めあぐね、0―1で前半を終えた。

ロッカールームに引き上げた選手たちの背中を見送った中田は、呂比須とともにピッチに残り、ウォーミングアップの体操を始めた。彼の体は正直に、激しい鼓動を求めて走りだせる瞬間を待っていた。

後半が始まると、ウズベキスタンが明らかに守りを意識していることが分かった。

このままでは攻めきれなかったカザフスタン戦の二の舞になりかねない。監督として初めてベンチに座った岡田は、腕を組んでピッチを睨《にら》むように考え込んでいた。

不意に立ち上がった岡田が、腹から絞り出すような声で独り言を言った。

「どうしようかな」

選手たちは、あまりに正直なその声を聞いて不安を抱き、同時に岡田が選手交代を考えていることを知ったのだ。

すぐに中田と呂比須が呼ばれた。後半八分、ベンチで背中を丸めていた中田は、人が違ったように、ダイナミックに芝を蹴っていた。

中田はただ、前だけを向いていた。彼の後ろでは、秋田、井原、斉藤とゴールキーパーの川口が、体を張って自陣のゴールを守っている。ボールを奪い、パスを出す中田の形相は、険しかった。

十分を残し、岡田は名波に代えて中西を入れた。秋田が猛然と前線へ走り出ていった。岡田は、当たりの強いヘディングを武器にした秋田にゴールを狙えと指示を出していた。

日本代表は誰一人、諦《あきら》めていなかった。ウズベキスタンに負けることはすなわち、ワールドカップへの道が閉ざされることだった。

迫り来る終了の時間に逆らうように、選手たちは、ゴールを目指した。ロスタイムに突入する寸前、井原が出したロングパスに呂比須がヘディングで合わせた。切り込んだ三浦に気を取られていたゴールキーパーのブガロの横をすり抜けて、ボールがゴールの中へ転がっていった。

相手のミスから生まれた同点ゴールが決まり、間もなくゲームは終わった。

五戦を終えた韓国は、勝ち点13を得て、予選一位通過を揺るぎないものにしていた。もはや、日本代表は、ワールドカップへの切符を握るために、予選二位を確保し、第三代表決定戦出場へ照準を定め直さなければならなかった。


ゲームで負傷し、歩けなくなった名良橋が乗った車椅子を押した中田は、ホテルのロビーで友人に出迎えられた。中田は食事の後、お茶を飲もうとその友人を誘った。

夕食後、選手たちは思い思いの時間を過ごしていた。首の皮一枚で繋がったワールドカップ出場の可能性を悲観しても始まらない。駄目かもしれないが、やるしかないのだ。全員が、日本に戻って戦うUAE戦に思いを馳《は》せながら、束《つか》の間の休息を取っていた。

レストランで友人と向かい合った中田は、胸に迫るサッカーへの思いを隠そうともせず、興奮して一気に話しだした。

「俺、このままじゃ駄目になる。ワールドカップに行きたいよ。こんなところで死んでられないよ。世界を体験したいんだ。強いサッカーとぶつかって、自分の力がどんなに未熟なのか、思い知らなきゃ。やっぱり、俺、ヨーロッパへ出てみたい。名前も実力もない俺が移籍なんてできるわけないだろうから、テストを受けてもいい。三部か二部のリーグからでもいいんだ。下から実績を積んで、いつか最高のレベルのリーグでプレーしてみたいよ」

もちろん、中田はワールドカップへ出場するという栄誉にだけ興味があるわけではなかった。ただ、未知なる舞台で繰り広げられるサッカーに出会いたい、と思っていた。

思い詰めた表情の中田を、友人は心配した。それを察した中田は、にっこりと笑って友人を見た。

「でもね、俺、今まで、予選敗退したことがないんだよね。もし、特別な運が俺に味方しているのなら、俺はワールドカップに行けるってこと。ここで負けて、やっぱりワールドカップに行けなかったら、これまでの運は、偶然だったってことになるね」

タシケントの夜は、更けていった。

中央アジアで二週間を過ごした選手たちは、各々、日本への帰国を待ち望んでいた。

日本で行われた十月二十六日のUAE戦でも、日本代表は勝てなかった。予選二位に食い込むために、勝ち点を1ポイントリードされているUAEには、絶対に勝って勝ち点3をあげなければならなかった。だが、またしても引き分けに終わった。

岡田と、コーチに就任したばかりの小野剛の顔は、苦悩に歪《ゆが》んでいた。

勝利から見放された苛立ちを抑えきれなかったのは、日本代表の選手だけではなかった。国立競技場を埋めたサポーターの中にも、フラストレーションを爆発させた者がいた。宿舎となるホテルへ戻ろうとする選手たちが乗り込んだバスを取り囲み、卵や石やパイプ椅子を投げつけた若者たちは、自家用車で帰宅しようとしていた三浦の姿を見つけると、名指しで罵倒し、三浦とその家族が乗ったベンツへ投石を始めた。

三浦が姿を消した後も、選手たちへの執拗な嫌がらせは、終わらなかった。時折、バスの車体に石や椅子がぶつかり、ドスンと揺れた。危険を察知した選手たちは車内の明かりを消し、静かにバスを降りて国立競技場内の一室で待機することになった。疲れ果てていた彼らは、押し黙ったまま、じっと時間が過ぎるのを待っていた。

都内に自宅のある選手は、タクシーや自家用車で国立競技場を出発したため、その難を逃れていた。先にタクシーに乗り込んだ中田が、他の選手たちがバスに閉じ込められたのを知ったのは、自宅へ戻ってからだった。

中田は疲れていた。中央アジアへの遠征は、彼のコンディションを著しく狂わせていた。中田だけでなく、すべての選手が、綱渡りのような戦いに神経をすり減らしていた。

あと二試合。

その先にどんな結果が待っているのか。

体調が優れなかった中田も、想像力だけは減退していなかった。プレーの先に、日本代表の勝利の瞬間を思い描きつつ韓国戦を待っていた。


十一月一日、六万人を呑み込んだ蚕室《チャムシル》オリンピック・スタジアムには、一万八千人の日本人サポーターが訪れていた。赤を敷きつめたスタジアムの一角に陣取った青の一団が起こす波は、九十分間、途切れることがなかった。

ゲーム開始直後、中田は、このゲームは絶対に勝てる、と直感した。すでにワールドカップ出場を決めている韓国は、調子の波のピークを過ぎ、闘争心も心なしか薄らいでいるようだった。攻撃の手を緩めなければ、必ず機会は訪れる。それを最初に実践したのは、今までパサーに徹していた名波だった。

キックオフの一分後、UAE戦の後に代表入りした北澤がスライドするように動き、ゴール前左側にぽっかりと空間を作り出した。そのスペースにすかさず名波が飛び込んで先取点を取った。名波のガッツポーズにチームの雰囲気は一気に明るさを増した。三十七分にも呂比須が、しなやかな動きで追加点を決める。

九十分が終わり、日本代表の選手には笑顔だけが残っていた。

アウェーで韓国に勝利したのは、八四年以来十三年ぶり、二度目の快挙だった。

その晩、中田は森島と連れ立って宿舎のホテルのロビーへ降りた。そこには、セレッソ大阪でプレーする高正云とベルマーレ平塚で共に戦っている洪明甫《ホンミョンボ》が待っていた。洪が中田へ電話をし、高と森島を誘って夜の街に繰り出そうと言ったのだ。

洪と高は、中田と森島の手を握ると、何度も力を込めてきた。

「今日は、おめでとう。凄く良いゲームだったよ。韓国代表と日本代表、絶対、一緒にワールドカップへ行こうな」

中田と森島は、笑って二人に応えた。四十年近く続いた日韓サッカーの重苦しい緊張関係は、わずかに、前向きなものに変わっていた。

日本が韓国に勝った翌日、アブダビで行われたＵＡＥ対ウズベキスタン戦は、０―０の引き分けに終わった。勝ち点で１ポイントＵＡＥをリードした日本代表は、最終戦に勝利すれば予選二位を確保できることが決まったのだ。

十一月八日、国立競技場で行われたカザフスタン戦は、アルマトイでの戦いが嘘のようなゴールラッシュで幕を閉じた。岡田が監督となってから補強したフォワード、中山と高木琢也がそれぞれ得点をあげ、累積警告によって出場停止となっていた三浦の代役を見事に果たした。

チームは、ストレスを吐き出すようにして明るく最終予選を戦い抜いた。選手たちを激励するためにロッカールームを訪れた加茂は、岡田を始め、全員と固い握手を交わし、曇りのない笑顔でチームの健闘を讃えた。

日本代表は、すでに、八日後に迫ったイランとのアジア第三代表決定戦に思いを馳せていた。

十一月十六日、マレー半島最南端、ジョホールバルのラーキン・スタジアムは、まるで日本国内のサッカー場のようにチームカラーである青に染められた。二万人の日本人が、日本代表のワールドカップ初出場の瞬間を信じ、この街を訪れていた。

前日、最後の練習を終えたとき、中田は一人、まるで別世界にいるようにピッチの真ん中でボールを椅子代わりにして座っていた。頬杖《ほおづえ》をつくようにして遠くを眺める中田は、鼻唄でも歌っているようにのんびりとしていた。

チームの主力選手がミックスゾーンで記者に囲まれ、騒々しくインタビューを受けていた。

記者たちは、決戦を前に選手たちからコメントを取ろうと、慌ただしく動き回っている。背後で行われている取材にまったく関心がない中田は、空を見上げたまま、芝の上を離れなかった。

とにかく、明日のゲームで決めて、一刻も早く日本へ帰ってやる。

自宅のベッドでゆっくりと眠りたかった中田は、オーストラリアとのプレーオフだけは避けたい、と思っていた。

そのとき、岡田がゆっくりと、中田への距離を詰めていった。気がついた中田は、首を傾《かし》げるようにして岡田を見た。岡田は、中田を見下ろすようにしてぽつりぽつりと言葉をかけはじめた。親密で静かな二人だけの会話は、なかなか終わらなかった。

第三代表決定戦を前に、中田にはある決意があった。自分の思いをどうしても、監督の岡田とコーチの小野剛に伝えたかった。

岡田は、選手とは密室で二人きりで話さないことに決めていた。中田はコーチの小野の部屋を訪れ、話を聞いてほしいと言った。小野は、穏やかに中田を迎え入れた。

中田は単刀直入だった。

「フォワードに岡野を使ってほしい。岡野のスピードは、今のチームに必要なものです」

小野は黙って聞いていた。

中田は、毅然《きぜん》とした表情で続けた。

「岡野は駄目なんですか？」

「駄目なわけがない。駄目じゃないから代表にいるんじゃないか」

小野は冷静だった。

「ただ、岡野は、先発ではないと思う」

「だったら、交代でいい。途中からでいいから、岡野をゲームに出してください。お願いします」

中田は執拗にゴールを狙ってくるはずのイランに対抗するため、一本のパスをゴールにまで持ち込めるスピードを持った岡野と組んで攻めたかった。

練習中、たびたび、冗談交じりに「岡ちゃん、早くゲームに出てよ」と中田が声をかけると、明るいはずの岡野は「うん、俺だって出たいよ」と、いつも複雑な表情を見せていた。

中田の言い分を、小野は十分理解した。

「分かった。このことは必ず岡田さんに伝える」

小野と別れた中田は、イラン戦のピッチに岡野の姿があることを願っていた。

中田は夕食を終えると、早めに部屋に戻った。気持ちは高揚していたが、体は疲れを溜《た》めきっていた。数日前から悩まされていたアレルギー性の湿疹《しっしん》は全身に広がり、痒《かゆ》みのために、眠りは浅く、疲労は抜けきれないままだった。

長いこと読んでいない週刊の漫画は、何十冊になっただろう。

早く日本へ戻りたい中田は、最後の長い夜を、エルトン・ジョンやエリック・クラプトンなど、好きなＣＤを何枚も聴いて過ごしたのだった。

十一月十六日、午後九時を三分ほど過ぎて、そのゲームはスタートした。フォワードには、四年前のイラン戦と同じ、三浦と中山が入っていた。

前半三十八分、中田のショートスルーを中山が走り込んで先制点を決めた。中田は、パスを受ける瞬間に中山に視線を向けた後、二度と、彼を見なかった。短く叩いたパスは完全にノールックで中山に届いていた。

ハーフタイムでピッチから戻ってきた中田は、ベンチの城に言葉を投げかけていた。

「今日の感じだと、城が出るチャンスは絶対にある。もし出たら、城にしか取れないパスを出すからよろしくね」

城は意を決したように頷いた。

しかし、アジア屈指のフォワード、アジジとダエイが、後半一分と十四分にゴールを決め、イランは二点を返した。逆転されることはたやすくても、再逆転することがいかに難しいかを体に叩き込まれてきた選手たちは、微《かす》かに焦りの色を見せはじめていた。

そのとき、岡田が立ち上がった。岡田に呼ばれた呂比須と城が慌ててユニフォームの裾《すそ》をパンツの中に押し込んでいる。

後半十八分、三浦と中山に代わり、呂比須と城が全速力でピッチへ飛び出した。

中田は、城に向かって早口でまくし立てた。

「ただ、前に走り込んでいくだけじゃ駄目だ。前後に動いて、イランのディフェンスを振り切ってから裏に走り込んでよ。そこに向かってパスを出すから」

城は中田の言葉を心の中で何度も確認しながら、そのチャンスを待っていた。

後半三十一分、中田は、前方で必死に走り回っている城と視線があった。目の前にいるディフェンダーをかわすように小刻みに動いている城が、体をするりと相手ディフェンダーの裏に入れた。中田は迷わず、城の頭が入り込んだ場所に向かってドライブをかけたパスを強引に送った。

城が頭を振り切るのと同時にゴールが決まっていた。

ゲームは、振り出しに戻った。

横浜マリノスの中村俊輔は、テレビでイラン戦の中継を食い入るように見ていた。興奮させられたのは、ゴールシーンより、やはり、中田から自在に繰り出されるパスだった。

テレビカメラがある場所は、スタンドの一番上の席に近い。中村は、中田がボールを持つたび、ピッチを俯瞰する視点からパスの送り出される場所を予測することができた。フィールドを見渡せる中村は、スペースを見つけ、中田のパスが放り込まれる場所を考えるのだ。

しかし、何度も、中田は中村の期待を裏切って、まったく見当違いとも言えるスペースへ向かってパスを出した。

だが、中田のプレーの次の瞬間、カメラが動くと、中田のパスを送った場所は中村が思い描いたポイントより、最も有効な攻撃の拠点になるスペースだった。

同じフィールドにいる選手より、そしてさらにカメラの位置から見る自分よりも、中田さんの想像力のほうが的確にスペースを見つけ出しているってことか。

中村は、中田の目が本当は何を見ているのか知りたかった。

中田さんは、ピッチの上の様子が手に取るように分かっているんだ。

中田のパスが、必ずチャンスを作るだろうと思っていた中村は、延長戦が始まるのを、じっと待った。

ピッチに寝そべってマリオのマッサージを受けていた川口は、緊迫したゲームの前半を落ちついて振りかえっていた。

不思議なことに、ペナルティエリア内のボールをフィードバックするとき、川口の視界には、中田の姿が浮かび上がって見えた。どんな状況でも、どんな体勢でも、中田の鋭い目が、ボールを要求していた。川口は、ダエイやアジジに攻め込まれても、すぐに気持ちを切り替えることができた。ボールを抱いたその先に、必ず中田が見えたからだ。中田の全身が、ボールを呼び込むようにオーラを発していた。

ヒデがいることで、チームが安定している。

川口には、ゴールキーパーの自分が安心してボールを預けられる中田が、チームの中で一段とその存在感を増していることが分かった。

延長戦を戦う前、体を横たえる選手の間を岡田が腕を組み、ぐるぐると歩き回っている。岡田は顔を紅潮させ、真剣に何かを考え込んでいる。ついに結論が出たとき、岡田は両手を突き出し大声で叫んでいた。

「岡野！」

首筋に冷たい水をかけながら、中田は岡田の声を聞いた。

日本代表の選手とスタッフ全員で円陣を組んだ後、選手がピッチへと歩きだした。長い髪に手をやって、何度も耳の後ろへ掻《か》きあげた岡野は、怒ったような顔をしていた。

待ち望んだ試合出場の瞬間に、実は、岡野は言葉にできないほどの恐ろしさに苛まれていた。

そして、このゲームが終わった後の人生を、真面目に考えていた。

これまでのサッカー人生は、幸運の連続だった。サッカーエリートとは程遠い自分が、大学選抜に選ばれ、Jリーグの浦和レッズに入団し、日本代表にまで選出されるなど、運がなければあり得ないことだった。

大きなゲームになればなるほど、派手な得点シーンを演出し、信じられないほどの注目を集めることになった。雑草のように踏みつけられても枯れることのないサッカーへの情熱が、自分の幸運を支えているのだ、と岡野は思った。

ここでゴールを決めるんだ。ここで決めなきゃ、最後の最後に出てきた意味がない。

でも、この延長戦の三十分間に、俺がゴールを決められず、イランに負けるようなことがあれば、俺は日本人全員の怒りを買い、二度と許されないだろう。ここで得点をあげられなければ、二度と日本には戻れない。そうなったときには、マレーシアの国籍を取って、こっちで暮らすしかない。

岡野は本当にそう考えていた。

俺が日本に帰れるか、このままマレーシア人になるか、すべてはこの延長戦で決まるんだ。

怖い顔をした岡野をからかうように中田は、明るく声をかけた。

「岡ちゃん、遅いよ。ずっと待ってたよ。頼むよ、ゴール」

「おう」

岡野は、野太い声で、中田に答えた。

第五章
失望の世界選抜

ジョホールバルから帰国すると、日本代表は激しい取材攻勢を受けることになった。特に、監督になって一カ月の岡田と世紀の決勝ゴールを奪った岡野、そして、イラン戦の三ゴールすべてに絡んだ中田へは、連日、新聞やテレビの取材が殺到していた。

ワールドカップ開催国であるフランスのスポーツ紙「レ・キップ」は、イラン戦の翌日、中田についてのコラムを掲載した。フランスの記者に「日本代表の中で最も光った選手」「エリック・カントナのようだ」と書かれた中田は、それだけでスポーツニュースのネタになった。

世間の中田への対応は大仰なものだった。日本をワールドカップへ導いた男という触れ込みで、彼の発言や態度に関する報道は日に日に大きくなっていった。

例えば、ワールドカップ出場を決めた直後、中田はテレビのインタビューに答え「ワールドカップ予選は盛り上がったので、今度はJリーグもよろしくお願いします」と言った。代表戦だけが満員になり、Jリーグのゲームではスタンドが閑散としている状況に、中田も他の選手も確かに憤っていた。ところが、中田の正直な気持ちは大げさなオピニオンとされ、スポーツジャーナリズムを賑わすことになった。

さらに、中田への興味はエスカレートしていった。グッチやプラダを着こなす彼のファッションや赤や金色に染めた髪、かけているサングラスまでもが注目され、女性誌やファッション誌にまで紹介された。

やがて、プライベートでもカメラを向けられ、マイクを突きつけられた中田は、マスコミを徹底的に避けるようになっていった。

家族や友人をメディアに引っ張り出され、勝手な記事が掲載されるたび、中田の心は深く傷ついていた。何より、中田の羞恥心《しゅうちしん》を本当に理解してくれる人は少なかった。

騒ぎを避けることと、疲れ切った体を休ませるために、中田はハワイ旅行を計画した。日本代表のドクター、福林徹からは、今月中はゆっくり体を休めるようにと言われていた。四キロ減ってしまった体重は、イラン戦の後もまったく戻らなかった。

ストレスのない場所は、日本にはないように思えた。代表選手には、帰国から十二日間の休みが与えられており、ハワイでの滞在にも無理がなかった。

中田はさっそく後藤に声をかけ、チケットだけを取って十一月二十二日、ハワイのマウイ島に飛んだ。知り合いのコンドミニアムを、一週間借りることになっていた。

きらきらとしたハワイの日差しは、それだけで中田の心を弾ませた。ジョホールバルとは打って変わって湿度の低い風は、プールに飛び込んで濡れた肌をすぐに乾かしていった。

レンタカーを借りた二人は、街の中心にあるスーパーマーケットに買い物に行き、コンドミニアムのキッチンで自炊をした。ブエノスアイレスの日本食レストランでアルバイトをしていた後藤は、中田の好物ばかりを作ってテーブルに並べた。大好きなフルーツを大量に買い込んだ中田は、日本では珍しい果実の味を毎食楽しんだ。

のんびりとした時間を過ごすうちにその表情までが変わっていた。普段一緒に過ごすことの多い後藤だが、こんなにも笑ってばかりいる中田を見たのは初めてのことだった。

ただ、連日、早朝だけは中田の顔つきが厳しかった。Tシャツと短パンに着替えた中田は、ボールを持ち、眠そうな後藤と連れ立って、人けのないビーチに出掛けた。

「十二月の中旬には、天皇杯も始まるし、体が重くなったら困るから。体調が悪くても、ランニングとパスだけは、毎日やっておかないとね」

足跡のないビーチを中田と後藤は並んで走った。波うち際の砂を蹴るランニングは、毎日一時間に及んだ。汗を流し呼吸を弾ませた後は、後藤を相手にパスの練習を行った。

足先での連続したパス、胸でのトラップ、ヘディングを数回ずつ繰り返し、体がボールに的確に反応するかどうかを確かめていく。少しでも反応が鈍っているようなら、研ぎ澄まされた感覚が戻るまで同じ姿勢でパスを続けるのだ。

自分の体がボールを捕らえる瞬間の音を、中田は耳をそばだてて聞いた。体とボールが一体となる音は、自分にしか分からない。

「うん、良い感じだよ」

その日は、パシッ、パシッという小気味よい音が聞こえ、中田の体とボールが互いに感応していることを証明していた。

後藤は以前から、中田のスポーツ選手としての感覚に驚かされていた。Jリーグのゲームが終わった後、その日のプレーを振り返る中田の説明はあまりに詳細だった。

枠からはずれたシュートの説明で、中田はこう言った。

「あのとき、ボールのバウンドの距離を読み間違えた。足の親指と人さし指のところで思いっきりいきたかったんだけど、ちょっとずれてさ、人さし指と中指のところで蹴ることになっちゃったんだ」

スルーパスに関して、こんな感想を漏らしたこともあった。

「あのシーンでのパスは、三センチずれたね。爪先でのドライブのかけ方が、少し甘かった。今のスパイク、本革なんだけど、合成の革の方がボールとの摩擦が大きくて、引っ掛かる具合が分かるでしょう。コントロールしやすいと思うんだよね」

そうした話を聞かされてきた後藤は、縦百五メートル×横六十八メートルのフィールドの上で、中田の見ている世界は常人とはまったく違うものなのだ、と感じていた。

ボールの感触と音を聞き分けていた中田の顔が、途端に笑顔になった。

「早く帰って、朝御飯食べて、プールで昼寝しよう。ああ、一年ぐらい、こんな場所で暮らしたいよね」

昼寝と読書、水泳と島を巡るドライブは日課になっていた。

心の緊張は解けたが、コンディションの復調には程遠い。

精気を養うためのバカンスはあっという間に終わりを迎えた。

この後、中田を待っていたのは、世界のスーパースターが集うマルセイユでの派手で大きなゲームだった。

中田は、ハワイに到着して間もなく、十二月四日にマルセイユで行われる欧州選抜対世界選抜戦への出場要請があることを日本からの電話で聞かされていた。ＦＩＦＡから日本サッカー協会へ「世界選抜チームはフォワードが豊富なのだが、日本からは、中盤の選手を出してほしい。中田を考えているのだが」と問い合わせの電話があったのだ。協会にも異論はなく、その旨が中田へ伝えられた。

これまで、世界選抜には三浦や井原も選出されていたが、今回の大会は、ワールドカップ出場三十二カ国から一人ずつ選手が参加する特別なものだった。ワールドカップの組み合わせ抽選会の前のエキジビションマッチとなっていた。

中田は「しばらく考えさせてほしい」と、即答を避けた。十二月一日からベルマーレ平塚に合流し、練習が開始されることになっている。

たび重なる遠征で、中田は旅はもうこりごりだ、と思っていた。天皇杯で優勝を意識する中田は、ベルマーレ平塚での練習に集中したいとも考えていた。華々しいイベントに世界の目が集まることは確かだったが、中田は、催し物として行われるゲームが、とにかく嫌いだった。

エキジビションマッチでは、どの選手も全身全霊を傾けたプレーをしない。真剣なゲームを戦えないのなら、出場する意味がない。

中田の気持ちは、実は自分が選出されたことを聞いたときから萎《な》えていた。

ハワイから戻った中田は、世界選抜への参加を断るつもりでいた。だが、久しぶりに合った顔見知りのサッカージャーナリストにそのことを告げると、彼は中田へこうアドバイスした。

「マルセイユへの旅を楽しめばいいじゃないか。たくさんの選手に会って、選手たちのプレーをそばで見るだけで、経験になるんだから」

その言葉は、中田の心を楽にしてくれた。まもなく彼は、世界選抜チームへの参加を決めた。

韓国代表からは、チームメイトでもある洪明甫が選出されていることを知り、中田の心はまた少し明るくなった。

「体調は万全ではありませんが、精一杯頑張ります」というコメントを発表する。

十二月二日、世界選抜に向けマルセイユへ飛び立つ中田を追いかけ、大勢のプレスが成田空港へ集まっていた。だが、中田は、あからさまに記者たちを無視した。メディアが中田自身のサッカーより、欧州選抜対世界選抜というイベントの大きさに反応していることが、彼には嫌だった。

例年より早い雪のために、パリで五時間も足止めを食った中田は、ベルマーレ平塚のトレーナー三宅公利と、マルセイユ行きの飛行機の出発をぼんやりと待っていた。時差ぼけと寒さで、中田はすっかり風邪をひいていた。中田と三宅がマルセイユに到着したのは、二日の深夜だった。マルセイユから車で三十分ほど行ったエクサン・プロバンスに、世界選抜の宿舎となっているホテルがあった。ぐったりとしていた中田は、部屋に入るとすぐに眠った。翌日は、チーム全員でのミーティングと公式練習が予定されていた。

翌朝、ミーティングには、世界選抜のメンバー十七人とチームを率いるブラジルのパレイラの顔があった。セリエAのインター・ミラノとフィオレンティーナに所属するロナウドとバティストゥータは、流暢《りゅうちょう》なイタリア語で楽しげに話していた。時折、ロナウドのチームメイトであるカヌーが会話に加わっていた。中田とカヌーとは、アトランタ・オリンピック以来の再会だった。カヌーは中田と目が合うと、白い歯を見せ、うっすらと笑った。

洪と並んで席に着いた中田は、ミーティングが何語で行われるのか、神経を集中させていた。ヨーロッパ以外の十七カ国の選手の共通語は、やはり英語だった。

パレイラのポルトガル語が英語に訳されていく。中田と洪も、共に先発メンバーであることが告げられた。次に胸にFIFAの文字が刻まれた青いユニフォームとストッキングが手渡された。背番号は、大好きな7番だった。

公式練習は、エクサン・プロバンスの郊外にある競技場で行われた。豊かな自然に恵まれた静かな街には、およそ五千人のファンが訪れ、世界選抜の練習を観ている。選手たちは、パレイラの号令のもと、ポジションを確認しながら紅白戦を行った。それぞれが体を慣らす程度の軽い練習は、翌日のゲームがほとんどぶっつけ本番であることを物語っていた。

十二月四日、試合当日、出発前のミーティングではワールドカップの組み合わせ抽選会の手順や段取りが説明された。ステージではスーツを着用することという指示に、中田はそれが世界へ中継される一大行事であることを考えていた。

選手たちが宿泊するホテルは、朝からごった返していた。フランスのテレビや新聞、サッカー誌の取材記者たちが選手たちのコメントを取ろうと右往左往していた。

中田も記者たちに呼び止められ、世界選抜のメンバーに選ばれた感想や、ワールドカップへの意気込みを問いかけられた。フランスで最も知られているサッカー誌「フランスフットボール」の記者は、通訳を介さず、直接、中田へ英語で「気分はどうですか？」と声をかけてきた。中田は「まあまあ楽しんでいますよ」と答えた。彼の質問は続いた。

「初めてのワールドカップであなたが意識していることは？」

「普通どおりにプレーすること」

「もちろん、ヨーロッパへの移籍には興味があるでしょう？」

「うーん、まだ分からないけど、いい話があれば考えます」

「ワールドカップでの日本の活躍を楽しみにしていますよ」

そのフランス人記者は、中田と握手すると、目の前を行き過ぎたロナウドを呼び止めた。

ワールドカップの組み合わせ抽選会を前に、フランスの新聞や雑誌はワールドカップの特集を組んでいた。組織委員長のミッシェル・プラティニの「日本がワールドカップの地にたどり着いたことを喜んでいる」というコメントや「日本はパワー、スピードでは劣るが、速いパス回しを武器とし、全員の動きで戦っている」というFIFAの技術委員会から提出されたリポートが紹介され、また、欧州選抜の監督を務めたフランツ・ベッケンバウワーが「今大会のビッグサプライズを起こすのは、南アフリカ、クロアチア、日本だろう」と語ったことなどが伝えられた。

中田の意識より遥かに大きく、初出場の日本代表は注目を集めていた。

夕闇が迫ると、気温が一気に下がり、ゲームが始まる頃には零度にまでなった。会場となったベロドローム・スタジアムには、分厚いコートやダウンジャケットを羽織り、帽子や手袋を着けた完璧な防寒態勢のファンが集まっていた。ワールドカップの会場がある都市がブロックごとに分けられ、各々の都市から駆けつけたサポーターがスタンドを埋めていた。

郷土意識の高い人々は、自分たち以外の都市が紹介されると迷うことなくブーイングした。特に、地元マルセイユとパリのブーイング合戦は、セリエAのACミランとユベントス戦さながらの対立を見せ、試合前には持ち込み禁止のはずのペットボトルがスタジアムの通路を越えて、何十個も飛び交っていた。

冷気の立ち込めるフィールドに、ライトの光線が降り注いだ。選手たちは国旗に先導され姿を現した。セレモニーに参加するフランス人の少年としっかり手を繋いだ中田の姿もその中にあった。

そうそうたるメンバーが出揃うと、スタンドの視線はピッチに釘づけになり、ホームとアウェーの争いはなりを潜めた。

ゲームが始まると、ロナウドやバティストゥータ、ジダンやコスタクルタ、ボクシッチといった選手がリラックスした様子でボールを回した。慣れない右サイドバックについた洪は、いささか硬さを見せたが、洪のすぐ前にポジションを置いた中田は、まったく緊張していなかった。

しばらくすると、ピッチを隅々まで見渡していた中田は、スーパースターによって構成されたチームにすっかり失望していた。予想したとおり、彼らが本気でないことは一目瞭然《いちもくりょうぜん》だった。どんなにスペースに走り込んでも、一向にパスは出てこない。

こうなると思ったよ。

中田はそう思いながら諦めた。そして、諦めは彼のプレーを変えさせた。

中田はフォワードにパスを供給するミッドフィルダーの位置からは、ずいぶんと後ろに下がり、ディフェンスから攻撃に転じるための地味な役割に徹した。ジダンのパスのコースを遮り、クライファートの足元のボールを果敢に奪った。パスを待つのではなく、パスを繋ぐ起点になるために走ったのだ。

やがて、中田のパスがロナウドやバティストゥータにも紡がれていった。彼らが、中田から受けたボールを強引にミドルシュートへ持ち込むこともしばしばだった。

十五分が過ぎると、中田は活き活きと動き回り、センターサークルの前へも飛び出していくようになる。

三十一分、中田が思い描いていたプレーがようやく体現された。中田は、ゴールの正面に陣取ったロナウドに鋭いパスを出す。ロナウドは、そのボールを瞬時に叩き、左から全力疾走してきたバティストゥータに渡した。バティストゥータのキャノンシュートに、ゴールキーパーは反応するのがやっとだった。

ようやく、はっきりと中田の姿を視野に入れたロナウドとバティストゥータは、中田のパスを讃えるように手を伸ばした。中田も臆《おく》することなく、それに応えた。

後半に入っても、中田には交代の指示は告げられなかった。

十七分、交代したロナウドがキャプテンマークをしたままタッチラインの外に出た。主審が、ラインの近くに立っていた中田を手招きし、ロナウドが放り投げたキャプテンマークを付けるように促した。仕方ないなと思った中田は、手渡された黄色い腕章を左の上腕まで引き上げプレーを続けた。

緊張感が欠けたゲームは大量得点を生んだ。5―2で世界選抜が勝利しても、中田に、大きな感慨はなかった。

腕に付けたキャプテンマークは、ロッカーに投げ込んだ。中田にとって、偶然の産物であるキャプテンのマークに意味があるはずがなかった。

試合後、組み合わせ抽選会では、選手たちはゲストとして舞台へ登場することになっていた。中田はジャケットを羽織っていたが、ゲーム中は止まっていた咳《せき》がぶり返していた。舞台の袖で出番を待ちながら、早くホテルへ帰りたいと思っていた。

H組となった日本を代表し、中田はスポットライトが当たるステージに進み出た。バティストゥータの隣に座りながら、アルゼンチンと戦うことにも、まだ、実感が湧かなかった。

翌日、一日だけの休日をマルセイユで過ごした中田は、この港街から誕生した料理、ブイヤベースを、たらふく食べた。窓の外に広がる冬の海の風景を見つめながら、この一年が物凄い速さで過ぎ去っていったことを思っていた。

決勝リーグに進まない限り、マルセイユに来ることはないんだな。

中田は海辺の街の光景を、その瞳の奥に焼きつけるようにしっかりとみつめていた。

十二月六日、中田と洪、トレーナーの三宅は帰国の途についた。

帰国する中田をマスコミが大挙して出迎えた。中田は、出発前よりもさらに態度を硬化させ、記者たちを無視した。

中田は、フランス・ワールドカップの記念試合を報じたスポーツ新聞の記事に、すでに目を通していた。そこには、中田の感想とは程遠い「中田、世界が絶賛」「世界選抜の勝利に貢献」「最年少キャプテンの栄冠」と言った記事が並んでいた。

ヒーローに仕立てられるのは、こりごりだ。

中田は、自分が、実力以上に褒《ほ》められるのが面映ゆかった。しかし、世界選抜戦の記事は、その面映ゆさを通り越し、彼にとってはまったくの虚飾だった。

それればかりではなかった。中田がフランスに入ってからも、誤った記事がいくつか掲載されていたのだ。「ジョホールバルから帰国した後、ハワイ旅行を計画していた中田は、世界選抜戦入りを知らされると、急遽《きゅうきょ》、オフを返上して実家のある山梨に戻り、山籠《やまご》もりしていた」という事実無根の記事に、中田は絶句した。

どうして、自分が虚飾の的になるのか。明らかに、中田英寿という人間について、ストーリーを捏造《ねつぞう》する人間がいるのだ。中田にとっては、その嘘がおぞましく、見逃すことができなかった。マスコミの誤りを黙って許すには、中田は正直すぎた。

「あいつら馬鹿だから」

その言葉を聞いたプレスは、当然、烈火のごとく憤慨した。そして、取材陣の多くは、成田での中田の態度は明らかな取材拒否だと激怒し、ベルマーレ平塚に抗議をした。

後日、中田は記者たちに対する発言で、チームから厳重注意を言い渡されることになる。

中田の不器用な態度の底に秘められた二十歳の正義感や謙虚さは、誰にも伝わらない。

両者の間に、壊すことが難しい壁が築かれていた。

次原は中田が世界選抜戦を無事に終えたことを知り、ほっとしていた。そして、やはりヨーロッパでの中田の評価が気になった。

ふと、次原はサッカー選手の個人代理人として日々を過ごしている自分が不思議に思えていた。

前園と中田という、才能あるサッカー選手のマネージメントを手掛けることになるなど、数年前までは想像もしないことだった。

次原が初めて観たサッカーは、横浜フリューゲルス時代の前園のゲームだった。鹿児島実業から横浜フリューゲルスに入団した前園が、念願だったアルゼンチンへの留学を果たし、その留学から帰国して間もなく、友人の紹介で彼に出会ったのだ。

前園は、まるでサッカーを知らない次原に、ワールドカップや、彼の英雄であるマラドーナの話をしてくれた。前園の教育を受けた次原は、サッカーが楽しく、世界中の人々が熱狂できる魔法のようなスポーツであることを知ったのだ。

十九歳の前園は、PR会社の代表でありマスコミの世界で十年も仕事を続けてきた次原とサッカー以外の仕事で代理人契約を結んだ。

それから三年後、アトランタ・オリンピック予選の途中、前園から紹介されたのが中田だった。サッカーで共通の感性を持ち得た前園と中田は、チームメイトとしてだけでなく、友人としても最も近しい存在になっていた。

前園は「ヒデもよろしくね」と気安く次原を頼った。次原は、前園が弟のように可愛《かわい》がる中田とも契約を交わした。次原は、彼らの財務管理や契約についてのアドバイスを行うことになったのだ。彼女は、彼らの生活やいずれは訪れるであろうピッチを離れたときの進路にまで気を配っていた。

次原と前園や中田の家族を交えての交流は、それぞれの信頼をより深いものにしていった。

一九六六年十一月十六日、東京に生まれた次原は、両親の離婚に伴い、高校生のときから母親の仕事を手伝うことになった。

離婚した次原の母親は、小さなPR会社を設立した。社員を雇う余裕がなかった母は、高校生の次原にも仕事を割り振った。都内の高校から小さなマンションの一室にある事務所へ直行し、制服からスーツに着替えてクライアントを回る生活を、次原は苦しいと思ったことがなかった。母親と自分と中学生の妹が暮らしていくためには、長女である次原が働くことは当然のことに思われた。

八五年、株式会社「サニーサイドアップ」が設立された。彼女は大学生になっていたが、その生活は変わらなかった。自分ではない誰かのために働くことが、次原を強くし、仕事への意欲を増していった。

母親を助け、外回りから経理までをたった一人でこなしていた次原は、失敗を重ねながら仕事の手順を覚えていった。会社は少しずつ成長し、PRの仕事は彼女にとって掛けがえのないものになった。いつしか、次原は、夢を抱くようになる。

商品のPRだけでなく、人と係わる仕事がしたい。才能ある人を支えるために働きたい。

次原の願いは、努力の甲斐《かい》あって間もなく実現した。母親から社長の椅子を受け継ぎ、九〇年代に入ると、サニーサイドアップのマネージメント事業を本格的に開始する。現在は前園、中田の他にも、K―1で活躍する極真空手のフランシスコ・フィリオ、プロ・トライアスリートの宮塚英也、プロ・ボードセイラーの飯島夏樹、歌舞伎役者の市川右近、女流棋士の高橋和など、名だたる才能の持ち主の代理人として、広報活動や契約交渉を続けている。

仕事の成功は事業の拡大を呼び、次原の名前はPR業界やマスコミに広まっていった。仕事に没頭するあまり、取引先とやり合うこともあった。彼女の仕事の進め方を批判する者もいることを知った。

しかし、次原は、自分がマネージメントを手掛ける才能のためには、多少の苦難など乗り越えて突き進む強さを持っていた。彼女は、預かった人材には責任があるのだ、と自分に言い聞かせてきた。


次原は、世界選抜に選ばれた中田の姿を思い、彼にヨーロッパへ移籍する機会が巡ってきたら、絶対に成功させなければならないと思っていた。

それには、理由があった。サニーサイドアップ所属のもう一人のサッカー選手、前園の移籍を実現できなかった、九六年の記憶が彼女を苦しめていたからだ。

アトランタ・オリンピックを目前に控えたある月曜日、次原の元にスペイン大使館から一本の電話が入った。電話を寄越したスペイン人は、大使館の職員で、次原も前園も、以前にあるパーティで会っていた。前園は、その職員に向かって「将来は、スペインのリーグでサッカーをしたい」と夢を語ったのだ。

次原へ電話をしてきた大使館職員の話の内容は、こうだった。

「オリンピックの予選を観たスペインのあるチームが、前園にたいへん興味を持っている。ついては、早急に来日して、前園の練習やプレーを観たい、と言っているのだがその段取りをつけてほしい。先方は、ゲームのチケットの手配や、練習の見学の許可など、アレンジしてほしいと言っている」

突然の話に次原は驚いた。

「チームへは連絡しましたか?」

「スペインのチームから連絡があったのだが、横浜フリューゲルスは練習が休みで、オフィスに誰もいないらしい。チームのゼネラルマネージャーとエージェントは、今日、スペインを出発するんだ」

「チームはどこですか?」

「セビリアですよ」

電話を切った次原は、すぐに前園に連絡を取った。

前園は、セビリアがマラドーナの在籍していたクラブだということを次原に教えてくれた。

次原は、横浜フリューゲルスに連絡を入れ、セビリアの意向を伝えた。チームは、セビリアが、突如来日することに露骨な不快感を示した。横浜フリューゲルスは、前園の移籍に何の興味も示さなかった。むしろ、断じて断りたい話だったに違いない。日本にとっても横浜フリューゲルスにとっても、若きサッカーの旗手である前園は、掛けがえのない選手だった。

偶然に、スペイン大使館からの電話を受けたことで、前園とセビリアの間に入ることになった次原は、とりあえずセビリアへ電話をし、来日の際に先方と前園を引き合わせることになった。

極秘で行われるはずの視察だったが、スペインから日本へ出発するセビリアのゼネラルマネージャーが、地元の空港で「これから二十三歳の日本人ミッドフィルダーを獲得に行く」と言ってしまったことで、日本のスポーツ新聞は、前園のセビリア移籍を派手に書き立てた。

スペインから日本へ来たセビリアのゼネラルマネージャーとエージェントの対応をせざるを得なくなっていた次原は、前園を放出することなど毛頭考えていない横浜フリューゲルスと、スペインへ行きたいと願う前園との間にも立つことになってしまった。

来日後、横浜フリューゲルスから発言も行動も規制されたセビリアのゼネラルマネージャーは、外出先の前園を捕まえ、はっきりこう宣言していた。

「君は必ず、セビリアで結果を出せるプレーヤーだと信じている」

その言葉を聞き、スペイン行きの希望を固めていく前園に対し、クラブは移籍の要請があったことすら認めようとしなかった。

帰国直前、セビリアのゼネラルマネージャーは、次原への電話でこう告げた。

「もっと詳しいことを話したい。とにかくすぐにセビリアへ来てほしい」

前園の夢をどうしても叶《かな》えてやりたいと願った次原は、翌日、スペイン行きの飛行機に飛び乗っていた。到着したセビリアで来日したエージェントと落ち合い、ゼネラルマネージャーの部屋を訪れた。

「我がクラブは、どうしても前園選手を迎えたいと思っている」

その言葉に嬉しさがこみ上げた次原だが、気持ちとは裏腹な言葉を返さなければならなかった。

「日本には選手の移籍に関して複雑なルールがあります。手続きを踏んだ後でなければ、クラブを移ることができないのです」

それでも前園を諦めたくない、とゼネラルマネージャーは言った。

「獲得に向け働きかけますよ」

ゼネラルマネージャーの部屋を出た次原は、セビリアの栄光を伝える過去の選手の顔写真が並ぶ長い廊下を歩きながら、その一枚一枚をビデオに収めていった。

モノクロームの古い写真がクラブの歴史を物語っていた。前園の英雄、マラドーナの写真の前で立ち止まった次原は、長い間、じっとビデオを回しつづけた。

しかし、前園のセビリアへの移籍は、この後、混迷を極めることになる。横浜フリューゲルスとセビリアの意向は平行線をたどり、横浜フリューゲルスは、移籍のオファーを受けた前園の相談にさえ応じなかった。アトランタ・オリンピックが終わっても、状況は変わらなかった。興行収入やチームの成績を気に掛けた経営陣は、前園の移籍に前向きにはなれなかった。

必要な戦力を手放したくないチームが、移籍を求めるクラブからの要請を撥《は》ねつけ、聞く耳を持たないのは当然だった。それは、次原も分かっていた。だが、前園はスペイン行きを切望していた。自分のサッカー人生を賭けて欧州でのプレーを望んでいた。しかし、ついに横浜フリューゲルスが、彼の願いに耳を傾けることはなかった。

前園の希望を叶えようとした次原も、フリューゲルスと対立するようになっていく。この時期、次原が腹を割って相談できる相手は、中田一人だった。

結局、この時点での移籍を諦めざるを得なかった前園は、クラブへの信頼を失い、戦いのモチベーションを下げていった。心の通わなくなってしまったクラブとは、海外移籍に関しての情報の開示や肖像権などのことでことごとく衝突していった。

言葉が足りず、感情表現が苦手な前園は、Jリーグ一、わがままな男と呼ばれるようになった。

前園がもう一度、きらめくようなサッカーへの情熱を取り戻すには、もはや、国内でもクラブを移る以外なかった。すっかり調子を落とした前園が、ヴェルディ川崎に移籍したのは九七年一月だった。

九八年二月、ある週刊誌が次原を中傷する記事を掲載した。

「『前園を食って中田を食う女』の正体」と題されたその記事には、次原が前園と中田にサッカー以外の仕事や人間関係を提供し、次原が入れたコマーシャルの仕事のせいで前園の調子が落ち込んでいったのだ、と記されていた。

この記事が書かれることを知った中田は、掲載前に出版社へ電話をした。次原への誤解を解きたいと思い、自分と次原の仕事やその信頼関係を誠実に語ったのだ。

長い時間、たった一人で中田は記者へ説明した。

しかし、中田がかけた電話は録音されており、次原の記事が掲載された翌週、今度はあたかも独占インタビューのような形で掲載されてしまったのだ。次原を庇《かば》う中田も、ゴシップの当事者にされていた。

二月下旬のある日、次原と前園は、二人で昼食を摂《と》ろうとラーメン屋に入った。次原は、その店に自分を中傷した週刊誌があるのを見つけ、手にとって初めてその記事を読んだ。あまりの内容に、次原は、笑うしかなかった。

記事のタイトルになった前園は、熱いラーメンをかき込むように食べながら、次原に言った。
「俺のせいだね。ごめん。俺、絶対に頑張るからさ」
次原は、顔が上げられなかった。ラーメンの器の縁に落ちた涙を前園に気づかれないようにするのが精一杯だった。

ヴェルディに移籍した前園は、少しずつ調子を上げてきてはいたが、オリンピックの頃の活躍にはまだ遠かった。

何より、サッカー選手として調子を崩した前園は、手のひらを返すように態度を変えていった人たちへの不信感をぬぐい去れないでいた。

そんな前園の表情を見ながら、次原の心の傷も深くなった。

前園と中田の夢を叶えられない限り、この痛みは消えないのだ、と彼女は思っていた。

第六章
陥れられたインタビュー

一九九七年十二月、天皇杯を戦ったベルマーレ平塚は、準々決勝でＪＦＬの東京ガスに敗れ、三年ぶりの優勝は、果たすことができなかった。

天皇杯で負けたチームは、その直後から年末年始の休みが与えられる。中田は、カメラマンの友人の住むニューヨークへ渡り、凍《い》てつくようなマンハッタンで正月を迎えた。

初めて滞在したニューヨークは、これまで訪れたどの街とも違っていた。雑踏の中、視線を合わせることなく忙しそうに行き交う人々は、皆ファッショナブルで活力があった。長閑《のどか》な自然が好きな中田も、背筋を伸ばして歩くニューヨーカーたちの緊張感を心地よいと思っていた。

中田を最も刺激したのは、大きな古書店だった。古い書籍や写真集で埋め尽くされた店内を回り、彼は二冊の写真集を買った。一冊は、ジョン・レノンの『イマジン』、もう一冊は、世界的に著名なフランス人カメラマン、カルティエ・ブレッソンの写真集だった。ブレッソンの写真集は、貴重な初版本で、装丁はマチスの手によるものだった。千ドルの値がつけられた写真集を、中田は、迷わずに買った。美しい装丁と、ブレッソンの空間と時間をそのまま切り取ってしまったような瑞々《みずみず》しい写真は、日本に戻った後、必ず眺めたくなると思ったのだ。

その後、いったん帰国した中田は、一月下旬にグアムへ向かった。前園と二人きりの自主トレーニングを実行するためだった。マスコミやファンから隔離され、トレーニングを行える環境は、次原が探し出した。

復活の兆しを見せていた前園は、中田とトレーニングキャンプを張ることでアトランタ・オリンピックの頃の調子を取り戻そうとしていた。中田より、数日早くグアム入りしていた前園は、体の芯《しん》から鍛え直す覚悟をしていた。筋力や瞬発力の向上は、そのままコンディションの上昇に繋がるはずだった。

二人のトレーニングメニューを作成し、自主トレに立ち会うことになったのは、日本代表のアスレチックトレーナー、並木磨去光《まさみつ》だった。五輪代表時代からの中田の体を知り尽くしているトレーナーと中田は個人的な契約を結び、オフの間の体づくりに関する計画を任せたのだった。

グアムに到着した中田を出迎えた前園は、頬がこけ、日に焼けた顔は精悍《せいかん》さを増していた。悪天候にもめげず、トレーニングをこなしてきた前園の目は、不調に喘ぎ、プレーに精彩を欠いていた去年のものとは違っていた。

ワールドカップ最終予選を戦いながら、中田の頭の中には、日本代表には攻撃のアクセントが足りないという不安があった。名波と中田が攻撃の拠点となり、前線にパスを供給する役目は明確だったが、いかんせん、攻撃のパターンは絶対的に足りなかった。フォワードへパスを出す正攻法の攻めと、相馬、名良橋の両サイドバックのオーバーラップ以外、日本代表の攻撃方法はないに等しかった。

中田は、2トップの後ろに入る、ドリブルで局面を切り崩せる選手が必要だと考えていた。

中田の考えはこうだった。二人のフォワードと、そのすぐ後ろに陣取る攻撃的ミッドフィルダーが、攻撃のトライアングルを築き、三人で攻め入ることができれば、相手のディフェンスを崩す機会も増すはずだ。攻撃トライアングルの一角にポジションを取るミッドフィルダーは、ドリブラーでなければ意味がなかった。ドリブルで敵の守備陣を引っ掻き回すことで、シュートのチャンスを作り出すのだ。そうすれば、前線のトライアングルを支えるために、中田、名波、山口というトリプルボランチを実現させ、攻守にわたって機能する布陣を取ることもできる。攻撃トライアングルとトリプルボランチとの連携が速やかにいけば、さらに自分自身が飛び出していき、ゴールを狙うこともできる。名波のスルーパスを受けてシュートを放ちたいという気持ちは、これまでも抱きつづけてきたものなのだ。

中田は攻撃に関して、二人の選手を思い描いていた。一人は大砲ともいうべきストライカー、小倉隆史。もう一人は、典型的ドリブラーである前園だった。激しいオリンピック予選を戦った頃の小倉と前園のプレーが日本代表のゲームで展開されれば、ワールドカップを積極的に戦えるはずだ、と思っていた。

中田は小倉の弾丸のようなシュートが決まるたび、自分のことのようにわくわくしながらこう思っていた。

オグのゴールは日本人のものじゃない。

幼い頃からサッカー番組「ダイヤモンドサッカー」の大ファンだった小倉は、プロサッカー選手になるなら海外、と考えつづけていた。

一年間留学したオランダでは、二部ながらエクセルシオールというチームでレギュラーポジションを獲得し、チームの得点王として活躍していた。小倉の帰国が決定すると、チームメイトたちはこぞってがっかりした。

「オグラなら、オランダの一部リーグでプレーできたのに」

チームメイトにとっても、小倉は有望なストライカーの一人だった。

帰国後、名古屋グランパスエイトに戻った小倉は、五輪代表に選ばれた。しかし、九六年、アトランタ・オリンピック予選期間中に膝の靭帯《じんたい》を断裂してしまう。それは選手生命を絶たれるかもしれないほどの怪我だった。中田は、小倉がオランダでリハビリを続けており、ワールドカップまでにピッチに戻るのは無理だろうという話を聞いていた。

一方の前園は、ヴェルディ川崎に移籍した後、体に繋がれた苦しみの枷《かせ》が少しずつ緩むように復調の兆しを見せていた。彼には、日本代表の一員に戻り、ワールドカップを戦う可能性が十分にあった。

一月十六日に発表された二月のオーストラリア遠征日本代表メンバーの中に前園の名前はなかったが、彼は諦めてはいなかった。

前園の代表復帰を願う中田と、もう一度、日本代表で戦いたいと闘志を燃やしはじめた前園は、お互いに自主トレの相手は一人しかいない、と考えていた。決して日本人観光客が訪れない場所で、中田と前園は自分を追い詰めるためのトレーニングに取り組むことになった。

中田は、オーストラリア遠征までに「八十パーセント、体を仕上げてこい」と言った岡田の言葉を強く意識していた。中田は、目標とする体のコンディションのレベルを引き上げた。

今年の八十パーセントは、昨年の百パーセントに匹敵させたい、と考えていたのだ。そのためには、並木の取り揃えたメニューを完璧にこなす覚悟があった。

中田と前園は、トレーニングを始めた時期が数日間ずれていたため、ウォーミングアップを終えた後はメニューがそれぞれ違っていた。並木がそれぞれに提示したトレーニングのスケジュールは、想像を絶していた。徹底した走り込みと筋力トレーニングに、二人は呻《うめ》き声すら漏らし、苦しがった。ボールを持つ練習は殆どなかった。

地面に梯子《はしご》を置き、その上で繰り返される、ジャンプと小刻みなステップは、下半身強化のために、何度も繰り返された。小さなパイロンをジグザグに走りぬけるたびに、バケツで水をかぶったようにびっしょりと汗をかいた。グラウンドと砂浜で繰り返されるランニングに、前園も中田も口元が歪んだ。トレーニングを見守るスタッフは、喘ぐように息をする二人に、言葉をかけることすらできなかった。

彼らにとって、ここまで体をいじめ抜き、もがくほどの苦痛を感じた基礎トレーニングをこなしたのは初めてのことだった。

これでもかとメニューを突きつける並木を睨みつけながら、中田と前園は走りつづけた。トレーニングメニューを作った並木を大声でなじりながら、二人は地面を蹴りつづけた。前園と中田のライバル意識は、トレーニングをさらに激しいものにしていった。

自主トレが終盤を迎える頃、二人の体は変化の兆候を見せていた。叫び声をあげるほど苦しかったトレーニングメニューが、普通にこなせるようになっていた。

中田は並木のマッサージを受けながら、確かに、筋肉がわずかに厚みを増していることを感じていた。

その後、中田のボディバランスは、日本屈指と言われるまでになる。筋力のアップは、フィジカルコンタクトに耐え、倒れない体を作り上げた。しかし、簡単に潰されることの少なくなった中田は、最後までふんばれるがために、靭帯や足首などを傷めることも多くなる。それは、世界の一流選手共通の悩みだった。


二月八日、日本代表として選ばれた二十九人は、オーストラリアに向け出発した。鹿島アントラーズの増田忠俊（ミッドフィルダー）、柳沢敦（フォワード）、横浜マリノスの中村（ミッドフィルダー）が初選出され、ジュビロ磐田の服部（ディフェンダー）が復帰していた。

岡田は「選手を育てるつもりはない。勝つために必要な選手を見極めるための合宿だ」と言い切っていた。岡田が「どんぐりの背比べ」と言った六人のフォワードは、生き残りのため力を競い合った。また、中田も求めていたドリブラーには増田が起用された。

ワールドカップに向け、チーム力を増すための選手を欲していた岡田は、繰り返しテストを敢行した。十五日にオーストラリア代表、十七日にアデレード選抜、十九日にシドニー・ユナイテッドと戦った日本代表は、勝利の手応えを求めるより、コンビネーションの試行錯誤を繰り返した。

岡田は、ダイナスティカップを戦う選手を選抜しなければならなかった。代表選出確定と言われる選手たちを除いて、ポジションを確保するための競争は、与えられたゲームで結果を出さなければならないという重圧の中で行われた。

二月二十日に帰国した二十九人の選手は、結局、岡田の手により二十人にまで絞られた。増田と服部は残留し、柳沢と中村は外された。

三月一日から七日まで行われたダイナスティカップで韓国代表、香港リーグ選抜、中国代表と戦った日本代表は、中国に敗れたものの、得失点差で優勝杯を手にしたが、ＭＶＰに選ばれた中田にも、満足の表情は見られなかった。

アルゼンチン戦、クロアチア戦を想定し、守備的な布陣を試したことで中盤はすっかり間延びしていた。そのため、コンパクトなパスが極端に減り、中田がボールに触れない時間はこれまでにないほど増えていた。ゴール前に張りつくツートップは孤立し、パスは相手ディフェンダーに阻まれ、届かない。中田の苛立ちは増すばかりだった。

攻撃のためのインパクトが欲しい。攻めの手段を増やしたい。

前園の復帰を望む中田の思いは、強くなるばかりだった。

しかし、中田は、気持ちを切り替えなければならなかった。三月十日からベルマーレ平塚での練習が始まる。二十一日にスタートするJリーグで、天皇杯の雪辱を果たしたいと願っていた彼は、ダイナスティカップでの不満と憤りを体の奥底に押し込めていた。

グアムでの自主トレは、ピッチで過ごす九十分を以前よりずっと短く感じさせた。ボディコンタクトで崩れたバランスも、筋力がアップしているため簡単に修正できた。

自分を苦しめたトレーナーの並木に改めて感謝した中田は、Jリーグ開幕が待ち遠しかった。


六月のワールドカップへの道をひた走っている中田は、誰の目から見ても順風満帆だった。怪我もなく、日本代表の中田への依存度は、日を追って増していた。

サッカー少年たちにも、若いサッカーファンにとっても、プロサッカー選手として自分の生き方を貫く中田は、今世紀最後に登場した若きスポーツヒーローに違いなかった。

ところが、華々しい活躍を見せていた中田は、このとき、サッカー選手としての前途や、日本人としての社会生活を奪われるほど、壮絶な嵐に巻き込まれていた。

中田は、後になぜこうした状況に自分が陥ってしまったのか、考え込むことがあった。それほど、事態は深刻だった。

事の始まりは、一月四日にさかのぼる。朝日新聞に掲載された「現代奇人伝」という記事が発端だった。

「現代奇人伝」は、朝日新聞の新年企画で、世紀末の日本を牽引する各界の著名人が日替わりで登場し、そのコメントや人となりが紹介される記事だった。

その企画の三回目に取り上げられた中田の記事につけられたタイトルは地域によって若干は異なるが「疾走する孤高の20歳　『君が代』は歌わない」というものもあった。

この記事は、「現代奇人伝」を担当する記者が、中田へインタビューをして、署名入りで書かれていた。


「中田英寿（20）はなぜ、『君が代』を歌わないのだろうか。

昨年十一月十六日。マレーシアのジョホールバルにあるラーキンスタジアムは、二万人近い日本人サポーターで埋まっていた。

サッカーW杯アジア地区第三代表を決めるイラン戦。日本時間で午後十時から始まった民放のテレビ中継は、視聴率四十七・九パーセントを記録した。

試合前、両国の国歌が流れる。日本のイレブンが『君が代』を歌っている。だが、中田は口を一文字に結び、スタンドを見つめていた。

一カ月後に実現したインタビューで『君が代』に触れると、中田は静かにこう言った。

『国歌、ダサイですね。気分が落ちていくでしょ。戦う前に歌う歌じゃない』

（中略）

Jリーグの中で、中田ほど奇人扱いされる選手も珍しい。

大のマスコミ嫌い。天才肌でほかの選手のプレーにすぐキレる。監督批判を平気で口にする……。

こうしたある種の『突っ張り』に走るのはなぜなのか。その理由を聞きたくて、中田に、三回、インタビューした。

どんな質問にも、言葉を惜しむように答えた中で、日本人観について語ったくだりが印象的だった。

『周りにあわせるような人たちがたくさんいるから、成長しないと思う。自分の意思をもっとはっきり伝えないといけない。日本の国民性の流されちゃう部分、怖いというか何で流される必要があるのか、よく分からない』

（中略）

中田には『日本』の狭さを超えたところがある。

最後に会った時、カバーをかけた一冊の文庫本を持っているのに気がついた。表紙をめくると、そこには『論語』と書かれていた」

九八年一月、休暇先のニューヨークで、この記事を読んだ中田は、正直「やられた」と思った。そして、この取材に応じたことを深く後悔していた。記者の意図は、明らかに「異端児・中田」を記事にして、その姿を浮き彫りにするためのものだった。

インタビューを受けたとき、中田は、ベルマーレ平塚の練習場で知人から手渡された文庫本を持っていた。中田は、貰《もら》った本を放っておくこともできず、インタビューの間、その本を傍らに置いていた。記者は中田に、その文庫本のことを一度も尋ねなかった。

たぶん、その記者は、中田が席を立った一瞬の隙に真新しいカバーをめくり、本のタイトルを確認したのだろう。そして、読んでもいないその本を、あたかも中田本人の愛読書のように書き記した。結局、興味が持てなかったその『論語』は、家に置いたままで、中田は一行も読んではいないのだ。

しかし、記者の取材姿勢が問われる『論語』の話は、冒頭に書かれた「君が代」の話に比べれば、些細なことに感じられた。

中田は記者との雑談のようなやりとりの中で、国歌を歌わないことを聞かれ、君が代を揶《や》揄《ゆ》するような受け答えをしてしまった。

彼は、記者に対してインタビュー終了後、「記事には書かないでください」と、言っている。愚かにも口にしてしまった国歌への感想は、心にある真意とは別な言葉だったからだ。普段から「君が代」を侮蔑する気持などまったくなかった。

日本代表としてピッチに立つ中田にとって、国歌斉唱の時間は、戦いの前に訪れる最後の精神集中の時間でもあった。

日の丸が打ち振られるスタンドを見上げながら、中田は気持ちを落ちつかせるための静寂を求めていた。

日本代表の一員として何ができるのか。競技場を揺るがすほどの歌声の中で自分を追い詰めていくことこそ、国の威信を賭けた戦いに挑むための彼の儀式だった。

事実、国歌を歌わず、スタンドを見上げているのは中田だけではない。選手たちは、皆、それぞれの方法で、勝利を奪うために気持ちを高めていた。

「現代奇人伝」の記事を読めば、中田に怒りを感じる人々がいることは当然だった。

記事を繰り返し読んだ中田は、朝日新聞の記者が、「君が代」や日本人観について、何らかの物議を醸し出すために「書かないでほしい」と言った中田の言葉を敢《あ》えて引用したのだと思った。

中田の不安は的中した。

中田が所属するベルマーレ平塚と日本サッカー協会に、ある思想団体から文書が寄せられたのは記事の掲載された翌日、一月五日だった。文面には、国歌をダサイと言った中田への抗議が綴られ、その中田に対してどのような指導と処分を考えているのか、ベルマーレ平塚と日本サッカー協会に問うていた。

以来、抗議文は定期的に中田と日本サッカー協会とベルマーレ平塚に送られてきた。新しい文面には、中田を国賊とする旨が記され、日本代表からの辞退や、発言に対する陳謝の記者会見が要求された。

一週間、一カ月と経過する中で、事態は収拾するどころか波の如く広がっていった。抗議の文書は増えつづけるばかりで、中田のマネージメントをする次原にも送られるようになっていた。いつしか、その内容は、中田や次原が恐怖を感じるほどにエスカレートしていくのである。

事態を打開するためベルマーレ平塚や日本サッカー協会と相談した次原は、警察の指示を受け、最悪の事態を想定して警察に中田の身辺保護を求めた。

中田には警察から、一人だけで行動しないこと、自宅から出るときと戻るときにはパトカーを配備するので、その時間を連絡すること、不審な者を見かけたらすぐに通報することなどの注意が与えられた。

サッカー選手として人気を博し、子供たちからも夢を託された二十一歳の青年の自由と安全は、日を追って奪われていった。

中田への抗議文は、やがて脅迫めいた文章へと変わっていった。中田の身体への攻撃を思わせる文章を見るたび、次原は生きた心地がしなかった。

二月、オーストラリアから戻った中田の安全を守るために、次原は、中田に私設ボディガードを雇い、警護がしやすいようにホテルで生活することを提案した。日々の恐怖に神経をずたずたにされていた中田は、次原の考えに従った。ボディガードの雇用費用とホテルの宿泊代、食事代を合わせると、一日の費用は二十万円になった。それでも、中田の安全には代えられなかった。

日本代表としての華麗な舞台が用意されればされるほど、中田の緊張は高まっていた。三月一日、ダイナスティカップを迎えると、国立競技場の警備は一斉に強化された。中田の周囲には、ボディガードが張りついていた。

四月一日、ソウルで行われた二〇〇二年ワールドカップ記念試合を過ぎても抗議行動は一向に収まらなかった。

四月初旬、寒さが遠のき桜が咲く頃になって、事態は深刻さを増していた。次原のオフィスでも抗議の電話が鳴りつづけた。

疲れ果てている中田を見かねた次原は、意を決したった一人で中田に抗議文書を送るある思想団体を訪ね、中田の真意を伝え、抗議活動を中止してもらうよう、頼んだことがあった。彼女は、街宣車に乗り込み、今後、話し合う機会を与えてもらえるように頼み込んだ。

次原の中田を守るための勇気は認められたが、中田を脅かす思想団体はひとつやふたつではなくなっていた。

毎日送られてくるファンからの手紙や贈り物と、思想団体から送られてくる抗議文との間にある溝を、中田は埋められなかった。この安全な日本で、ボディガードとホテルの部屋に籠もる生活を送る自分が理解できなかった。自分と敵対し、抗議をする人物がどこにいるのか分からない恐怖は、言葉にできないほどだった。

誰にも話せないというストレスは、中田を必要以上に苛立たせていった。

三月二十五日、対ヴィッセル神戸戦で後ろからの激しいチャージを受けた中田は、右膝の内側を強打し、歩けないほどの怪我を負った。しかし、中田を本当に苦しめたのは、膝の怪我ではなかった。

ボディガードを伴ったホテルでの生活を続けながら、Jリーグを戦っていた中田が、体の異変に気がついたのは四月に入った頃だった。

体に蓄積した疲労は、睡眠をとっても薄れることはなく、皮膚にできた湿疹《しっしん》は、猛烈な痒みを伴って全身に広がりはじめていた。

四月三十日、中田は、日赤医療センターで皮膚炎の原因を突き止めるために精密検査を受けた。医師から告げられた結果は、中田にとって衝撃的なものだった。

中田の体内にあるアレルゲン（アレルギーの原因となる物質）の数値は、常人と変わらない。まったくの正常値を示していたのである。中田の皮膚炎は、アレルギー疾患ではなかった。では、事実、全身を覆いはじめた湿疹の原因は何なのか。医師の診断は、ストレスから来る神経性の皮膚炎としか言えない、というものだった。

中田の両手の爪は、マニキュアをしたようにぴかぴかと輝いていた。医師は、眠っている間に皮膚を掻きむしるため、爪がいつも皮膚の表面で磨かれてしまうのだ、と言った。

医師は、湿疹の出ている皮膚に最も悪いのは、汗と湿った空気だと付け加えた。

中田の体の中に巣食った不安と恐怖は、中田の症状を悪化させていった。

五月に入ると、水疱《すいほう》を伴った湿疹は、顔にまで見られるようになった。

朝日新聞の記事を発端に起こった事件への恐怖は、どこまで続くのか。自由のない生活は中田を本当の孤独へ追いやっていった。国立競技場や横浜国際総合競技場に五万人、七万人と観衆が集まっても、中田は一人だった。

ふと誰かが自分を狙っているという恐怖を感じたとき、ワールドカップが遠いものに感じられた。

ワールドカップでの戦いは、ヨーロッパ移籍へのスタートなのだ。だが、ワールドカップやヨーロッパのリーグへの挑戦を楽しむ余裕を中田は失いつつあった。

体に蓄積している疲労は、恐怖と重なると一層重く感じられる。原因不明の皮膚炎が治るのはいつか。マスコミとの確執が終わるのはいつなのか。

自分は、二度と、サッカー選手ではない中田英寿に戻ることはできない。

Jリーグのゲームを戦いながら、中田は自分が断崖絶壁へと追い詰められているような気がしてならなかった。

五月九日、ガンバ大阪と戦うため、大阪・万博記念競技場を走っていた中田は、このままいけば、いつか体が腐敗してしまうのではないかという恐怖を感じていた。体を分厚いゴムが覆っているようで、自分の皮膚の感触は異様だった。息苦しくて、呼吸が荒くなっている。彼は、皮膚の痛みから逃れるためにボールを追った。

中田は、後藤に連絡を取り、新幹線の新横浜駅まで迎えに来てくれるよう頼んでいた。その日の夜、約束の時間にホームに現れた中田を見て、後藤は言葉をかけることすらできなかった。ぐったりとした中田の顔は爛《ただ》れたように赤く腫《は》れ上がっていた。

助手席に乗り込んだ中田は、クーラーを入れ、風の吹き出し口に顔を当て、痛みで熱を持った顔面を冷やしていた。その中田が、ため息をついて言った。

「俺、もうサッカーやめようかな」

沈黙を遮るように、明るく後藤が言った。

「本当に嫌なら、やめてもいいよ。他の仕事だってできるよ。それに、ヒデなら、やめてからもう一度、復帰することだってできるだろ」

中田は真意でなくても、自分の心を察してくれた後藤の気持ちが嬉しかった。

都内のホテルの部屋にたどり着き、ボディガードが帰ると、中田はベッドに横になって次原に電話をした。

「もしもし、俺だけど。酷《ひど》いんだ、全身が。もう我慢できない」

次原は中田の声を聞き、息を呑んだ。

「俺、死にたくないんだよ。だから、もうサッカー止める。五月十一日から始まる日本代表の御殿場合宿には行かないよ。これでワールドカップには行けなくなるけど、それでもいいんだ。とにかく、今日で、すべてを終わりにしたい」

次原は動転する気持ちを抑えながら、中田の胸のうちを聞いていた。受話器から聞こえる中田の声は、次原の知る中田のものではなかった。今にも倒れてしまうのではないか、と思うほど、中田の声は弱々しく悲しげだった。

このことがマスコミに知れれば、必ずパニックが起こるだろう。

中田が、サッカーを捨てても今の苦しみから逃れたいという、本当の理由を知る人はいないのだ。

次原は、中田に言った。

「今はとにかく、体のことだけを考えるのよ」

中田との電話を切った次原は、すぐに日本代表のチームドクター、福林に相談を持ちかけた。翌日、中田を診察した福林は、一週間の御殿場合宿を休んで様子を見ることを勧め、電話で直接中田と話をした岡田もそれを了承した。

マスコミには「自家感作《かんさ》性皮膚炎による発熱と湿疹で、全治まで三、四日かかるが、キリンカップの途中には、復帰できる」と告げられていた。

霧が立ち込める悪天候の御殿場で合宿がスタートした日、中田は、ホテルのベッドでのんびりと漫画を読み、テレビを眺めた。

疲れ切った体を休められる環境に、中田の心は晴れ晴れとしていた。確かに、昨年から続いた過密スケジュールが、中田の心身を虚弱にさせていた。一日、練習から解放されただけなのに、中田は、ずいぶん長い間、サッカーから離れているような気がしていた。

穏やかな時間は、中田の皮膚を見る見る蘇らせた。それは、診察する医師が、信じられない、と呟《つぶや》くほどだった。熱と痒みが引いた彼の心は、急速にその傷を癒《いや》し再生していった。


八歳でサッカーを始めたときから、中田の意志は鉄のように固かった。自分が目指すサッカーを実現するため研ぎ澄まされた精神は、身体的な苦痛をも呑み込んでしまうのだ。中学時代も、高校時代も、中田は苦しさに耐えることより、自分の意志を曲げてしまうことのほうが、ずっと怖いと思っていた。

ワールドカップ予選で証明されたように、中田のサッカーは、苦境を軽々と乗り越える。中田という人間の幹となる意識は、重圧をパワーに変える強さを秘めているのだ。

観衆が見つめる中田は、いつも強靭だ。しなやかに敵をかわす姿は、美しい。

追い詰められたり、追い出されたりすることが嫌いな中田は、自分が強くあるための場所を知っている。自分が強くあるために、ピッチに立つのだ。

だが、ときに中田は自分で自分のスイッチを切り、誰にも触れられない彼自身が作った殻に閉じこもることがある。ブレーカーのようにスイッチが切れると、それまで放電しつづけていたエネルギーは減少し、一人でうずくまっていることを望むようになる。

しかし、中田の心のスイッチは、魂の躍動とともに再び作動する。ほんの少しの安心と休息があれば、即座にそれまでと同じ、いやそれ以上のエネルギーを放出することができるのだ。

中田を追い詰めた抗議活動と、それとあいまった肉体的な疲労は、中田のスイッチを一時的にオフにした。が、それで中田の魂が消滅してしまったわけではなかった。

ホテルのジムでたった一人で走りだした中田は、自分が最も安心していられる場所は、やはりピッチしかないのだということを実感する。中田の体に内蔵されたスイッチが、再びオンになった。

一日、ベッドで寝ていることが退屈で仕方なかった中田は後藤を呼び出すと、ホテルのジムに誘った。いつものように、ランニングマシンで全速力で走る彼を見て、後藤はサッカーボールを持ち出した。中田は、何の躊躇《ためら》いもなくボールに触った。

中田のトレーニングは、一日の休養だけで再開されていたのだった。

五月十五日、チームに合流した中田は、十七日、キリンカップ、パラグアイ戦を国立競技場の最上階にある部屋からガラス越しに見下ろした。

日本代表の戦術を改めて確認することになった中田は、ワールドカップの初戦まで、一カ月を切り、日本代表のサッカーは後戻りできないところまで来ているのだ、と自分に言い聞かせていた。1－1の結果を振り返っている暇はなかった。

十九日、中田の本格的なトレーニングが開始された。皮膚炎の再発を懸念する声もあったが、中田は、全身が汗でぐっしょり濡れることも厭わなかった。紅白戦では、大声で選手を鼓舞し、ゴールを狙うためのキラーパスを放った。

二十四日、機動隊五十八人、警察官百三十八人という日本サッカー史上最高の警備が敷かれた中で行われたチェコ戦も、0－0の引き分けに終わったが、国内最大の横浜国際総合競技場を埋めた七万人は、熱狂の余韻に浸った。

ワールドカップ前哨戦への爽やかな興奮とは裏腹に、中田の警護もより一層強化されていた。日本代表の出発が迫り、彼への抗議はさらに具体的になっていた。

日本全土にサッカー熱が高まっている中で、突出した存在となった中田は恰好の標的だった。サッカーくじの導入も決まり、思想団体だけでなく、さまざまな立場の思惑が入り乱れていたのである。

結局、前園はフランス・ワールドカップ日本代表には選ばれなかった。しかし、中田は、前園とのワールドカップを諦めたわけではなかった。

ワールドカップは、一回だけじゃない。

きっと、前園もそう考えているはずだと、中田は確信していた。

キリンカップ途中の五月二十一日、ファンから熱望され、前々から準備されていた中田のホームページが開設された。

出発の前日、気分転換に中田は行きつけの美容室で髪を染めた。緑を薄くベースにした鮮やかな茶色の髪は、皆に金髪と言われ、ワールドカップの間、中田のトレードマークになる。

中田の安全のための警備費用、宿泊費用は、三カ月で二千万円を超えていたはずだ。これ以上この生活を続ければ、いったいどれだけの費用がかかるのか。中田と次原は、経済的にも岐路に立たされていた。

中田は、自分の魂が求めるものを手に入れるため走らなければならなかった。

孤独からの脱出。

彼は、自分に孤独を強いるこの国を去る覚悟をしていた。ヨーロッパへ移籍し、ゼロからスタートを切りたかった。

五月二十七日、カメラのフラッシュに埋もれるようにして日本代表の選手たちは、スイス・ニヨンへ向け飛び立とうとしていた。成田空港の出発ゲートの階段をにこやかに降りる中田は、いつもどおりリラックスしているように見えた。しかし、彼は前後三人のボディガードに囲まれていた。

中田は、彼らに守られながらワールドカップへ向けて旅立ったのだ。

第四部　欧州移籍の現況

第一章
三戦三敗。ベンゲルの提言

日本中を落胆させたクロアチア戦から六日後の一九九八年六月二十六日、日本対ジャマイカ戦――。

黄色いユニフォームが、鮮やかな芝の上を弾むように行き交っている。ゴムのように躍動する肉体には、体力の消耗がまったく感じられない。アルゼンチン戦に0―5で負けを喫したジャマイカは、むしろ伸び伸びとワールドカップ最後のゲームを楽しんでいるようでもあった。

初出場同士の対戦。すでに決勝リーグ進出の夢を断たれた日本とジャマイカのゲームは、予選の中で最も退屈なカードと悪口を囁《ささや》かれた。しかし、リヨンのジェルラン・スタジアムは、小雨のぱらつく天候にもかかわらず、やはり超満員だった。リヨンまで訪れた日本人サポーターは、ワールドカップでの一勝を信じ、たぎる情熱を声に乗せた。

スタジアムの一角を黄色に染めたジャマイカ応援団の他は、地元のサッカーファンも、旅の途中に立ち寄った各国のサッカーファンも、観戦の目的は日本代表なのだと言って憚《はばか》らなかった。

ヨーロッパ人の多くは、このワールドカップで初めて日本のサッカーを目の当たりにした。本場のサッカーファンに、日本のサッカーが熱狂を呼び起こすことはなかったが、ヨーロッパのサッカーフリークから観ても、アルゼンチン、クロアチアに一矢を報いようと戦った日本代表のプレーは高く評価されていた。

ワールドカップで、東アジアのサッカーと言えば韓国を思い描いてきた人々は組織的で粘り強く、緻密《ちみつ》な日本のサッカーに興味をそそられていた。とりわけ、連日、紙面に名前が記される中田の名は、想像以上に広く知れ渡ることになった。

クロアチア戦の後、フランスの新聞の一面を使って掲載された中田についてのコラムはフランス人の間で話題になった。そのコラムの中で、中田は日本のアニメーションキャラクター、ドラゴンボールになぞらえられていた。

「日《ひ》出《いず》る国のエンペラーである中田英寿は、世界ではまだ幼いプリンスに過ぎない。アルゼンチン、クロアチアと戦い、ドラゴンボール（中田）は今、謙遜を学んでいる。そして、ワールドカップで味わった毒（敗戦）は、二〇〇二年には薬に変わるだろう。なぜなら、ドラゴンボールには、それを可能にする才能があるからだ。中田は、三万五千人の日本人がフランスに渡ってきた一番の原因だ。彼のプレーを見れば、Jリーグが外国人選手に頼らなくなる可能性が感じられる。サッカーにおいては開かれた経済哲学があり、外国選手を多数、受け入れていた日本にも中田の出現で再び閉鎖的な環境ができるかもしれない。

中田は、十年ほど前から行われている日本独自のサッカー教育を受けた少年たちの最初の世代である。こうした新しいサッカー教育の波を繰り返し、日本は本物のサッカー国になった。

中田がワールドカップを戦う日本代表の中心選手になったとき、ファンのヒステリーは頂点を迎えた。無信仰とファッションへの関心が、彼の髪を染めさせた。若い女性たちがアイドルに接するのと同じように中田へ近づこうとすると、彼は彼女たちを真っ向から拒絶した。マスコミとの関係も悪化の一途をたどっている。

彼は、日本からの脱出を願っている。ヨーロッパでのプレーを望んでいる。しかし、ヨーロッパのチームは、日本人選手に対して懐疑を残している。初めてイタリアのジェノアでプレーした三浦は、一年しかプレーすることを許されなかった。しかし、二十一歳の中田には、進歩するための時間が多く残されている。さらに彼は頭が良い。数学が得意でコンピューターを使いこなし、文学も大好きなサッカー選手の前途は、明るい。

日本の作家、村上龍は、中田について次のように語った。

『彼は、近代化の終わった日本の新しいシンボルである』

中田という日本人が、エキゾチックなニュースのネタでなくなる日まで、あと四年が残されている。二〇〇二年、彼は、日本人としてではなく、一流のサッカー選手として注目を集めることだろう。

日本のドラゴンボールは、世界の檜《ひのき》舞台に立ち、世界に挑戦しているのだ」

中田はヨーロッパのジャーナリストにとって、明らかにこれまでの日本人選手とは違う存在になった。彼の強引でスピードに満ちたプレーが、海外での成功を予感させるに十分だったからだ。

ジャマイカと戦う中田の姿を観ることは、上昇を続けるサッカーの新興勢力への興味を持つことでもある。そういったフランスのサッカー記者たちは、二〇〇二年のワールドカップ取材は、日本代表の初めてのワールドカップから始まっているのだ、と言い合った。

湿度が高く、選手たちはいささかの蒸し暑さを感じたが、二十度を少し超えただけの気温は、体力の温存には最適だった。

中田は身体能力に任せて動き回るジャマイカのサッカーに、別段、怖さを感じることはなかった。猛攻を仕掛けてきたかと思えば、がら空きのスペースを埋める気配も見えない、そんな気まぐれなサッカーには、必ずエア・ポケットのような空白の瞬間が訪れる。中田は、一点先行されたまま前半を終えても、焦ることはなかった。

「とにかく、点を取りにいく。余計なパスを省いてシンプルに攻撃を仕掛ける」

岡田の指示を待つまでもなく、選手たちは、残された四十五分にこれまで積み重ねてきた自分たちのサッカーを集約することに集中した。

後半がスタートすると、中田は、ワールドカップ最後のゲームを意識するように、ミドルレンジからのシュートを果敢に狙《ねら》った。三分後に得たフリーキックでもゴールマウスに滑り込むシュートをイメージし、しっかりと蹴《け》った。惜しくも、ボールはゴールの枠を外れていった。

時計が進むにつれ、選手の顔には焦燥感が滲《にじ》んでいった。なぜ得点ができないのか。日本代表の猛攻が続けば続くほど、焦りの色は色濃くなっていった。

中田は、未だ手の届かないゴールを手に入れるためにピッチを見渡した。皆の顔には、焦りとは対照的な戦意がまだ浮かび上がっていた。

終わってはいない。

中田は前半のように自由に動き回り、パスを出す方向を見極めていた。自分の中にも、諦《あきら》めは感じられなかった。

十分になろうとしていたときだった。最初の得点を決めたウイットモアが、目まぐるしいばかりに体をふわりと浮かせ、出場停止の中西に代わってディフェンスに入っていた小村徳男にフェイントをかけた。小村をかわした瞬間、長い左足が空を切り、ボールは川口の横をすり抜けてゴールネットを激しく揺らした。

怒号のような声がピッチを埋め尽くし、川口は腰に手をやってただ芝を見つめた。シュートに視線を送ることが精一杯だった井原と秋田は、力なく首を折って声を出すこともできなくなっていた。

ベンチからコーチの小野剛が飛び出した。激しく手を叩き、声を張り上げた。戦う時間はまだ残されている。岡田からの伝令を受けた小野は、選手に向かって叱責《しっせき》を繰り返しつつ、ゴール裏へと走り込んだ。フィジカルコーチのフラビオに短く交代を告げるためだった。岡田は、二つのゴールを決められ、攻撃のための選手交代に動かざるを得なかった。

中田は苦々しく思いながらも、ウイットモアの得点をジャマイカにとっての最後の得点だと思える余裕があった。このペースで攻撃を仕掛けていけば、必ず追いつくことができる。中田は飄々《ひょうひょう》として、プレーを再開した。

城のシュートがゴールポストを避けるように曲がっていった。なぜ、ゴールが決まらないのか。城は、頭を抱えるようにしてボールの行方を呆然《ぼうぜん》と追っていた。

後半十四分、城と小村に代え、呂比須と平野が投入された。このとき、テレビの解説者である木村和司は、三試合目にして城を外した岡田を揶揄《やゆ》するように「柱にすると言った選手を外すんですね」と冷たくコメントした。

プレス席から身を乗り出した日本人記者たちは、呂比須への交代が遅すぎると呆《あき》れたような感想を漏らしていた。サポーターたちは、最後まで調子の上がらなかった城が下がり新鮮な力を漲《みなぎ》らせる呂比須と平野の登場に、希望を託すようにどよめいた。

フィールドの上では、井原と川口が4バックのポジションを確認するため、叫びつづけていた。全員が周囲を見回し、攻撃のための布陣に備えたのだ。

その中で、中田は、憮然《ぶぜん》としていた。相手に得点をあげられたとはいえ、後半、日本代表が目指したサッカーが形になりつつあった。パスを繋《つな》ぎ、スペースを活《い》かしてゴールに結びつける。自由を与えられた中田がピンポイントのパスを送り出す場所が、ようやく見つかりはじめたのだ。

しかし、前線に呂比須と平野が入ったことで、スペースは極端に狭まってしまう。闇雲にゴールに攻め入るために攻撃の駒を増やす。単純な戦法が、攻撃のための空間を埋め、ゴールの機会を奪うのだ。中田の頭には大きな危惧《きぐ》が浮かんでいた。岡田の指揮に異議を唱えるつもりはなかった。だが、スペースを失った日本代表が、攻めあぐねるのは確実だと中田は考えた。

絡み合うようにゴール前に陣取った選手たちは、やがて中田の行く手を塞《ふさ》ぐまでになっていく。勝利を意識したジャマイカの選手たちは、明らかにスパイクを凶器として使いだした。ボールを持った誰もが、その恐怖に晒《さら》された。

十五分が過ぎた頃、攻め込んでいた秋田のシュートが外れたとき、ハーフウェイラインまで飛び出した川口の姿があった。川口は、イライラした感情を剝《む》き出しにした。

頼むから入れてくれよ。

涙声で叫びながら、川口は駆けだしていた。驚いた名良橋が、落ちつくようにと彼の背中を叩きながら後方へ導くと、川口はゴールの前へ戻る。

川口は、誰か一人を責めていたのではなかった。死にもの狂いで戦うことがワールドカップを戦う者の誇りであるとすれば、ただ一度もゴールを決められない日本は誇りを有する資格がないと思えてならなかった。

川口の絶叫は、シュートを放つことのできない自分からチームメイトへ向けての祈りであった。

後半二十九分、相馬が左サイドから蹴り込んだクロスを呂比須がヘディングで落とすと、ボールは体ごとゴールになだれ込んだ中山の右太股《ふともも》に当たった。不器用な、しかし力強いゴールが決まった。

中山の魂が呼び寄せた得点は、日本のサッカー史に残るだけでなく、人々の記憶に鮮明に刻まれたのだった。

中田は、中山の闘志溢《あふ》れるゴールに拍手を送りながら、やはり心に渦巻く苛立《いらだ》ちを消すことはできなかった。残り時間が十五分になっても、ゴールを求める選手たちによって、スペースが消されるのは避けられなかった。

三十一分過ぎ、プレスをかけ、激しくボールを競り合った中山が、右足を地面に打ちつけた。歪《ゆが》んだ顔と引きずった足は、その痛みがただの打撲でないことを告げていた。

中盤でボールを待つ中田の視線の隅に、ベンチから立ち上がった岡田が十八歳の小野伸二を呼びつけているのが見えた。

その刹那《せつな》、中田の左足がギクリと音をたてた。倒れた中田は、ぐにゃりと曲がった左足首を見て「まずい」と思った。左の膝から下に感覚がない。その代わりに、背骨から頭に突き抜けるような痛みが襲った。中田を背後から襲撃したマルコムにイエローカードが示され、ゲームが再開したが、中田の左足の感覚はまったくなかった。

芝を両手で強く押し、右足だけで立ち上がった中田は、靭帯《じんたい》を傷めたことを認めなければならなかった。視線が合った中山は、右肩を落とし、体を前後に揺らしている。中山の怪我も深刻なのだ。口を歪ませ、呻《うめ》き声をあげながら走っている姿からは、痛みが伝わってくるほどだった。

その直後の後半三十四分、最後の切り札として小野が名波に代わりピッチに立った。重傷を負っている中山と中田はそのままピッチに残されてしまったのだ。

走りだしたものの、中田の左足は膝から下が完全に力を失っていた。ここ数年で、最も酷《ひど》い怪我だ。中田は、痛みを忘れるため、あえて感覚のない左足で芝を蹴った。残り十数分を戦えれば、その先のことなどどうでもよかった。三人が入れ代わり、交代が不可能な状況にあって、中田は、靭帯を損傷した左足が、完全に壊れてしまわないことだけを祈っていた。

ジャマイカ選手の股《また》を抜き、左足でシュートを狙った小野は、ピッチに立った数分間できらりと光るセンスを見せつけた。中田は、呂比須や小野がスペースを活かせるよう周囲を窺《うかが》った。右足でしかボールを受け、蹴ることができない中田は、ゴール前の選手の動きを妨げないため、細心の注意を払っていた。

攻めあぐねる日本代表は、手荒い守備をするジャマイカを御しきれずにいた。試合終了の時間が迫る中での戦いは、やはり、選手たちを硬くした。それまで、決して笑わなかった中田は、増幅する緊張を和らげたくて自ら笑顔を作った。

期待を背負った小野が、八回ほどボールに触れたとき、ロスタイムが三分と示された。日本の猛攻は途切れることがなかったが、何度シュートを放ってもゴールには結びつかない。

主審の腕が上がり、歓声の中で笛が聞こえた。封印していた感情をさらけ出し、井原が泣き崩れていた。抱き留めるように井原を支えた川口の目も濡れていた。わずか十五分でワールドカップの戦いを終えた小野は、不完全燃焼を示すように無表情だった。

選手たちは、ジャマイカの選手と握手を交わし、サポーターに向かって一礼すると流れる汗をぬぐいながら、ピッチの外に退いていった。

一人、フィールドに残った川口は、両手を合わせ、スタンドに向かって詫《わ》びるように頭を下げてグラウンドを一周した。

応援してくれたすべての人のために、結果を出したかった。負けたことがただ情けなかった。やがて川口は涙を流し、手を掲げていた。それが川口にできる精一杯のことだった。

スタンド正面席の中段で観戦していた中田の母、節子は、ユニフォームを脱ぎ、アンダーシャツ姿の中田が、左足を芝に擦《こす》りつけるようにして通路へ消えていくのをじっとみつめていた。芝の上から選手が一人ずつ去っていく様子を眺めながら、節子は大きなため息をついた。慌ただしく日本代表の三試合を追いかけた節子の夏休みも、これで終わった。言葉にできない寂しさが堰《せき》を切って全身に溢れ出した。節子は手のひらに顔を埋め、声をあげて泣いた。

英寿は、もう戻らない。節子は、なぜだかそう感じていた。節子は、中田が手の届かない遠い場所に向かって走りだしていることを直感していた。

ベルマーレ平塚でのホームゲームを週に一度観戦することは、節子にとって生活の一部になっていた。中田が入団したベルマーレ平塚は、Jリーグの中では最強のチームとは言いがたかったが、節子は息子がプロでやっていけるのだという事実だけで嬉《うれ》しかった。平塚競技場のスタンドが満員になることは少なかったが、サポーターたちは懸命に応援を続けていた。有志が作った中田の後援会も、毎試合、巨大な旗を打ち振り、中田への声援を惜しまなかった。平塚競技場のスタンドはどこか長閑《のどか》だった。節子は、息子に送られる声援に感謝し、中田が怪我をせずプレーを続けてくれることだけを願っていた。

節子が息子との距離を感じはじめたのは、中田が、日本代表に選出されてからのことだった。それまでは、一カ月に一度はかけてきた電話もなくなった。都内から一時間半もあれば帰れる実家にも、すっかり顔を見せなくなった。

本屋に行けば、たくさんの雑誌に息子の写真や名前があった。自分の息子の顔写真を見ながら、自分の知らない世界へ行ってしまったのだと、ため息が出た。

当の中田は、迷惑をかけたくないばかりに、家族には何も話さなくなってしまった。節子はワールドカップ出場が決まってからの息子の近況をニュースや新聞で知ることになった。家族が息子としての中田に接する時間は、皆無になっていた。

中田がヨーロッパへの移籍を視野に入れていることを節子は察していた。日本代表のワールドカップが終わったその瞬間、中田の気持ちを理解していた。

もう二度と、日本で息子のサッカーを観ることはできない。

青々とした芝の上から選手の姿が消えた後も、節子の嗚咽《おえつ》は止まらなかった。


ロッカールームに戻った中田は、チームドクターの治療を受けていた。ドクターやトレーナーは、左足首の靭帯の具合を見て、呆れたように中田を見た。中田の靭帯は走るどころか、立っていることもできないくらいに傷んでいた。普段のゲームなら、試合途中でも病院に直行させるほどの重傷だった。我慢強いにもほどがある。トレーナーは、足を固定するためにテーピングを施しながら、これからの中田の選手生命をも心配した。

深刻なのは、中田だけではなかった。激しい痛みが治まらない中山には、右足が疲労骨折している可能性があった。

中田は、二倍に膨らんだ足首の痛みに耐えながら、皆を見て微笑《ほほえ》んだ。深刻な左足首の状態とは裏腹に、三敗の結果は、自分たちが背負うものだと吹っ切れていた。中田は、サッカーに関して、ワールドカップでしか得られない経験を全身に刻んでいた。

その結果から逃げることは許されない。この惨敗に、あらゆる批判が突きつけられることは容易に予想できた。しかし、中田は、どんな逆風が吹いても新たなスタートを切らなければならないと思っていた。

中田は短絡的な悔しさとはかけ離れた渇望感を覚えていた。自分のサッカーで戦う場所が欲しい。自分のサッカーが磨かれる環境が欲しい。傲慢《ごうまん》と言われても、次元の違うサッカーを求める気持ちは抑えられなかった。

そして、何よりも心安らかに眠りたかった。ホテルでボディガードと向き合い、人込みを避ける生活から逃れたい。サッカーにだけ没頭したかった。

九八年六月二十六日、『フランスフットボール』誌の記者、バンサン・マシュノーは、コロンビア対イングランドのゲームを観戦するため、ランスのスタジアム、フェリックス・ボラエールを訪れていた。マシュノーが追いかけるブラジルは、二十三日に予選最後のノルウェー戦に敗れはしたが、すでに決勝リーグ進出を決めていた。ブラジルのトレーニングを取材した彼は、車を飛ばし、ランスに駆けつけたのだ。

試合開始時間の午後九時になっても西の空は明るかった。四万二千人を収容するスタンドは超満員で、イングランドの応援団が野卑な声を轟《とどろ》かせていた。アラン・シアラー、デビッド・ベッカム、マイケル・オーウェンという攻撃陣を揃《そろ》えたイングランドは、優勝を狙う一角と目されていた。

マシュノーにとっても、イングランドは目が離せないチームだった。六六年以来、二度目の優勝を狙うイングランドは、彼の担当のブラジルにとっても、母国フランスにとっても、強敵となる可能性が大きかった。

テレビ局の放送席が並ぶブースを覗《のぞ》くと、アーセン・ベンゲルがマシュノーに向かって手を挙げた。ベンゲルは、フランスのテレビ中継の解説者を務めていた。

プレミアリーグ優勝を果したアーセナルの監督であるベンゲルは、イングランドの事情を熟知していた。イングランド代表の若き監督、グレン・ホドルは、ベンゲルがモナコを指揮していたときの主力選手であり、ベンゲルの助言で指導者への道を選んだ。愛弟子《まなでし》の戦いを、ベンゲルは解説者としてみつめることになったのだった。

ピッチでは、イングランドの一方的な攻撃が展開されていた。ゴールをあげることにひたむきなイングランドの選手たちは、休むことなくコロンビアを圧倒した。前半に、アンダートンの強烈なシュートと、ベッカムの二十五メートルに及ぶフリーキックが決まり、勝敗を示す針は大きくイングランドに振れていた。

九十分後、イングランドは鮮やかな勝利を収めていた。コロンビアを牽引《けんいん》してきたバルデラマは精彩を欠き、世代交代の必要を強く感じさせた。

マシュノーは、解説を終えブースから出てきたベンゲルを出迎えた。ベンゲルは疲れた様子も見せず、マシュノーに向かって微笑んだ。スタジアムの通路に立って二人は、人込みの中で話しはじめた。真先にベンゲルの口をついて出たのは、イングランド代表のことでもブラジル代表のことでも、フランス代表のことでもなく、彼が二年間を過ごした日本の代表選手たちのことだった。

「日本代表は、今日のジャマイカ戦、1―2で負けたんだね」

マシュノーもゲームは観ていなかったが、その結果は知っていた。

「そうだね。中山が一得点あげたが、結局は、ジャマイカのカウンターにやられてしまった。詳しいことは分からないが、完敗だったらしい。日本代表は、ジャマイカに負けるようなチームじゃなかった。アルゼンチン、クロアチアに負けて、戦いのモチベーションが落ちてしまったのだろう」

　ベンゲルの表情は硬かった。

「今日のゲーム、日本は勝たなければならなかった。私は、ワールドカップが始まる前に岡田に言ったんだ。メディアは、対戦相手以上に手強《てごわ》い敵になることがある、とね。今日のジャマイカ戦の敗戦は、日本のサッカーに大きな打撃を与えるはずだよ。このショックはしばらくは尾を引く。初めてワールドカップに出場した彼らは、自分たちのサッカーで結果を残しつつあった。だが、三連敗では、その成果は打ち消されてしまう。動揺したメディアやサポーターは、岡田や選手たちを叩くだろう、容赦なく」

　マシュノーも同じことを考えていた。

「若々しい芽が、踏みつけられ、傷つけられる。その危険は大いにある。五年前、ワールドカップ出場を逃してから、日本は、結果だけを求めてきたんだ。素晴らしい成長を遂げた日本のサッカーは、その実力からいっても評価されるべきだ。だが、熱くなった気持ちが一気に冷えると、大衆は冷静でいられなくなる。三敗をただ悔しがったり、責めることだけに熱中して、また進歩が妨げられる。この経験を次に活かすことを考えなければ、日本サッカーは必ず停滞するね」

　ベンゲルは、マシュノーの言葉に頷《うなず》いた。

「結果に対しての責任は監督にある。その責任を問われることは当然だ。ジャマイカにまで負けた岡田は、代表の監督を辞任するだろう。しかし、監督の手腕だけを問うのでは駄目なんだ。選手ひとりひとりがどのように戦ったのか、どんなミスを犯し、何を怠ったのか、緻密な検証が必要になる。それが貴重な経験となって、これからのチームに反映するんだ」

マシュノーは、プロサッカーの黎明《れいめい》期を迎え、ワールドカップ初出場に沸いていた日本人が心底落胆している様子を思い描いた。マシュノーから見れば、サッカーにおける日本人の反応はいつもウエットだ。理論より情緒が勝り、行動や言動に心の動きが反映される日本人の様子に、フランス人のマシュノーは驚かされることも多かった。だが、新鮮な感動もまた与えられていた。ワールドカップでの敗戦に、涙し、肩を落としているサポーターたちこそ、日本サッカーの熱を高めている人々に違いなかった。彼はベンゲルにこう言った。

「それにしても、ジャマイカ戦の負けは本当に残念だ。ここで勝っていれば、四年後に繋ぐ希望も、さらに大きくなっていただろうから。日本人は傷ついている。彼らは傷つくと、痛みを引きずるんだ。僕らよりも遥かに長く。日本代表は、今、羅針盤を失った。また一からチームを作り直し、勝利を積み重ねていかなければならない。たぶん、日本ではアーセンのような指導者を求めている。いや、今こそアーセンを必要としているんじゃないのか。そして、君も、大好きな日本を助けたいと思っているだろう」

　そのとき、若く美しいフランス人女性が二人に向かって駆け寄ってきた。ベンゲルの姿を見つけた女性が、サインを貰おうと手帳とペンを取り出しているのが見えた。彼女は、おずおずとベンゲルに話しかけた。

「ここにサインをいただきたいのですが」

　ベンゲルは、彼女のペンを手に取り、紙に滑らせながら言った。

「ぜひ、彼にもサインを貰ったほうがいいですよ。彼は、ヨーロッパでは有名なサッカージャーナリストですから。ヨーロッパだけじゃない。南米やアジアでも広く知られているんです。もしかしたら、私よりも知名度が高いかもしれない」

　彼女は、ベンゲルの言うとおりマシュノーにもサインを求めた。マシュノーはベンゲルに促され、照れたように笑いながらサインをした。

　その女性が立ち去ると、ベンゲルは、マシュノーに向かって静かに呟《つぶや》いた。

「君が言っていることの意味は分かるよ。私を代表の監督に、という声が日本で高まっていることも知っている。しかし、それはあり得ない。私にはアーセナルとの契約が残っているし、今の仕事にとても満足しているからだ。プレミアリーグで戦うことの意義は、なにものにも代えがたい。確かに、日本は大好きな国だよ。名古屋グランパスエイトを率いた二年間は、私に多くのことをもたらした。しかし、今、私が日本に戻ることは絶対にないよ」

マシュノーは、ベンゲルの言葉が途切れると、すぐに彼の顔を覗き込んだ。

「もちろん、君がアーセナルをすぐに離れることができないのは分かっているよ。でも、二〇〇二年、日本がどんな立場に立たされるか、君は知っているはずだ。アジアで初めてのワールドカップが開催されるんだよ。日本と韓国は、両国の歴史を超えて共同開催する。日本が背負う使命と責任は、計り知れない。初出場を遂げ、とにかく三試合を終えただけの今回とは訳が違うんだ。君とアーセナルとの契約が結ばれているのは二〇〇〇年までだったよね。それ以降、君が日本代表の監督を引き受けても、疑問に思う者は誰もいないよ。フランス人でさえ、ベンゲルと日本の親密な関係は、十分、認めているんだからね」

ベンゲルは、マシュノーの言葉に何も答えなかった。その代わり、唇の端に微《かす》かな笑みを浮かべ、マシュノーの両肩をぎゅっと摑《つか》んで前後に揺さぶった。マシュノーは、いつの日か、それが二〇〇〇年を過ぎたあとであっても、ベンゲルが日本代表の監督を引き受ける日が来るのではないかと思っていた。

超満員だった観客がスタジアムの外に流れ出た頃、二人は会話を止めた。ベンゲルとマシュノーは、再会を誓うと、別々にランスを後にしたのだった。

リヨンのホテルに戻り、チームで摂《と》る最後の食事が終わった。ジャマイカ戦を振り返る者は誰もいなかった。

翌日、エクスレバンで行われる合同記者会見で、岡田の辞任が表明されるはずだった。岡田の決意が固いことは選手全員が知っていた。これまでマスコミを避けていた中田も、最後の記者会見に出席することになっていた。それぞれが胸の中で、それぞれのワールドカップに幕を引いていた。

中田は部屋に戻るとパソコンのスイッチを入れた。メールを送ることは止めていたがホームページに送られたメッセージは、相変わらず、すべてに目を通していた。

そこには膨大な怒りと落胆、少しの称賛が綴《つづ》られていた。だが、中田はもう傷つかなかった。列島を染め抜いたサッカーの熱が、人々を饒舌《じょうぜつ》にさせたのだ。敗れ去った者に言葉は必要ない、と中田は思っていた。

夜明け近く、中田は個人のメールボックスを開いた。そこには、友人たちからのメッセージがいくつか届いていた。その最後に、Ｃａｌｔｏｎの名前があった。急いでクリックし、彼らからのメールを引き出した中田には、スイスのニヨンで過ごした時間が鮮やかに蘇《よみがえ》っていた。

親愛なるヒデへ

日本代表のワールッドカップは終わりました。勝利者、万歳。しかし、勝利者とは、試合に勝った者だけを指すのではない。これまで素晴らしいプレーを披露した、すべての選手のことをそう呼ぶのです。彼らは、何百万人、何千万人という観客を歓喜させ、感動を与えました。ヒデ、あなたもその一人です。あなたのプレーを観て、私たち家族は勇気を授かりました。本当にありがとう。

私たちは、ヒデがヨーロッパに移籍するニュースを胸をときめかせて待っています。一日も早く、移籍の報告が聞けることを楽しみにしているのです。ヒデの選んだチームが、スイスから近いところだといいけれど。

あなたが、新しい我が家に遊びに来る日はいつになるのでしょう。次にスイスを訪れる予定は……。あなたからの連絡を待っています。

エドモンド、バージニア、ステファニー、ローレンより彼らの朗らかな笑い声を感じながら、中田は、自分はもう二度と引き返すことのできない道を歩きはじめたのだと思った。

中田はベッドサイドにある分厚い文庫本を手に取った。それは、フランスに入ってから読みつづけた村上龍の小説『愛と幻想のファシズム』だった。上下二巻の長い物語は読みはじめると、映画を観ているような気分になり、毎日、少しずつでも読まずにはいられなくなった。小説の中では、壮絶なパニックとクーデターが繰り返されていた。中田は、巨大な力に立ち向かう主人公、トウジの姿を追いかけるように活字を追った。

「このストーリーは、今の日本と、俺の気持ち、そのままだ」

システムに抗するトウジもやはり孤独だった。

日本代表は、六月二十七日、記者会見の後にパリへ入り、一日だけ休息を取って、翌二十八日、帰国の途につくことになっていた。

パリではゴードンや次原との綿密な打合せが待っていた。中田の世界への挑戦は、第二幕を迎えたのである。

第二章
ノートルダムの祈り

ジャマイカ戦が終わり、日本のワールドカップは終わりを告げた。初戦のアルゼンチン戦から十二日間がまるで一年のようにも長く感じられた。次原は、いったい何本の電話を受け、何人のエージェントと話をしただろう。正確には記憶できないほどだった。

アルゼンチン戦が終わった直後から、次原は、また混乱の中に置かれていた。

六月二十一日、クロアチア戦の後、日本国内で中田批判が湧き上がるのと時を同じくするように、ヨーロッパのクラブチームの間では争奪戦が繰り広げられていた。中田と契約を前提とした話がしたい、中田と仮契約を結びたい、そう申し出るチームは増えつづけ、その対応に追われた次原は、片時も携帯電話を離せなかった。

クロアチア戦のすぐ後、中田に、ロンドンでゲームを観たゴードンから連絡が入った。ゴードンは中田に言った。

「結果は残念だったが、君のプレーは素晴らしかった。BBCの中継で解説をしていた元イングランド代表監督は、『私がもし、チームを率いていたら、ナカタは絶対に欲しい選手ですね。すぐに彼を獲得するために動くでしょう』と言ったんだ。アナウンサーが興奮して中田の名前を連呼していたよ。そうそう、イタリア人の知り合いから聞いたんだが、アルゼンチン戦のとき、イタリア国営放送の解説者も『日本代表の中田を他の国に取られてはいけない。このまま、イタリアに連れて帰りたい』と叫んでいたらしい。おめでとう。君は自分の手でヨーロッパの市場に名乗りをあげたんだ」

しかし、その数時間後には、日本ではまったく正反対の批判が飛び交っていた。クロアチア戦の敗戦の原因にされた中田は、その批判に納得がいかないと言った。

次原へ電話で感情を露《あらわ》にした中田は、その後、ホームページへのメールを休止するという文面を彼女へ送った。

中田にパソコンのホームページという新しいメディアを紹介し、活用することを助言した次原は、深い後悔を感じていた。ワールドカップの途中、サッカーファンから中田に届いた辛辣《しんらつ》なメッセージを見せるべきではなかった。ワールドカップという戦いの真っ只中《ただなか》にいる中田を、結局、守ってやれなかったという思いは次原を苦しめた。

中田は、表面的には明るさを取り戻していた。しかし、それは、中田が自分を硬い殻で覆ってしまったという証でもあった。ワールドカップ出場決定以来、中田は、自らが深く傷つき、相手を傷つけるのを恐れて、現実の世界と自分を隔絶する方法を会得していた。そうしなければ、サッカーでの闘志を高めながら、生活することなど不可能だった。

次原は、ワールドカップへの重圧や抗議への恐怖を押し殺すために、中田が冷淡なまでに人を排斥し、自分の世界に閉じこもる様子をみつめてきた。

中田を自由にしてやりたい。二十一歳の青年が持つ無邪気さを取り戻してやりたい。次原の願いはそれだけだった。

しかし、二試合を終わって、思想団体からの抗議も、また激しくなっていた。日本では抗議文やビラが撒《ま》かれ、中田の命をも脅かすという文面は相変わらずだった。日本サッカー協会は状況を考慮し、フランスでの警備を強化するよう頼まなければならなかった。テロ対策に長けたフランス警察の対応は、実に速やかだった。

次原には、ワールドカップが終わる前にJリーグとは違ったヨーロッパのサッカー環境を少しでも知る必要があった。中田が戦いの中にある以上、彼の「眼」になれる者は、次原をおいて他にはいなかった。

ゴードンの助言もあり、アルゼンチン戦が終わった翌日から、イギリスのクラブチームに連絡を取って、契約とはまったく別個に、スタジアムやクラブハウスの見学を申し出ていた。次原とフジタがドーバー海峡を行く列車、ユーロスターに乗車し、パリからロンドンに入ったのは、六月十七日のことだった。

次原はすぐにロンドン市内のアーセナルに向かった。クラブのスタッフが、手際よく練習グラウンドやクラブハウスを案内してくれた。クラブハウスの脇には、アーセナルの歴史が一覧できるミュージアムがあった。

一角に置かれたテレビ画面では、クラブの軌跡を伝えるビデオテープが流れていた。モノクロームの古い映像は、サッカーがこの国で最も愛されている文化であることを次原に教えた。映像の中で、スタジアムを埋め尽くした観客が、アーセナルの勝利に酔いしれていた。過去の選手たちの顔も光輝に満ちている。

目を閉じ、中田がその歓呼の中を駆け抜ける光景を思い描いた。次原にも、人々の積もるようにして結集されたサッカーへの愛情が、痛いほど感じられた。

次原の中で、前園のためにVTRを回したセビリアでの記憶が浮かび上がっていた。二年前、セビリアのクラブハウスで、マラドーナが一員だった時代のチーム写真をVTRに収めながら、スペインでの前園の雄姿を思い描いたときのことだ。

前園は、どこでアルゼンチン戦を観たのだろうか。

六月二日、日本を発って以来、日々、次原を突き動かしていたものは、中田の前途を切り開くという使命とともに、再び前園の夢を叶えてやりたいという思いだった。

翌六月十八日には、アーセナルからさほど遠くないチェルシーに出向いた。

練習場は静かだった。

フィールドを駆け抜けていく風の音を聞きながら、次原は、中田にこの風景をどう伝えればいいのか、言葉を探した。初夏の日差しが、輝くばかりの芝を照らしている。次原には、芝生の中央で涼しげに笑う中田の姿が見えたような気がした。


その日の午後、次原はフジタを伴ってゴードンの所属するマネージメント会社のオフィスへ出掛けた。そこでは、中田の移籍に関するミーティングが行われることになっていた。

話し合われたのは、今後のビジネスを見据えて「NAKATA」という商標登録を取得しようとしていた大手商社の目論見を、すんでのところで阻止するための申請についてだった。

中田が海外に移籍するために、次原は万全の準備を整えたかった。法律に照らし合わせた作業には、膨大な時間が必要だった。ミーティングの出席者は、皆、中田がヨーロッパのクラブチームでプレーするために必要なあらゆる状況を想定しなければならなかった。そのためには、日本と法律の違うヨーロッパの事情に対応するべく、商法やコピーライトに詳しい弁護士の力も必要になった。すでに、中田を支えるスタッフは、サッカーを取り巻く者ばかりではなくなっていた。

長時間のミーティングを終えた次原は、最終便のユーロスターでロンドンからパリに向かった。中田の警備を強化した今、フランスを離れていることが不安だったのだ。

長いユーロトンネルが終わり、田園が広がるフランスのカレーに入った。

次原は沈黙のうちに飛び去る暗闇に視線を向けながら、胸の奥にある不安が疼《うず》きだすのを感じていた。

これまで、プロスポーツ選手のマネージメントを行ってきた次原でも、ヨーロッパの巨大なサッカービジネスの苛烈《かれつ》さには驚くばかりだった。自分がこれまで手掛けてきたビジネスに比べて、とにかく複雑で、状況を見定めるのがとても難しかった。

中田のサッカーの才能を認め、レベルの高いサッカーを経験してほしいと後押ししてくれるエージェントの中には、実は、サッカー選手を「金を生む鶏」としか見ないような者も少なくなかった。実際、選手を食い物にしているエージェントこそ、仕事ができるという証明でもあった。そうしたエージェントたちの嘘は、話を詰めていくうちに真実になることもあれば、その逆もあった。とにかく、誰もが、真実だと言って、次原に話をする。しかし、虚飾が見え隠れしない話は、まったくないと言ってもよかった。

ヨーロッパのサッカービジネスに初めて携わる彼女には、情報の正誤を突き留め、それを語る人々の誠意と悪意を見極めることが難しかった。

海千山千のエージェントに値踏みされ、金になると評価された日本人は、ヨーロッパのサッカー界でも異色だった。これまでとは違う「商品」に、エージェントたちは色めき、新しいビジネスチャンスの到来とばかりに動きだしていたのだ。

厄介なことに、既存のサッカーの世界において、サッカー選手と契約し、自分の手腕において金を儲《もう》けることは決して「悪」ではなかった。サッカー選手もエージェントも大金を手にしたほうが勝ちなのだ、と豪語する男たちが闊歩《かっぽ》している世界でもあった。

ゴードンのように、人買いのごとく選手を漁《あさ》るエージェントをヨーロッパのサッカー界から排斥したい、サッカー選手を金で縛るような契約を根絶したい、と考えているエージェントは、ほんの一握りしかいなかった。

次原はさまざまなエージェントから持ち込まれる話を誠心誠意、聞いていた。中田の移籍のチャンスをひとつも漏らすまい、と思ったからだ。どんな些細な情報にも耳を傾け、中田にとって素晴らしい環境と、好条件を探すために躍起になっていた。しかし、そのたびに疑心暗鬼に陥っていった。真実はいったいどこにあるのか。事実、連絡の多くは、胡散《うさん》臭いものだった。

例えば、数日前に電話をかけてきたある男は、有名なクラブの名前を挙げ、莫大な金額を提示し、中田のサッカー選手としての商品価値を最高に活用してビジネスをしようと、持ちかけてきた。その男の条件は「エージェントのゴードンを切ること」だった。次原が、その男に「まず初めに移籍先のチームの条件やサッカーの方針をリポートにして提示してほしい」と言うと、男はこう言ってうそぶいた。

「お嬢さん、この世界を甘く見るんじゃない。我々の仕事はコネクションがすべてなんだ。契約書？　笑わせるな。俺を信用して金を儲けるか、馬鹿正直に移籍して小さな金で満足するか、どちらかだ」

男は嘲《あざけ》り笑うと、電話を切った。同類のエージェントは後を断たなかった。彼らには、東洋人と女性を蔑視するような匂いがあった。

輪をかけて次原を苦しめたのは、パートナーであるゴードンを中傷する電話だった。アルゼンチン戦が終わってから頻繁になったゴードンへの攻撃は、日々、激しさを増していった。エージェントを名乗る者たちは、ゴードンの悪口を滔々《とうとう》と語り、彼を代理人に選んだ中田が心配だ、と言った。

次原がゴードンを信じる気持ちは変わらなかった。密告を装う電話が、エージェントから選手を横取りするときの常套手段だということは、次原にもよく分かっていた。しかし、微かな不安が湧き上がることは止められなかった。ゴードンはともかく、彼の所属するマネージメント会社は、中田を金銭に置き換えることが、当然だと思っていた。暗躍する代理人たちの魂胆に、次原の神経はずたずたにされていった。

ヨーロッパのサッカー界の常連たちと会話するたびに、次原には恐ろしさが募っていった。ワールドカップの後、中田を送り出す世界は、日本とは比べものにならないほど恐ろしい世界なのだ。

しかし、中田にはその不安を微塵《みじん》も感じさせることはできない、と次原は思っていた。中田は、鳥籠《とりかご》のような、監視されたホテルでの生活に終止符を打ち、精神の自由を心から求めていた。狡猾《こうかつ》なエージェントたちが、獲物をさらうような目で中田を窺っている事実は、人を避けつづけてきた彼の、心の負担を増すだけだった。

エクスレバンのホテルで連絡を待っているはずの中田には、ロンドンでの充実したミーティングの内容だけを告げればいい。ユーロスターの車窓に映る自分の顔をみつめ、次原は、混沌《こんとん》とした状況を心にしまい込んだ。

フジタは、次原の横で静かな寝息をたてていた。フジタが通訳についた時間は、二日間で二十四時間近くにも及んでいた。

フジタは、中田のヨーロッパへの移籍の話が持ち上がったとき、次原にヘッドハンティングされ職を替えた。フジタの豊富な国際経験と、優れた語学力は次原にとって不可欠なものに思えた。なににも増して、同い年の彼女は、次原にとって姉妹とも呼べる存在だったのだ。

日系アメリカ人のフジタは、東京で生まれ、間もなくロサンゼルスに渡った。次原の母親とフジタの父親が仕事仲間であったことから、二人は十六歳の夏に出会い、以来、家族同然の間柄となって、東京とロスを行き来した。

ロサンゼルスの大学卒業後、日本の大手不動産会社の社長秘書を務め、専用ジェット機で世界中を飛びまわっていたフジタは、仕事に意欲を燃やす次原の相談相手でもあった。

中田の移籍に伴い、ヨーロッパへの進出を考えていた次原は、フジタの海外での経験とビジネスセンスをどうしても必要とした。次原にとって、十五年の付き合いになるフジタは、エゴも、弱さも、さらけ出せる唯一の存在でもあった。サニーサイドアップの国際部に入ったフジタは、中田の移籍に関し、次原とともにその契約に取り組むことになった。

次原が新会社サニーサイドアップ・ヨーロッパ設立を決意したのも、フジタの手腕を信じていたからだった。

中田にとっても温厚で理知的なフジタは、緊張を極める移籍活動の中で不可欠な存在になっていく。

三人は、移籍という目的に向かう一つのチームとなっていった。

パリのフラットに戻り、次原は中田へ電話をした。中田は「詳しいことはパソコンのチャットで話さない?」と次原に持ちかけた。フラットには、日本から中田の応援に駆けつけた友人たちが遊びに来ており、移籍に関する話を言葉にすることが躊躇《ためら》われたからだ。二人は、パソコンの画面に活字を並べ、お互いにこの数日のことを報告し合った。次原は、ロンドンでのミーティングの報告が終わると、アーセナルとチェルシーのクラブハウスと練習グラウンドの光景を綴った。ワールドカップが終われば、中田もいくつかのチームを見て回れるように手配する、と次原は綴った。

中田は、次原から状況を聞き、ジャマイカ戦が終わった後、オファーをくれたすべてのクラブの中から直接交渉するクラブを選び抜く決意をした。オファーのあるいくつかのクラブから、一つか二つに絞り込まなければならない。中田は、ゴードンの意見を聞きたいと考えていた。中田の思いとゴードンによって分析された情報とをすり合わせる作業が、答えを導き出すためには必要だった。

お互いの近況を伝え終わると、中田は引きつづき、画面にある報告をした。

——ワールドカップに出発する前に、女友達と食事をしたんだけど、どうやら、そのことが週刊誌に掲載されるらしい。日本から連絡がありました。すいませんねえ。また、迷惑をかけますねえ——

次原は、可笑《おか》しくなって声をあげて笑った。

——あのね、はっきり言って、私、何があっても、もう怖くなんかないわよ——

この一年、中田に吹き荒れた嵐を思えば、次原はどんなことにも胸を張って立ち向かえる強さを身につけていた。

——ユーロスターでロンドンからパリに戻ってくる間、これまで乗り越えてきたことを考えていました。本当にいろんなことがあったわよね。今さら、ちょっとぐらいのことがあったって大丈夫。くだらない記事や陰口や噂なんて、気にしないわよ。今は、新しい勇気が湧いています——

中田は、言葉にはしないだろう感情を、素直にパソコンのキーに乗せた。

——感謝しています。俺は頑固で、自分を曲げることのできない人間です。周りの人から見れば扱いにくい難しい人間だと思う。でも、心から信頼できる人がいて本当に幸せです

——

次原は面映ゆい思いを抱きながら、中田の気持ちが嬉《うれ》しかった。

——まったくよ。君は本当に扱いにくい！——

中田が、それではおやすみなさいと、送信したときには、チャットを始めてから一時間が過ぎていた。二人のパソコンの画面には、膨大な量の活字が記されていた。

パリに戻ってからも次原は精力的に動き回った。六月二十三日には、パリ・サンジェルマンのクラブハウスを訪れ、中田にフランス・リーグを勧めたいという、フランス人のエージェントとも話し合う機会を持った。彼は、中田がヨーロッパでステップアップしていくための最初の段階に、フランス・リーグは最適だと言った。確かに、イングランドやイタリアのタフなサッカーで実力を出し切れぬうちに潰《つぶ》れる選手は多いのだ。

あるイタリア人のエージェントから電話を受けたのはその翌日だった。その男は訛《なま》りの強い英語で、自分は日本に行ったこともあり、Jリーグにも精通していると言った。中田の代理人になることを強く望んでいる彼は、次原に至急会うことを求め、こう言ったのだ。

「あなたたちは本当に幸運です。私はある大きなイタリアのクラブの唯一の代理人で、私を介さない限り、このクラブとは接触することができない。私は中田の実力を知っています。私は全力で、彼のためにクラブに働きかけることを約束します。とにかく、一度、お会いしたい。中田は私の条件を聞けば、ジャマイカ戦が終わった翌日か翌々日、土曜日か日曜日には契約書にサインしているでしょう。お目にかかった後、詳細はモンテカルロでお話しします。すぐにモンテカルロ行きの航空券を予約しておいてください。今、動いているイギリス人のエージェントには、追って辞めていただかなければならない。情報は内密にお願いします」

次原はジャマイカ戦終了までに、交渉可能なクラブをすべてテーブルの上に載せ、中田の選択肢をできる限り増やしたいと思っていた。確実なオファーはひとつでも多く欲しかった。

イタリア人エージェントの言動には、軽薄な印象を受けた。日本で仕事をするのなら、絶対に取引などしないだろう。だが、移籍の情報の質を選別することができるなら、モンテカルロに飛ぶ覚悟もあった。次原は、フジタにモンテカルロ行きの航空券の予約を頼み、ジャマイカ戦の前日にそのイタリア人に会った。

リヨンのホテルのカフェに現れた男は、鮮やかなグリーンのスーツを着て、襟元には金無垢《きんむく》のネックレスが見える。勿体《もったい》ぶった話は、中田のサッカーを褒《ほ》め讃えることに終始した。

次原は、単刀直入に、その男が代理人を務めるのはイタリアのどのクラブなのか、質問した。驚いたことに、イタリア人エージェントは、それでもクラブの名前を告げようとしなかった。

「とにかくすべてはモンテカルロで明らかにします。心配することはないですよ。モンテカルロに来れば、中田のセリエＡ入りは、すぐに決定しますから」

呆れ返るほど、傲慢なやり口だった。とにかく会いたいと言っていた男は、それだけ話すと、ある有名人を迎えに行かなければならない、と帰ってしまったのだ。

次原は、愕然《がくぜん》とした。これがサッカー界の常識なのか。やがて、呆気《あっけ》にとられていた次原の前に現れたのは、息を弾ませ汗だくになったゴードンだった。

約束の時間に間に合うように、彼はとても重そうなブリーフケースを抱えて走ってきたのだ。そのブリーフケースには、中田の移籍のための資料がぎっしり詰め込まれていた。

彼女はさっそくゴードンにイタリア人エージェントからの話を端的に告げた。ゴードンは、中田のために少しでも多くの情報を収集しようとしている次原の気持ちを理解していた。

「もし、イタリア人エージェントが持ちかけた移籍の話が、中田にとって最高のものなら私は代理人を下りてもいい」

代理人を下りるということは、中田の移籍に関して、まったくギャランティーされないということでもあった。ゴードンはそれを承知していた。

「ただ、その話が疑う余地がない素晴らしいものなのか、見極めるアドバイスはさせてほしい。中田の将来がかかっているんだからね。正直に言えば、代理人を務めているクラブ名を明かさないというのはおかしいし、モンテカルロまで来なければ、詳細を明らかにしないというのも変だ。私が、そのイタリア人エージェントの経歴と実績を調べよう。それで、彼が信用できると思えば、話を進めればいい。ただ、女性だけでモンテカルロに行くのは感心しないよ。私がボディガードを探そう。私がボディガードになってもいい。もし、モンテカルロに行くなら男のスタッフを伴わなければ駄目だ」

次原は、ゴードンにモンテカルロ行きの是非を託し、ミーティングを始めた。ゴードンは、選別するクラブの状況を語った。

六月二十六日、ジャマイカ戦に負け、日本のワールドカップが終わっても、中田と次原にはその結果を悲しんでいる暇はなかった。

次原は、ジャマイカ戦が終わった夜、リヨンの旧市街にあるベトナム料理のレストラン「ホン・ハ」で食事を摂りながら、電話を待っていた。

次原を日本人と知って、レストランの女主人は甲斐甲斐しく給仕をしてくれた。街に溢れている日本人のマスコミやサポーターとよく出くわしたが、幸いその小さなレストランには、地元のフランス人の姿しかなかった。

最初に電話をかけてきたのは、あの怪しいイタリア人エージェントだった。モンテカルロでのミーティングのスケジュールを決めたい、というものだった。次原は、折り返し連絡をすると言って電話を切った。

またすぐに携帯電話のベルが鳴った。待っていたゴードンからの電話だった。彼は、イタリア人エージェントの素性をすっかり調べあげていた。ゴードンは言った。

「男は、そのクラブに『自分は中田と代理人契約を結んでおり、他のエージェントにはまったく権利がない』と告げている。その証拠として、中田から全権を委任されている個人マネージャーを、これはあなたのことだが、ジャマイカ戦の後にモンテカルロに呼びつける、と言ったらしい。あなたがモンテカルロに行けば、その男がクラブから信頼を得るわけだ。驚いたことに、彼には犯罪歴があった。詐欺罪だ。すでにＦＩＦＡのエージェントパスを剥奪《はくだつ》されている」

次原は、ゴードンに礼を言うと電話を切り、大きなため息をついた。中田を陥れようとする罠《わな》をかろうじて回避できた安堵《あんど》と、途方もない策略が渦巻く世界に対する嫌悪が入り交じっていた。

再び電話が鳴った。中田だった。酷《ひど》く傷めた左足を心配した次原に、中田は一言「大丈夫」と言って具合を詳しく語らなかった。

翌日のエクスレバンで行われる公式記者会見に臨むことになった、と中田は続けた。記者たちの前で正式にコメントすることは久しぶりだったが、中田は「ちゃんとやるから安心してよ」と次原に告げた。

日本代表は、二十七日の午後、エクスレバンからパリに入り、二十八日の夜、帰国することになっていた。中田は、移籍のためにヨーロッパ各地のクラブを巡らなければならなかったが、加熱する報道をかわすため、面倒でもチームとともに一度日本に帰国することにした。次原と中田が再び合流するのは、ロンドンだった。

とりあえず、中田と次原は日本代表の帰国前、いったんパリで合流する約束をして電話を切った。リストに挙がっている十二のクラブを検証し、二週間ほどでその中から移籍先を決めなければならなかった。

だが、中田自身は、ほんの束の間、ワールドカップを終えた解放感を味わっていた。次原はモンテカルロ行きの航空券をキャンセルした。イタリア人のエージェントには、きっぱりと断りの電話を入れたのだった。

二十七日の記者会見で、中田は淡々と語った。ギプスで固められた左足を軽く引きずりながら現れた彼の表情は、穏やかだった。ワールドカップについての感想を聞かれると、こう言った。

「今回、衝撃というものはなかったです。後ろから中盤まで、目標としていたサイドからの攻撃はできたと思います」

クロアチア戦の後に見せた憤りは、影すら覗かなかった。

「アルゼンチン戦の最初は確かに硬かった。でも、後の二試合は、自分の雰囲気でやれたと思う。ワールドカップを観ている人の数は凄いと思ったけど、試合をやっている上で、普段やっている仕事と変わりはなかった」

移籍についての質問には、混乱を避けるため「まったく考えていません」と、さらりとかわした。

ワールドカップ一次リーグの中で中田は十四回のファールを受けている。狙われるのは、ゲームを作る中盤の選手の宿命だが、三十二カ国の選手中、二番目に多いファールを受けているという事実は、強力なマークをされた証でもあった。中田より多くファールを受けた選手は、たった一人しかいなかった。アルゼンチンのオルテガは、二十回も倒されていた。だが、オルテガへのファールは、彼の見事な演技によってもたらされたものも多く、最も狙われたのは明らかに中田だった、と語るジャーナリストも多かった。

同じ席で三戦を振り返った岡田は、敗戦の原因をたどっていた。

「速攻と遅攻への対応は、できたと思う。しかし、その中間、中攻への対策がまったくできていなかった」

抽象的な理由は、結果への釈然としない岡田自身の気持ちの表れのようであった。一次リーグで勝利はおろか、勝ち点さえあげられなかったのは、参加国の中でアメリカ代表と日本代表だけである。

一次リーグの日本代表のシュート決定率は一分八厘。シュートは五十五本も放たれ、その数は三十二カ国中、五位だったにもかかわらず、ゴールの枠に飛んだショット・オン・ゴールの確率は、二割と最下位だった。

決定力の不足は、日本代表が勝てないことの第一の理由だったが、岡田は、自分の選んだフォワードを最後まで信頼し、そのことに後悔を感じてはいなかった。

ワールドカップ決勝までフランスに滞在し、契約満了の七月三十一日までその責務を果たす岡田は、八月からフリーになることを宣言した。ワールドカップを初めて指揮した岡田の仕事も終わったのだった。

午後、パリに到着した中田へ、次原は、「悪いけど休んでいる時間はないの」と告げなければならなかった。中田は「サッカーをするわけじゃないんだから休みなんて必要ないよ」と答えた。

次原は、中田にいくつかのクラブを訪れることを提案した。

「明日は、リストにあるパリ・サンジェルマンのクラブハウスだけでも見ておくことにしたいわ。時間は残り少ないのだから」

その夜、中田と次原とフジタは、二人の友人と集ってバスティーユにあるフレンチ・レストランを訪れた。日本人など滅多に訪ねてこない店に座り、中田は伸び伸びとしていた。ジャージとトレーナーを脱ぎ、普段着を着た彼がサッカー選手だと気づく者は誰もいなかった。中田は焼いたチキンを食べた。滴るような脂《あぶら》は、口の中でジューシーに広がり、香ばしい匂いが胃の中にまで満ちるようだった。

「今まで食べたチキンの中で、最高に美味《おい》しいね」

中田は幸せな気分になった。ワールドカップがフランスで行われたことをこのとき、初めて実感した。

二十八日、夜の便で帰国することになっていた日本代表のメンバーは、夕刻まで自由時間を与えられていた。

朝十時にホテルを出発した中田は、次原、フジタとともにパリ・サンジェルマンの本拠地に向かった。タクシーに四十分ほど揺られる間、次原は中田へ隠していた事実を告げた。

「実はね、フランスに入ってからも例の抗議が酷くなっていたの。それで、フランスの警察に警備を強化してもらったのよ」

中田には確かに心当たりがあった。

「そうか。どうりで俺の周りにばっかり警官がウロウロしていると思った。ワールドカップに来ていても、警護つきだったんだね」

やがて、パリの西、約二十キロほどのところにあるサンジェルマン・アン・レーという街に到着した。

傷めた左足を庇《かば》うように、中田はゆっくりとクラブハウスを見てまわった。手にしたデジタルカメラで、次々に写真を撮っていく。

人けのないクラブハウスを抜け、練習グラウンドに出た中田は、三面ある広大なグラウンドを望み、胸に深く息を吸い込んだ。立ち入ることはできなかったが、芝の状態が確認できるほど近くに近寄り、グラウンドの縁を一人で歩いた。

さらに奥にあるグラウンドでは、地元の子供たちがゲームに興じていた。甲高い歓声と笑い声が、時折風に乗って中田の耳に届いた。両側には、テニスコートとラグビー場があり、目の前は陸軍の施設のようだった。樹木に囲まれたグラウンドは、鬱蒼《うっそう》とした森の中の広場のようで、清々《すがすが》しかった。

中田はゆっくりと振り返り、スタンドにいる次原とフジタを見た。中田は初めて訪れるパリ・サンジェルマンで、懐かしい気分に浸っていた。光に照らされた芝の青と、広大なグラウンドは、サッカーを始めたばかりの幼い中田が、求めてやまない環境だった。

パリ・サンジェルマンの練習場で一時間ほどを過ごすと、三人はパリに戻った。昼食は、セーヌ川に浮かぶシテ島の近くのカフェでサンドイッチを頬張った。コーヒーを飲み終えた中田に、次原が楽しげな声でこう提案した。

「あそこに見えるノートルダム大聖堂へ行こう。中田英寿の未来のためにお祈りしよう」

中田は、次原の誘いに「いいよ」と答えた。グーテンベルグ広場を抜け、人の列の最後尾に並んだ。中田が見上げた大聖堂の正面は、無数の彫刻で飾られ、薔薇《ばら》の花びらをかたどった窓が美しかった。

聖堂内には、荘厳な空気が漂い、外界とは温度が違っていた。頬を撫《な》でる冷気を中田は心地よいと思った。人々が祈りを捧《ささ》げている姿を眺めながら、中田は聖堂の奥へ進んでいった。引きずっている足が音をたてないよう、中田は慎重にゆっくりと歩いた。目の前に燭台《しょくだい》が見えた。そこには、祈りの数だけ小さな蠟燭《ろうそく》が捧げられている。

薄暗い中で揺れる蠟燭の火を見ていた中田は、隣にいた次原とフジタに振り向き、聞き取れないほど小さな声で言った。

「蠟燭を捧げるのは止《や》めにしよう。いつか、火が燃え尽きて、終わってしまうと嫌だから」

フジタが提案した。

「だったら、あのステンドグラスに向かって祈らない？　明るくて、美しいあの大きなステンドグラスなら、絶対に忘れないでしょう」

十二世紀、大聖堂が建造されたときに備えつけられたステンドグラスからは、淡い光が降り注いでいた。中田は、ステンドグラスの前の長椅子に腰をかけ、色とりどりの柔らかな光線を感じながら頭を下げた。

中田の胸を過《よぎ》ったのは、決して明るい思い出だけではなかった。

苦渋に満ちた生活、恐怖、偽りを掲載したマスコミへの怒り、ワールドカップで確かめた自分の位置、肉体を支配する疲労と左足の痛み……。

脳に刻まれた鈍い信号と、体感する倦怠《けんたい》と疼痛《とうつう》は、中田を幾重にも縛り、やがて解けていった。

新しい一歩を踏み出す瞬間が訪れたのだ。中田は、過去の記憶を封印できたらどんなにいいだろうと、考えていた。自分が未知の領域へ踏み出すことで、忌まわしい思い出と決別できるかもしれない。中田は、ステンドグラスの前で、癒《いや》されていることを確かに感じていた。

中田と次原、フジタが座る長椅子の後ろから日本人の観光客の声が聞こえた。ステンドグラスの美しさに感動し、フラッシュ禁止の場所でシャッターを切りまくっている。

「この人たちの頭が邪魔なのよね。写真に入るの」

不満を漏らした女性は、カメラのフレームに入っている後頭部が中田のものだとは考えてもいない。

中田は、笑いを堪《こら》え、次原に「そろそろ、ここを出よう」と言った。写真に夢中の観光客たちに気づかれないよう、彼は不自然な恰好《かっこう》で横向きに歩きだした。

ノートルダム大聖堂の出口にたどり着いた中田は、空を見上げた。

始まったばかりの夏が、そこにはあった。

第三章
九六年、イタリア短期留学

　六月三十日、日本代表は成田へ到着した。帰国を出迎えたサポーターで埋まる到着ロビーには、ロープが張られ、警備員が配備された。そこには、ワールドカップに熱狂した余韻と三敗への憤怒が渦巻いていた。

　警備員たちが身を乗り出すファンを押し戻すようにして、かろうじて守られていた秩序は、主役たちの出現であっという間に破られてしまった。

　ヒューゴ・ボスのグレーのスーツが悲しげに見えるほどの選手たちは、もみ合う人垣の合間を一段と早足になってバスに向かった。

　連なる選手を前に、ヒステリックな女性の悲鳴と罵倒する男の声がロビーに響いた。待ち受けていたその若者に、城がペットボトルの水を浴びせられたのだ。

腕で濡れた顔をぬぐった城は、日本サッカー協会のスタッフに抱えられるようにして空港を出た。到着後、空港近くのホテルでは、監督以下、選手たちの記者会見が行われる予定になっていた。バスに乗り込んだ一団は、やり切れぬ思いに黙り込んだ。

ワールドカップで負けることは、それだけで罪なのだ。戦いを終えたメンバーは、勝者が善で敗者が悪であるという単純なサッカーの常識を思い知らされていた。

世間では予想もできなかったことだが、中田は、一カ月ぶりに日本へ帰ることを心から喜べなかった。着陸したときからシートの背に体を凭《もた》れさせていられないほどの緊張を強いられていたのだ。息詰まる重圧は、五月末に日本を出発するまで感じていたものと同じだった。

中田が帰国の途に着いたとき、次原は、パリからの国際電話で中田の警護のための手配をしていた。一般人が立ち入れない機内から税関までは日本航空のスタッフが、税関から先は、私設ボディガードが中田に付き添うことになっていた。

ホテルに到着し、記者会見がスタートした。会場に出向いたものの、中田は会見には応じず、一言も言葉を発しなかった。

日本代表の帰国に伴い思想団体からの中田への非難は、水面下で不気味なほど高まっていた。中田は、身の安全を確保するため沈黙を守ることになった。中田の些細な言動がすべて記事になってしまう状況にあって、波風を立てないためには黙っているしかなかった。日本サッカー協会は、中田の事情を理解し、記者会見に応じないことを認めていた。

記者会見の終了間際、中田はホテル従業員の先導で、ボディガードとともに職員通路を抜け駐車場に向かった。フランスへ旅立つまでの四カ月間、ホテル暮らしをしていたときに警護を担当してくれたボディガードは、中田との再会の挨拶《あいさつ》を交わす暇もなく、周囲に鋭い視線を向け、中田の背後に立って歩いた。顔馴染《なじ》みのそのボディガードが笑顔を作ったのは、中田の車のドアが締まり、エンジンが噴き上がって動きだしてからだった。

運転席には、後藤がいた。中田の顔を見た後藤は、軽く「お疲れ」と言って微笑んだ。後藤はいつもと同じように、あまり多くを語らなかった。フランスの様子や三連敗のこと、パスミスで負けたと叩かれたことなど、世間で騒がれていることを何ひとつ話題にしなかった。

「髪を切りたいんだよね」

一カ月間で伸びた髪を撫でながら、中田がぽつりと言うと、後藤は黙って頷《うなず》いた。すでに翌日の予約が入れてあった。

中田は、やはり自宅へは戻れなかった。朝日新聞の記事が掲載されて以来宿泊していた都内のホテルに向かったのだ。中田がそこで暮らしていたことは、ほんの数人しか知らなかった。今の中田にとって、ホテルの一室が一番安心できるところだった。

中田は、ワールドカップへ飛び立つ前の日々を思い出していた。

中田の滞在するホテルでは、従業員にも箝口令《かんこうれい》が敷かれ、彼と係《かか》わるスタッフは数人に限られていた。彼らは、社会から隔絶されて暮らすことを余儀なくされた中田を気遣い、週刊誌や漫画、お菓子や清涼飲料水を買いにコンビニエンスストアにまで走ってくれた。眠っているとき以外はボディガードが付き添い、食事はルームサービスで済ませる。外界と閉ざされた孤独な空間は、窓から見える喧騒《けんそう》がまったく届かない場所だった。

帰国した中田が日本で過ごす時間は、およそ七十二時間しかなかった。

「ほとんど寝ている時間がないよね」

中田は、やらなければならないことを思い浮かべ、三日間に割り振った。緻密なスケジュール管理にかけて、彼は才能を発揮した。

中田を乗せた車は、東京の狂騒の中へ滑り込んでいった。中田は、首都高に隣接するビルが迫り来る風景に途轍《とてつ》もない圧迫感を覚えていた。と同時に、パリ・サンジェルマンで引き入れられるように見た輝く芝と、風に揺れて音を立てる巨大な木々が瞼に浮かんだ。

中田は淀《よど》む気持ちをはね除《の》けるように、ため息を漏らした。自分が望む場所は、やはり日本にはないように感じられたのだった。

翌朝、中田は青山にある行きつけの美容室に出向いていた。椅子に座り、鏡を前にした中田は、髪の毛をどう変えるか美容師に相談した。

大好きな洋服にこだわるのと違い、中田にとって髪の色や長さを変えるのは、単なる気分転換でしかない。ことさら重大な意味も決意も込められていない。

「この色にも飽きたから、ガラッと変えてみようかな」

中田の意に添うように、彼の髪の色は金色から、やや緑がかった茄子紺《なすこん》に染められた。

街に出ても、金髪でない中田に気づく者はいなかった。行き交う人は、驚くほど彼をやり過ごしてしまう。ときどき、視線が合っても、ぼんやりとみつめられるだけで、騒ぎになることはなかった。髪の色を変えた中田は、足の痛みも忘れ、久しぶりに東京の街を歩いた。

中田が帰国の途についた翌日の六月二十九日、ゴードンと次原は、ベルマーレ平塚の上田栄治と、コンコルド広場近くのホテルのロビーで落ち合っていた。

ベルマーレ平塚でチーム統括部長代理を務める上田は、中田の移籍に関してベルマーレ平塚側の窓口になる人物だった。

ベルマーレ平塚は、中田の移籍を積極的に推進する立場でないことをたびたび次原に説明していた。中田はベルマーレ平塚になくてはならない選手だった。中田がヨーロッパへ移籍すれば、チームの司令塔がすげ替わることになる。中田のプレーを再現できる選手は、日本にはいない。好調を保持しているチームが力を急低下させるのは必至だった。たとえ海外から選手を補強したとしても、日本のサッカーに慣れるまでには相当の時間が必要だ。ベルマーレ平塚の大切な戦力であり、人気を誇る中田を失えば、チームが苦境に立たされることは明白だった。だからこそ、中田は絶対に手放せない選手だった。

しかし、ベルマーレ平塚の社長、重松良典以下、古前田充、上田、監督の植木は、このワールドカップを機に、中田がヨーロッパのクラブへ移籍することを了解していた。

中田が日本のサッカーで力を持て余している姿を間近で見ていた彼らは、中田英寿というサッカー選手には、Jリーグでは及びもつかない激烈な環境が必要だと思っていた。

そして、二十歳の中田が日本代表に選ばれ、わずか一年間で唯一無二の選手になっていったとき、ベルマーレ平塚の首脳陣は、中田を手放す時期が想像していたよりも三年か四年早まったことを認識した。

中田の行く手を阻むことは、日本のサッカーの歩みを止めることになりかねない。身を切られる思いであっても、中田の世界への旅立ちを見送らなければならない。

クラブとしては苦しいが、中田の才能に託す思いはひとつだ。

上田は常々、次原への球団の気持ちを代弁していた。中田自身が海外のクラブとの移籍交渉のテーブルに着いたとき、クラブにはそれを受け入れる用意がある、と。

そのときが迫っていた。クラブ側としても交渉に対応するため、上田は移籍に関する詳しい状況を聞いておかねばならなかった。

上田の顔はよく日に焼けていた。日本サッカー協会の強化委員として、ワールドカップ視察を命じられていた上田は、フランス各地を回り、二十七日にはマルセイユでイタリア代表対ノルウェー代表のゲームを観戦した。パリに到着したのは、二十八日の朝だった。

話し合いの場を落ちついたカフェに移すと、次原は、上田に中田の代理人となったゴードンを紹介した。ゴードンは、ＦＩＦＡが発行する代理人証明書を上田に見せ、自己紹介を始めた。

「それにしても私の顔写真は酷い。どうぞ、このコピーをお持ち帰りください。恐ろしい形相ですが、お許しください」

ゴードンのジョークに皆が声をあげて笑った。

「私は、レスターシティでフォワードとしてプレーをした経験があります。引退後、Ａ級のコーチのライセンスも取得しました。今はマネージメント会社のスポーツ部門に籍を置き、サッカー選手の移籍を手掛けています。今回、初めて日本人の選手を担当することになりましたが、中田選手の移籍を手掛けることは私にとって大きな喜びとなりました。ご存じのように、中田は十分ヨーロッパで通用する選手です。私は、ワールドカップ以前に彼の移籍先を決めるべく、活動していたのですが、六月三日のユーゴスラビア戦を観て考えが一変しました。中田は必ず、ワールドカップでスターになることが確信できたからです。日本での評価は知りませんが、ヨーロッパでの中田の評判は、私の予想を遥かに超えるものでした。今、最も重要なのは、彼が立つための舞台を用意することです。短い時間しか、残されていませんが、私をサポートしてくれるスタッフもいます、同じく代理人資格を持つ、ジョン・コクーンという者です。ジョンは、元スコットランド代表選手で、エジンバラ大学で学長も務めています」

上田は、静かにゴードンの話に耳を傾けていた。ゴードンは、エージェントとしての哲学を上田にも語った。サッカー選手のための移籍を実現させることだけが、ゴードンの目的だった。

やがて、ゴードンは、ワールドカップでの日本代表のサッカーについて話しはじめた。ヨーロッパのサッカーに精通しているゴードンの話を、上田はメモを取りながら聞いた。

最後に、ゴードンは、中田の移籍について名乗りをあげ、検討したいと申し出たクラブのリストを読み上げた。

・アストン・ビラ（プレミアリーグ）
・ニューキャスル（プレミアリーグ）
・セルティック（スコットランドリーグ）
・クリスタルパレス（プレミアリーグディビジョン1）
・サンダーランド（プレミアリーグディビジョン1）
・パリ・サンジェルマン（フランスリーグ）
・マルセイユ（フランスリーグ）
・ユベントス（セリエA）
・サンプドリア（セリエA）
・ペルージャ（セリエA）

ゴードンは上田に詳しい状況を説明した。

「実は、アーセン・ベンゲル監督が率いるアーセナルをリストから外すことにしました。アーセナルは、フランス・リーグのあるクラブと提携していて、中田を獲得した後、フランスに十二カ月レンタルする可能性があるかもしれない、と言ってきたのです。私としては、中田の移籍をクラブ間の算段のために複雑にはしたくないと思っています。彼の実力があれば、クラブと対等に話し合い、移籍を進めていくことが十分にできる」

　ゴードンは身を乗り出して指を組んだ。

「これは驚くべきことです。ヨーロッパの選手でも、二十一歳の若さで、これらのクラブから必要とされることはないでしょう。今大会で世界的に有名になった、リバプールのエースストライカー、あのマイケル・オーウェンに匹敵する注目度ですよ」

　この後、中田がヨーロッパに戻り、一週間で各クラブを回り、最終的にクラブを絞り込むことになっている、と次原が補足した。

「九月からのシーズンに間に合うように、七月の中旬までにはクラブを決定し、下旬には日本を発って、正式な契約に望みたいと思っています。Jリーグのファーストステージ後期のスタートが七月二十五日ですが、中田は自分の気持ちにけじめをつけるため、それ以前に、出発したいと思っているようです」

　事実、この時点で、中田を失うベルマーレ平塚は、彼に代わる選手を探さなければならなかった。韓国のKリーグにいたルーマニア人のミッドフィルダーの入団の手続きは、中田の移籍が話題になっている最中に行われることを上田も知っていた。

長い解説だった。ゴードンの説明がすべて終わるまでに、二時間が経過していた。

ゴードンの傍らで何度も頷いた上田は、中田が一カ月もしないうちに日本を離れることが決定的となったことを認めた。

上田は背筋を伸ばし、中田をチームから失う恐れを振り払うように明るい声で次原に話しかけた。

「九六年一月、僕は中田とトリノへ行ったんですよ。中田がユベントスでトレーニングしたときです。二人でミラノに降り立った。あれから、二年半が過ぎたんですね」

上田は、わずか数カ月前を振り返るように、イタリア人とボールを奪い合う中田の姿を思い出していた。

Jリーグ十一のクラブから入団の誘いを受けた中田が、ベルマーレ平塚に入団した九五年、クラブと中田はひとつの約束をした。近い将来、海外のクラブへ短期留学させるというものだった。

約束は一年後に実現する。行き先は、イタリアのユベントスだった。

イタリア行きが決まる二カ月前から、家庭教師についてイタリア語の勉強を始めた。基本となる文法から、よく用いる単語、日常的な挨拶など、簡単な会話ができるよう、集中して勉強を続けた。中田はイタリア語を覚えるなら、きちんと文法を覚えたいと考えていた。文法さえ頭に入っていれば、あとは自分で応用できる。もちろん、最初に習ったのは「ボンジョルノ（こんにちは）」「ボナセーラ（こんばんは）」「ボナノッテ（おやすみなさい）」「アリベデルチ（さようなら）」という挨拶からだった。

一月初旬、中田と上田はトリノに到着した。二十日間の滞在予定でユベントスを訪れた中田は、クラブハウスに着くと、クラブのスタッフからトレーニングについての説明を受けた。それは、彼を落胆させる内容だった。ユベントスのメンバーに合流しての練習は、不可能だと告げられたのだ。スクデット（優勝）を手中にするため、実戦を繰り返すチームへ、ヨーロッパのサッカーを体験するために訪れた十九歳の日本人を参加させる余裕はない、とスタッフは言った。日本で聞いていた条件とは食い違っていたが、セリエAの頂点に君臨するチームの決断に、上田も中田も頷くしかなかった。

「ナカタには、若手のジョカトーレ（サッカー選手）たちと練習してもらうよ」

結局、中田はU—20の選手で構成されているプリマベーラの練習に参加することになったのだった。

上田は、中田が落ち込んでいるのではないかと心配したが、そんなことはなかった。彼は、すっかり気持ちを切り替えていた。中田はいつまでも悔やんでいることができない性格なのだ。この二十日間でイタリア・サッカーの感触や言葉の通じない外国で生活するということが体験できればそれで十分だと、上田に言った。

翌日、中田はプリマベーラの選手たちに紹介され共にトレーニングを開始した。

上田はベンチに座り、中田の様子をつぶさに観察してノートに記した。

ボールの感触を確かめるようにパスを繰り返し、強張《こわば》った体の余分な力を追い出している。慣れない言葉のやりとりに戸惑うことのないよう、耳をそばだて、選手たちの顔と視線から目を離さない。

中田は、初めて対峙した若いイタリア人のサッカー勘を、相手の表情と動きから読み取ろうと神経を集中させていた。やがて、体がしなやかに動きだし、ぎこちなさは消えていった。上田が見ても驚くほどに、中田はイタリアのチームに溶け込んでいた。

紅白戦が始まると、他の選手に比べれば小柄な中田が、ピッチのどこにいても目立つことに上田は驚いた。

ボールを受ける直前、中田が見ている視界は三百六十度に近かった。視野が広いということは、的確な状況判断に繋がる。ゴール前でボールを受けた中田のパスは、ほとんどが相手のディフェンダーをかわすキラーパスになっていた。ボールはゲームを動かす中田へ向かって自然に集まった。

プリマベーラのコーチたちが忙《せわ》しげに動き回りながら、中田のプレーに賛辞を送りはじめた。上田は、中田が褒められることに心が躍ったが、内心、穏やかではなかった。中田を引き抜かれはしないかと、本当に不安になったのだ。

練習が終わる頃になると、選手たちは中田にイタリア語で話しかけるようになった。中田は小さく返事をするだけだったが、そこには、同じボールを追いかけた者同士しか持ち得ない信頼が感じられた。

練習の後、中田は、プリマベーラの選手たちは基本がしっかりと体に叩き込まれていると、上田に感想を漏らした。確かに、大柄な選手たちがボールをきちんと止め、目的の場所へ正確に蹴り返す単純なパスを懸命にこなしていた。だが、中田の技術はすでに彼らのレベルを超えていた。

毎日の紅白戦で、中田の存在感は大きくなっていった。コーチたちは、中田を「ヒデ」と呼ぶようになり、中田が展開するゲームに満足した。中田が鋭いパスを出すたびにコーチから煽《あお》られるイタリア人選手は、中田への競争心を剝き出しにした。

隣のフィールドで練習を終えたトップチームの選手も、日本人が参加するプリマベーラの紅白戦を見にやってきた。チームキャプテンのジャンルカ・ピアリは、中田の小気味よいプレーに感心し、以来、中田を見つけると、どこにいても声をかけ、「チャオ」と挨拶を交わすようになった。

一週間が過ぎ、上田には帰国の日が迫っていた。後の二週間余、中田は一人でチームに残ることになっている。

上田は帰国の間際、中田を呼んでこう言った。

「ホテルのレストランで食事をしたとき以外、絶対にサインをするなよ。イタリア人が差し出した紙には、無闇に名前を書いたら駄目だ」

上田は、真剣に、中田に惚《ほ》れ込んだプリマベーラのコーチたちが、中田に契約を迫るのではないかと、危惧していた。中田は笑って「はい」と返事をした。

上田は、もう一度中田が海外で経験を積みたいと言いだしたとき、短期留学などと悠長なことは言っていられないだろう、と思っていた。プリマベーラでの練習に退屈している中田を、次回のチャンスには試合に出してやりたかった。

この次、中田が海外のクラブに出るときには、レンタルか、もしくは移籍しかない。クラブ間の正式な契約も必要になるだろう。

上田は、中田がクラブから離れる日が来ることを、そして、移っていく先が日本ではないことを確信した。

中田は、イタリアに来て十九歳の誕生日を迎えていた。

あと四年か、五年。

中田の才能が開花しはじめていることを知った上田は、彼が二十三、四歳になれば、海外への話が持ち上がるような気がしていた。

そのときには、中田を止めることはできない。中田が望むように、クラブから解き放ってやらなければ。

上田はその気持ちを確認し、クラブにもそう報告することを決めて帰国の途についたのだった。


「その日が、こんなに早く来るとは、正直、思っていませんでした」

中田の移籍が実現しつつあるとき、上田の表情は誇らしげでもあり、物寂しげでもあった。

次原は、上田に向かってもう一度頭を下げた。

「中田はベルマーレ平塚というクラブを選んだからこそ、自分の夢を叶えることができるのだと思います。中田にも迷いはありました。中田はいつも、植木監督のチームで優勝を狙いたいと話していました。今のチームなら、必ず優勝できると。その志を半ばにして、チームを出ていくのです。長い時間、悩んだのではないかと思います。クラブの方々の理解がなければ、選手は未来を切り開けません。本当にありがとうございます」

ゴードンと次原は、いくつかのクラブとの話し合いの経緯を逐一報告することを約束して、コンコルド広場で上田と別れた。

フジタと二人になった次原は、上田の言葉を思い出し、胸がいっぱいになって泣いたのだった。

翌六月三十日、ゴードンと次原、フジタの三人は、正午のフライトでロンドンに飛んだ。夕方の四時二十五分には、中田が一人でロンドンに到着することになっていた。

ワールドカップの後、選手たちは短い休暇を過ごしていたが、中田は、極秘で日本を出発した。マスコミには、まったく気づかれなかった。

中田はベルマーレ平塚の練習が再開する七月十日の前日までに、日本に戻らなければならなかった。移籍リストにあるクラブを回り、スタッフと懇談する時間は、十分ではなかったが、限られた時間を嘆いてはいられなかった。

ロンドンのヒースロー空港に降り立った中田を次原とフジタが出迎えた。茄子紺の髪の中田は、二人から見ても新鮮だった。

　到着ロビーからタクシー乗り場に向かおうとすると、突然、イギリス人の子供たちが叫びながら駆け寄ってきた。

「あなたはサッカー選手のナカタでしょう。日本代表のナカタでしょう。やった！　こんなところで会えるなんて信じられないや！　この紙にサインして。僕が終わったら、この子にも！」

　突然、子供たちに囲まれた中田は、その騒ぎに唖然としていた。初出場のワールドカップで、たった三試合しか経験していない自分の顔を、どうしてイギリス人の子供たちが知っているのか、不思議で仕方なかった。子供たちにサインをしていると、ロビーを行き交う人が立ち止まり、中田を取り囲んだ。彼らは、皆「ナカタ！　ナカタ！」と声に出して彼の名を何度も呼んだ。人の輪は、あっという間に大きくなっていた。

「これって、どういうこと？　俺って、そんなに有名なのかな」

　中田は、驚きを隠せず、これ以上騒ぎが大きくなるのを嫌って、タクシー乗り場まで駆けだした。

　慌てて乗り込んだタクシーの運転手が振り返り、大げさな声をあげた。

「ナカタ！　どうして君がロンドンにいるんだ。何ていうことだ。ナカタが俺のタクシーに乗るなんて!」

タクシードライバーの興奮をよそに、中田は、イギリス人が自分を知っていることに心底、驚き、気味悪さを感じるほどだった。

その晩、中田と次原とフジタは三人だけで食事をした。ワールドカップも、これから始まる移籍交渉も話題にせず、ただ、長かった数カ月を振り返った。中田は、改めて次原とフジタに礼を言った。六月二日、日本を飛び立って以来、次原とフジタの睡眠は一晩に二、三時間取れれば良いほうだった。

三人は、グラスを掲げ、乾杯した。

「新しいスタートに」

いったいどこがゴールラインになるのか、そんな不安を笑顔で隠しながら、三人はグラスをカチリと合わせた。

翌七月一日、ロンドンで中田を交えたミーティングが行われた。ゴードンはアルゼンチン戦の夜に会ってから久しい中田を両手で抱きとめ、彼の背中を何度も叩いた。

「ようこそロンドンへ。ヒデ、いよいよだ。君の未来を決める運命の一週間が始まるよ」

中田には、ゴードンの笑顔が心強かった。

ミーティングの最初に次原は「また、新しい情報が飛び込んで来ました」と言った。

「実は、一昨日の早朝、日本から電話が入りました。FIFAのエージェントライセンスを持つ信頼のおける方が、ある情報を聞きつけて連絡をくれたんです。それは、中田には莫大な移籍金が必要だとふれ回っている人物がいる、というものだった。その額は七億にもなると、言われているらしい」

実際、中田の移籍金は七億になどなるはずがなかった。明らかに中田の移籍への妨害工作だった。

ゴードンは次原の話を受け、すぐに対応策を考えると言った。正確な情報を伝え、怪情報を塗りつぶすように消していくしかない。ゴードンは、言い淀むことなく強い調子で言った。

「今日中に手配しよう」

この時期、中田の代理人と名乗る者が何人も現れて、勝手な移籍話が進められていた。次原とゴードンは、怪しい人物には用心することを申し合わせた。

次原は、本題である中田の移籍先へと話を移した。ゴードンがそれを受けて言った。

「今、名前が挙がっている十のクラブから、移籍金および契約金の仮提示があった。ガイドラインになる金額だが、実際の金額との違いはほとんどないと思う。まずこれはクラブを決める指針ではある。そして、最も大事なのが、本人の意見だ。ヒデ自身は、並んでいるクラブ名を見て、どう考えている？」

ゴードンの話に耳を傾けていた中田は、静かに話しはじめた。

「実際、どこのチームが良いのかは分からない。ゲームは観ていないし、選手のことも詳しく知らないんだから。最初にも言ったけど、監督は大事だと思う。それから、移籍したクラブで試合に出られないのでは、移籍する意味がないでしょう。そして、生活環境は自分の中では大きな位置を占めるよね。遠征に行くわけじゃなく、そこで暮らすんだから。生活や食事の面で考えれば、やっぱりイタリアかな。イタリアなら、しばらく滞在したこともあるし、イタリア料理なら毎日でも大丈夫だから」

中田を見ていた次原は、視線をゴードンに送った。条件以上に中田が納得できるチームであることが一番重要だ、と彼女は思っていた。ゴードンが中田の話を引き継いだ。

「監督やチームの戦力、既存の選手や移籍してくる選手のリスト、クラブのマネージメントなどを検討してピックアップしたクラブと、ヒデの希望をすり合わせると、二つか三つのクラブに絞られるだろう」

ゴードンは続けた。

「私が良いと考えているのは、プレミアリーグのアストン・ビラ。あそこなら、ヒデの真の力を発揮できるチームだと確信している。監督、ジョージ・グレゴリーは、ヒデが望むものを与えてくれると思うよ。そして、ヒデが希望するイタリアのクラブだが、確かに、ユベントスとサンプドリアは、ビッグ・ディールではあるが、レンタルされる可能性や、チーム内で競合する選手を考えると、リスクは否めない。少し時間をかけて検討する必要があると思う。とりあえず、ワールドカップ前にベルマーレ平塚へ『ヒデを欲しい』と言ってきたペルージャを一度訪れてみたらどうだろう。ペルージャは、絶対に中田が欲しい、と公言している。私にも、ベルマーレ平塚にも、熱烈なアプローチが続いているからね。イタリアへ行けば、イタリア人がヒデをどう評価しているか、感触が摑めるし、イタリア人との交渉のシミュレーションにもなる。セリエBからAに上がったばかりで戦力は未知数だが、監督の話を聞いてみるのも悪くない」

ゴードンは巨軀《きょく》をかがめるようにして、ファイルを開いた。

「実は、この数日の間、セリエAのボローニャから真剣な問い合わせがきているんだ。ボローニャもチームを建て直すために、どうしても中田が欲しいと言っている。せっかく、イタリアへ行くんだからペルージャの後にボローニャに寄ってはどうか」

次原も、ゴードンの意見に異存はなかった。

中田も、中田の可能性を信じているゴードンも、最初の移籍先は、派手な見出しになるクラブが優先されるべきではないと考えていた。

中田自身は、移籍先のチームに多くを望んでいるわけではなかった。とにかく、自分が求めるサッカーができる場所を探すことが先決だった。

「ヒデは、必ずステップを昇る。これからの一年でヨーロッパでプレーするための基礎を作るんだ。自分をアピールできるチームに在籍することも大切だからね」

ミーティングが終盤に差しかかると、最終段階で中田が視野に入れるチームは、アストン・ビラとペルージャ、そしてボローニャに決定した。ゴードンの声は弾んでいた。

「よし。交渉の前段階としてアストン・ビラとペルージャ、そしてボローニャを訪問して様子を見よう。今回は、あくまでも、水面下での話し合いだ。チームを絞り、最終段階に向かうための準備なんだ。本当の移籍交渉は、その後に訪れる。とにかく、すぐにスケジュールを調整させるよ」

ゴードンは念を押すように中田に言った。

「この先、条件に合うクラブが名乗りをあげてきたら、我々は迅速に対応する。七月下旬のタイムリミットまで、試行錯誤は続くんだ」

中田は、迷いのない毅然とした表情で頷いた。

翌七月二日、オフィスを訪ねた中田へ、ゴードンがスケジュールを告げた。ソファーにどっしりと身を沈めたゴードンは楽しそうだった。

「明日三日の十二時、バーミンガムのアストン・ビラのクラブハウスを訪問する。四日、ロンドンに戻って、時間があれば、クリスタルパレスに寄ってみよう。プレミアリーグの下のディビジョン1のチームだが、見学しておくのも悪くない。五日に、ロンドンからイタリアのローマに飛んでペルージャのスタッフと会う。五日か六日にはボローニャへ。すぐにロンドンに取って返して、七日にはスコットランドまで足を伸ばし、セルティックに行こう。彼らも、どうしても直接、ヒデに会いたいと言っているからね。ヒデには強行軍だろうが、時間がないので仕方がないんだ。その代わりといってはなんだが、今日はロンドンの街でゆっくりしてほしい」

一カ月に及ぶ準備を経て、移籍先を決定するための旅が始まるのだ。ワールドカップを戦い、疲れているはずの中田は、精悍《せいかん》な目をゴードンや次原に向けた。やがて、彼の顔に浮かんだ澄んだ笑顔が、周囲の緊張を和ませたのだった。

第四章
アルファトーレ城、幽閉

一九九八年七月三日、ロンドンから北西二百キロにあるバーミンガムへは、車で向かった。ゴードンの自宅は、スターブリッジという街にあり、バーミンガムにも近かった。

イギリスの田園風景は、フランスのそれとは違う美しさがあった。中田や次原、フジタにとっては、気晴らしのドライブにもなった。

中田はお気に入りのグッチの黒いスーツを着ていた。中田にとって、毎日の服装を決めることは、大切な自己表現のひとつだった。

バーミンガムの郊外にあるアストン・ビラのスタジアムに到着した中田は、クラブのスタッフからすぐにスタジアムの内部に案内された。近代的なスタジアムは、サッカーを楽しむ観客のため、あらゆる設備を整えていた。レストランが五つあり、食事をしながらでもゲームを観戦できるように設計されている。日本のサッカースタジアムとは、歴然と違っていた。

サッカーというスポーツが、何にも増して愛され、大切にされていることが当然であるイギリスの環境に、中田はただ驚かされた。

スタジアムを一周した後、隣接する練習グラウンドに進んだ。手入れの行き届いた広大な一面の芝は、サッカー選手なら誰もが求める完璧な状態に保たれていた。

見学を終えた中田は、スタジアムの中にあるアストン・ビラ本社のオフィスに出向いた。スタジアムでは、年間シートのチケットが販売されており、長い行列ができていた。その中の一人が中田を指さして騒ぎはじめた。空港と同じ騒動を恐れた中田は、足早に行列の前を離れていった。

重厚なドアの奥で中田を待っていたのは、ゼネラルマネージャーと監督だった。フジタは、現れたゼネラルマネージャーと監督の一言一句をすべて中田に伝えるために、まくし立てるような早口で訳さなければならなかった。

アストン・ビラのゼネラルマネージャー、ダッグ・エリスは、その役職に似つかわしくないほど、気さくで朗らかな男だった。三十年ゼネラルマネージャーを務めているエリスは、七十歳をいくつか超えていた。ストライプのワイシャツに鮮やかなブルーのネクタイを締めた彼は、実年齢より遥かに若く見えた。監督のジョージ・グレゴリーは、アストン・ビラのチームカラーを身に纏《まと》っていた。青い半袖のワイシャツに赤いベストは、彼らにあっては伝統的な装いだった。

エリスは、マホガニーの大きな机の上に、電話帳ほどもある中田についての資料をどさりと置いた。ゴードンが手渡した中田のデータの他に、アストン・ビラのスカウトたちがワールドカップでの中田のプレーについて記録したものだった。

「よく来てくれたね。君のプレーは、私たちが知っている日本人のサッカー選手のものではない、という報告を聞いているよ」

エリスは分厚い資料に手をやりながら、中田を見て自分の思い出話を始めた。

「君は、あの国から来たんだね。八二年のトヨタカップで、私は日本を訪れたんだ。私にとっては、二度目の訪日だった。一度目は、太平洋戦争が終結した一九四五年、日本が我々連合軍に敗戦した年に、軍人として日本に渡った。焦土と化していた東京は、三十七年の時を経て生まれ変わっていた。私は心から、三十七年の時の重みを噛《か》みしめていた。

トヨタカップを戦うために私たちが到着すると、二百人のプレスが待ち構えていた。十四台のテレビカメラが回っていて、長い記者会見に臨まなければならなかった。欧州代表のアストン・ビラと南米代表のペニャロール、両チームのスタッフや代表の選手がスピーチし、記者たちの質問に答えていくんだが、これが長いんだ。一番端にいた私にようやくスピーチの順番が巡ってきたときには、二時間ぐらいが経過していた。そこで私は、皆にこう言ったんだ。『終戦の年と、現在。私は、二回目の来日を果たすにあたって、三十七回も年を越さなければならなかった。この長い長い記者会見を過ごしている間、三十七年がどんなに膨大な時間だったか、思い知らされました』と。この話は、記者たちの間で話題になってね。翌日、新聞で大きく取り上げられたんだよ」

エリスがサッカーに費やした時間は、確かに膨大だった。次原は、背筋を伸ばし、黙ってエリスの話を聞いている中田を見ていて少し可笑しくなった。中田は、キョトンとして遠い昔話に耳を傾けていた。

ようやく回想に区切りがつくと、監督のグレゴリーは、中田へクラブの説明を開始した。

「我がクラブが創立したのは一八七四年。百八十名の社員と千人のアルバイト、チームには五十五人のイギリス人選手と、三十五人の外国人選手がいる。全員がチームの勝利のために働いているんだ」

グレゴリーの言葉には、クラブへの愛着と誇りが込められていた。

アストン・ビラを率いている辣腕《らつわん》の監督は、中田への評価を端的に語った。

「君の才能がいかに輝かしいものか、コリン・ゴードンからすべて聞いている。そして、スカウトたちがワールドカップを観戦し、克明に記した報告書にも、君がいかにたぐい稀《まれ》な選手であるかが書かれてあったよ。チーフスカウトは、報告書の総括として君を『若き日のデニス・ロー以上の才能がある』としている。我々は、この言葉だけで中田英寿というフットボールプレイヤーの移籍を実現しなければならないことを悟ったよ」

ゴードンは、中田が、アストン・ビラのスカウトからマンチェスター・ユナイテッドで活躍し、英雄として讃えられる「デニス・ロー以上」という評価を得ていることを知っていた。しかし、グレゴリーの口からその言葉を聞くと、顔面が紅潮するのを抑えられなかった。エージェントにとっての至福の瞬間だった。ゴードンの声には力が籠《こ》もっていた。

「もし、ヒデがこのクラブに入れば、僕は毎日でも君の顔が見られることになる」

ゴードンは、実際、中田のアストン・ビラ入団を最も切望している一人だった。


話を聞いた中田は、自分への高い評価に感謝していた。ヨーロッパの中でも安定した経済状況にあるイギリスのフットボールは、過去に例を見ないほど人気が高まっていることも知っていた。中田の心は、完全に開かれていた。名門、アストン・ビラの一員になる道は、中田の目にもはっきりと見て取れた。

しかし、中田は結論を急がなかった。改めて、移籍の具体的な条件を話し合うことを約束してバーミンガムを後にした。

その夜、ロンドンに戻った中田とゴードン、次原、フジタは、翌日、ディビジョン1のクリスタルパレスを訪れる予定になっていた。

見学を勧めたゴードンではあったが、クリスタルパレスのチーム状況が気掛かりでもあった。クラブは、当分の間、プレミアリーグに上がる意志がない、というのだ。経済的に苦境にあるクリスタルパレスは、今の規模を維持し、新しいシーズンを迎えることを望んでいた。ゴードンは、クリスタルパレスはJリーグの規定となる移籍金も用意できないだろう、と中田に言った。

中田と次原は、即座にクリスタルパレスに行くことを取り止めた。はなから断ることを前提に時間を割いてもらうことが、無意味に思えたからだ。クラブを絞り込むために、早い段階で選択していきたい、というのも本音だった。

ゴードンは、中田の意志を受け、クリスタルパレスへの訪問を中止する連絡を入れた。

翌日、半日だけ自由な時間を持てた中田は、ピカデリーサーカスに降り立ち、ブティックを巡り、ショッピングを満喫した。とりわけ、ドイツ人の女性デザイナー、ジル・サンダーの濃紺のスーツは、ひと目見ただけで気に入った。スーツに合わせ、スリーブが長い純白のシャツも即座に購入したのだった。

中田にとって、気に入った洋服を買い、着こなす楽しみはパソコンを除けば唯一の趣味といっても良かった。高いブランド品だけが好きなわけではなかったが、デザイナーの個性がはっきりとしている服には強く惹《ひ》かれた。服にも主張があり、それを着る人間が受け止めるのだ。

中田は洋服を扱うときに、まるで壊れものに触れるように優しく丁寧に扱った。中田にとって洋服は、自分の体の一部のようなものだった。

七月五日、中田、ゴードン、次原、フジタは、早朝六時四十五分のフライトでロンドンからローマへ飛んだ。中田を熱望するペルージャのスタッフが、フィウミチーノ空港で待っているはずだった。

ローマへの二時間は、ひと眠りしている間に過ぎてしまった。税関を抜け、中田が到着ロビーに姿を現すと、辺りが騒然としていた。ＡＣペルージャのゼネラルマネージャーを筆頭に、クラブのお歴々が八名も出迎えに訪れていた。

彼らの歓待を受けた四人は、ゼネラルマネージャーの合図で車に乗り込み、ペルージャのホテルに向かった。ランチのためにホテルを予約してあるのだ、と運転手は言った。

ローマから北へ百七十キロ、フィレンツェとローマの中間に位置するペルージャへは、通い慣れた腕の良い運転手でも二時間を要した。イタリアの赤い土と太陽の恵みを受けた緑が連なる丘陵地帯の風景を眺めながら、中田は、自分が日本から果てしなく遠い場所にいることを実感していた。

ランチを摂るためのホテルに到着すると、それぞれに部屋まで用意されていた。チームの広報マネージャーは、中田や次原にスケジュールを告げると、部屋の鍵を手渡した。

「このホテルでランチを食べていただきます。ACペルージャの役員が、皆さんをお待ちしていますので。夜は、ガウッチ家のアルファトーレ城にお連れします。向こうでは、晩餐《ばんさん》会を行いますが、今晩は、ぜひ古城にご宿泊ください」

綿密に組まれているスケジュールに言葉を挟むこともできない中田は、用意された部屋に向かう途中、次原に言った。

「ねえ、なんだか凄《すご》いことになってるよね。お城って何？　これじゃあ、移籍についての話し合いっていうより、ご招待旅行だよ」

次原とゴードンは、顔を見合わせて、ペルージャ側が何を考えているのか、思案した。

ゴードンが次原に耳打ちした。

「ボローニャへ行くのは、明日の夜か、明後日になってしまうね」

「そうね、ここにだけ長居はできないわ」

すべて相手のペースで事が進むに従って、次原も、用心深くならざるを得なかった。

中田より先にレストランに向かった次原は、テーブルで待っている人々の姿を見て驚いた。皆、ネクタイを締め、パートナーの女性を同伴していた。次原は急いで客室に戻り、中田に様子を説明した。

「何だか大げさな感じよ。男性はタイを締めて、女性同伴の人もいるの」

中田は、慌ててレザーのブルゾンを脱ぎ、ジャケットを羽織ってからレストランに向かった。

昼食会に集ったメンバーは、ACペルージャの役員である二十四歳のアレッサンドロ・ガウッチと婚約者のサブリナ、ペルージャ側のエージェントである堀田正人、監督のイラーリオ・カスタニェール、通訳のイタリア人とその夫人、中田、ゴードン、次原、フジタの十人だった。

監督のカスタニェールは、右足をギブスで固めているようで、松葉杖をついていた。中田や次原が心配そうな視線を向けると、カスタニェールは「大丈夫ですよ」と言って微笑んだ。

中田が席に着くと、アレッサンドロは挨拶を済ませる前にこう言った。

「プレゼント　フォー　ユー、ミスター中田！」

彼は上機嫌で続けた。

「皆さんにも贈り物があるんですよ。しかし、まず最初に中田さんへスペシャル・プレゼントをお渡ししたい」

中田に手渡されたプレゼントは、きれいに包装されていた。包みを開けると、中から出てきたのは、真っ赤なペルージャのユニフォームだった。背中にはすでに「NAKATA」と名前まで記されていた。背番号は日本代表と同じ「8」。ユニフォームを持ったまま、中田はまったく言葉を返せずにいた。

次原は、アレッサンドロに向かって「これは?」と問いかけようとしたが、アレッサンドロは、ユニフォームを持つ中田に向かって、「オー、ベリッシモ　ベリッシモ」と言いながら拍手を始めた。

「『ベリッシモ』とは、英語で『ワンダフル』という意味ですよ」

通訳がそう言ったが、中田も次原も、ひきつった笑顔しか浮かべられなかった。

続いて、四人へのプレゼントが運ばれてきた。重さが十キロもある銀の壺や銀製の大きな写真立てだった。丁寧な細工が施された銀製品は、ペルージャの特産品として世界的に有名だった。

中田は、次原の耳元で囁いた。

「ねえ、どうするのよ。こんなに重いもの、持って帰れないよ。これって帰るなってこと?」

アレッサンドロが、中田に両手を差し出した。

「あなたがペルージャに来る日を待っていました。私どものクラブの代理人を務めてくれている堀田さんから、あなたの名前を聞いたのは二カ月も前のことでした。ベルマーレ平塚や、日本代表のＶＴＲを何本も観て、あなたのプレーについてのリポートを何冊も読みました。あなたが、イタリアでも十分にやっていけることを確信して、すぐに、あなたが所属するベルマーレ平塚へ正式なオファーを出したのですよ」

ペルージャ側の代理人である堀田は、スペインを拠点に活動するＦＩＦＡ公認ライセンスを持つエージェントで、これまで日本にも優秀な選手を送り込んだ実績を持っている。横浜フリューゲルスのレディアコフやフットレ、前監督レシャック、横浜マリノスのゴイコエチェアは、堀田が代理人となって日本へ渡った。

堀田は昨年からペルージャの依頼を受け、日本で優秀な選手を探していた。ワールドカップ・アジア地区最終予選で見せた中田のプレーの真価を見抜き、ヨーロッパでプレーできることを確信して、ペルージャに中田を推薦したのだった。

ペルージャは、九七―九八年のシーズン、セリエＢでの戦いに甘んじていた。プレーオフで勝利し、セリエＡに昇格したクラブには、チームを勝利に導くための俊才がどうしても必要だった。

「我々は、あなたがクラブの一員になることを信じて、このユニフォームを作りました」

ワールドカップを観たアレッサンドロは、中田の獲得こそ、ペルージャ再生への第一歩だと信じていた。

食事が始まると、皆が中田のプレーを褒めた。高らかな笑い声が響く食卓は、事務的な交渉とはかけ離れた雰囲気だった。

一九〇五年に創設された歴史あるペルージャは、七四―七五年のシーズン、初めてセリエAに昇格すると中堅チームとしての実力を示し、シーズンを戦った。七八―七九年には強豪クラブとスクデットを争い、二位に輝く。

しかし、八〇年にセリエBへ転落以後、低迷を続けた。八五―八六年にはついにセリエCにまで落ち、チームは完全に輝きを失った。

九一年十一月七日、ローマから訪れた富豪、ルチアーノ・ガウッチは、ACペルージャを買収することを発表した。

八二年から九一年まで、ASローマの副会長を務めていたルチアーノは、そのローマの会長になることを目論んでいたが、結局は買収しきれず、九一年、経営不振で崩壊寸前だったペルージャを買い取ることにした。

ペルージャ市民は、ローマ出身のオーナーがペルージャに君臨することを嘆き悲しんだ。人々にとって、サッカークラブは郷土愛の象徴だからだ。

だが、ペルージャ市民も地元クラブが消滅するよりは、ローマ出身のオーナーを認めるほうがましだとも考えた。ACペルージャは、ルチアーノが手を差し延べなければ、明らかに倒産していたのだ。

イタリア人にとって、サッカークラブのオーナーとなることは、最高のステイタスを手に入れることでもある。ルチアーノ・ガウッチは、このとき、ビジネスでは得られない「夢」を手に入れたのだった。

一九三八年、ローマの貧しい家庭に生まれたルチアーノ・ガウッチは、バスの運転手となり、家計を助けた。三十七歳のとき、当時の妻の父親が興した清掃会社を任された彼は、実業家としての才能を発揮していった。その清掃会社は、ローマ銀行の清掃を請け負い、やがて、イタリア全土の支店を担当することになった。会社は急成長を遂げ、三千人を超える社員を抱えるまでになっていく。

企業家として成功したルチアーノは、「ホワイトスター」という厩舎《きゅうしゃ》の経営にも乗り出し、競走馬のオーナー兼仲買人として巨万の富を築いたのだ。凱旋門賞を制した名馬トニービンのオーナーとして、ガウッチ家を知らぬイタリア人はいなくなった。

ルチアーノはACペルージャを強くすることに邁進《まいしん》した。即座に、潤沢な資金をもとにクラブ再建に乗り出した。

そして、クラブ経営の全権を、十八歳の長男、アレッサンドロに託したのだ。長年、ペルージャに声援を送ってきた人々は、十八歳の経営者の誕生に、ただ驚くだけだった。

若いアレッサンドロは、貪欲な情熱をACペルージャに注いだ。彼の独裁的なクラブ経営は、和やかで家族的なチームの様相を一変させた。セリエAを目指し、監督や選手の補強に力を入れ、チーム戦略にもことごとく口を挟んだ。結果を残せない監督や、ゲームで実力を発揮できない選手は、アレッサンドロがすぐに首を切った。

アレッサンドロの熱意は、クラブの成績を目に見えて向上させた。九三―九四年シーズンにはセリエCからセリエBへ、そして、九五―九六年にはセリエAへと駆け昇っていった。翌シーズンには、再びセリエBに退くものの、九七―九八年のシーズンには十六勝十四敗八分けで四位の成績を残し、再度セリエAに返り咲いたのだった。

挨拶をしただけで黙っていた監督のカスタニェールは、食事の途中、中田に向かってサッカーの話を始めた。

「君は日本代表やベルマーレ平塚で、どのような役目を与えられていたのかな」

中田は自分のポジションと、その担うべき役割を話しはじめた。カスタニェールは食事の手を止め、中田の目を見て彼の話に聞き入った。中田の発言は、質問の答えだけに終わらなかった。彼は、初めて会うカスタニェールに向かって、できるだけ分かりやすいように、自分の目指すサッカーと現在のプレーとの格差、目指すサッカーを実現させるためのプランをいくつか説明した。

カスタニェールは、中田のサッカーへの鋭い考察に感心した。そして、中田が、自分が求めている選手であることを確かめようと思った。

「サッカーの話は好きかね」

「シー（はい）」

中田の短い答えに、カスタニェールは満足そうに頷いた。

一九四〇年生まれのイラーリオ・カスタニェールは五十七歳にして、再びセリエAの激戦に身を投じることになった。カスタニェールがペルージャを率いるのは、次のシーズンで十回を数えることになる。

四十年の長きにわたり、イタリアのサッカーにどっぷりと浸かってきたカスタニェールは、現役時代は、ペルージャのセンターフォワードとしてその名を轟かせていた。

引退後、監督に就任してからは、ラツィオ、ACミラン、インテルで指揮を取り、知将としてその手腕を発揮した。

九七―九八年シーズン、セリエBのペルージャは、プレーオフに進むために、二十七節を終えた時点一敗もできないところまで追い詰められていた。ひとつでも負ければ、来期もセリエB残留が決定してしまう。絶体絶命の状態で、アレッサンドロは監督を更迭する。急遽、二十八節目からの指揮をペルージャを知り尽くした男、カスタニェールに任せたのだ。

カスタニェールは、見事にその期待に応え、終盤のゲームを的確な采配で乗りきった。なんと、四つの引き分けを挟み、残り試合を無敗で切り抜けたのである。

六月五日、セリエA昇格をかけたトリノとのプレーオフ（セリエB四位決定戦）でも、カスタニェールの采配は的中した。1―1でPK戦にもつれ込み5―4でかろうじて手にした勝利は、彼にとって、七四―七五年シーズンに続き、二度目のセリエA昇格を手中にした瞬間だった。勝利に酔いしれたペルージャ市民は、セリエAで二位になった七八―七九年以上に歓喜し、その興奮は夜明けまで続いた。

ワールドカップ直前、カスタニェールは、アレッサンドロから「日本代表の8番、中田英寿のプレーをしっかり観ておいてほしい」と言われていた。その指示で、中田という日本人がペルージャへ移籍する可能性のある選手なのだということを知ったのだった。

アルゼンチン戦、クロアチア戦、そしてジャマイカ戦をテレビで観戦したカスタニェールは、見知らぬ日本の若いミッドフィルダーのプレーに釘づけになった。テクニックはこれまで見たセリエAの一流選手のそれに匹敵した。パスの配給は斬新《ざんしん》で、思わず声をあげるほどだった。何にも増して驚いたのは、フィジカルコンタクトでの強さだった。東洋人のほっそりした体つきと、相手を弾き飛ばしてしまう強さとのアンバランスは、彼の不思議な魅力に輪をかけていた。アルゼンチンやクロアチアの選手が、中田を倒すことができず苛立ち戸惑っている様子が、カスタニェールには痛快で仕方なかった。

三試合を観戦しただけで、選手への評価を下すのはあまりにも性急だったが、カスタニェールは、中田がイタリアで十分やっていける選手だろう、と考えていた。

実は、中田の実力は、カスタニェールが最も信頼を寄せる友人のイタリア人、ビュセッペ・ドッセーナも認めるものだった。

選手時代にはイタリア代表にも選ばれたドッセーナは、長年テレ・モンテカルロというテレビ局でサッカーの解説者を務めていた。その彼が、ガーナ代表監督に招聘《しょうへい》され、これまでのガーナ代表のゲームのビデオを片っ端から観ていたとき、中田を知ることになったのだ。

ドッセーナは、九六年七月浦和市立駒馬スタジアムで行われた、日本五輪代表対ガーナ五輪代表戦のビデオを観て日本の選手たちの活躍に目を見張った。そして、彼をもっとも驚かせた選手は、前園でも城でもなく、背番号14を付けた十九歳の中田英寿だった。

中田という選手は、日本でだけプレーする選手ではない。必ず海外に出るはずだ。中田の頭をもたげたばかりの才能は、これから急速に伸びていく。ドッセーナはそう思っていた。

ワールドカップの最中、カスタニェールがドッセーナへ電話をしたときのことだった。カスタニェールが「ペルージャは日本人選手を獲得しようとしているんだが」と言ったその後、ドッセーナは耳をつんざくほどの大声で叫んだ。

「その選手は、中田だろ!」

突然、中田の名前が持ち出されたことに唖然としているカスタニェールに向かって、ドッセーナは、以前ビデオで観た中田のプレーについて語った。そして、最後には、噛んで含めるようにゆっくりとこう言ったのだった。

「君のクラブは、すぐに金を用意することだ。あの選手なら、いくら金を積んでも惜しくない。中田を獲得することは、セリエAを戦わなければならないペルージャにとって、最も必要なことだ。中田なら、必ずチームの核になれるよ」

ドッセーナの言葉は、カスタニェールを心から勇気づけた。

長い年月、セリエCとBで過ごしたペルージャは、巨大な資本の恩恵を受けることもなく、組織的な移籍でチーム力をアップすることもできない小さなクラブだった。既存の選手は、それぞれサッカーに情熱を傾けていたが、スクデットを競い合うチームのスター選手とは、生まれ持った力量が違っていた。

このまま新しいシーズンを迎え、常勝を目的としたセリエAのトップチームと戦えば、ペルージャは、一シーズンでセリエBに逆戻りするのは明白だった。五試合戦って一試合勝利するか、引き分けられれば良いほうだろう。

再びペルージャを率いるカスタニェールは、強敵に立ち向かい、監督でありつづけるために、ある決断を下そうとしていた。

今までのペルージャとは違う、まったく新しいチームを作るのだ。チームの支柱には、中田を置く。日本代表やベルマーレ平塚のような中田のチームを。

カスタニェールは、中田のゲームメイクに賭け、彼をサポートできる選手をできる限り補強し、戦力を上げていく方法を考えたいと思った。

法外な金銭をばら蒔《ま》いて選手をかき集め、屈強な布陣を整えていく巨大なクラブとは対照的な方法だったが、ペルージャに残された選択肢はそう多くはなかった。

カスタニェールにとって、すべての答えは、中田に直接会ったとき、出るはずだった。

中田とカスタニェールは、サッカーの話を続けた。他の者は、二人の会話にはまったく口を挟めなかった。ただ、ゴードンだけは、中田の背後に移動し、カスタニェールとのやりとりを注意深く聞いていた。

カスタニェールは、ノートとペンを取り出した。選手のフォーメーションを簡単に書き込むと、さっと中田に差し出した。

「この布陣であれば、君はどこでプレーしたいと思う?」

中田は迷わず、紙の上に丸を描いてカスタニェールに戻した。

「では、この形なら?」

「ここです」

また即座に書き示した中田に、カスタニェールは次の質問をした。

「君が必要とするものは?」

「スピードのあるフォワードと、攻撃参加ができるディフェンダーです」

中田は、自分が求めるものを、正直に言葉にした。

カスタニェールは意を決したように、中田に告げた。

「私は、これから中田のチームを作ろうと思う。君が必要だと思う人材は、できる限り揃えることにする。ペルージャは、常に勝利が保証されたチームではない。しかし、ペルージャが生まれ変わるためには、君の力が必要だということを忘れないでほしい」

カスタニェールは、中田に向かって、移籍で獲得しようと考えている候補選手の名前を挙げた。やがて、その選手たちを紙の上に書き記し、仮想ペルージャの戦術をペンで展開していった。

それを受けた中田は、自分の意見を言い淀むことなく提示した。さらにゴードンは、彼らの戦略の利点やリスクを的確に指摘した。三人は、まるで少年のように、サッカーの話に夢中になっていった。

長い昼食が終わり、レストランを後にするとき、カスタニェールが中田に声をかけた。

「申し訳ないのだが、私は、今晩のパーティは失礼するよ。何しろこの足で、あのお城まで出掛けていくのがつらいからね」

カスタニェールは、中田にだけ、小さくウインクした。

「実は、この足は、プレーオフのＰＫ戦でトリノに勝ったとき、大喜びした瞬間に転んでね、ボキッとやってしまったんだよ」

微笑んだ中田は、一言「お大事に」と言って彼の後ろ姿を見送った。カスタニェールとはもう一度会って、またサッカーの話がしたいと思っていた。

夕方になって、クラブのスタッフが、中田をACペルージャのスタジアムに案内したい、と申し出た。中田はその言葉に従い、彼らのホームグラウンドに向かった。

レナト・クーリ・スタジアムは、ほぼ街の中心にあった。スタンドからフィールドを見渡した中田は、そよぐ風を感じながら、大きく息を吸い込んだ。アストン・ビラの近代的なスタジアムに比べれば、簡素で小さな競技場だったが、客席に勾配《こうばい》があり、観戦しやすそうなスタジアムだと、中田は思った。

「収容人数は何人ですか？」

中田の問いに、スタッフが答えた。

「二万八千人ほどですが、セリエAで戦いつづけられれば、シートの増設を考えたいと思っています」

スタッフは、スタジアムの名前の由来を中田に話した。

「ペルージャに、レナト・クーリという素晴らしいミッドフィルダーがいたんです。一九七七年、あるゲームの途中、クーリは心臓発作を起こし、急死してしまいました。まだ二十六歳でした。以来、ペルージャのスタジアムは、彼の名で呼ばれるようになったんですよ」

「そうなんですか」

中田は、それ以上の質問をしなかった。

スタジアムを後にした中田は、次原、フジタとともに、街の観光に連れ出された。中世の建造物が立ち並ぶ街の光景は、まるで時代をさかのぼっているかのようだった。

ペルージャは、太古のエトルリア時代から栄華を極めた、いにしえの都市だった。古代ローマ時代になっても繁栄は衰えず、都市国家としてウンブリアの全域を支配する力を持った。千数百年に及び、政治と宗教の中心地として、国内に影響を与えつづけたのだ。

車を降り、石畳を行くとコツコツと乾いた音が響いた。街を歩きながら、フジタが中田にこう告げた。

「ペルージャには、世界的に有名な外国人大学があって、ヨーロッパはもちろん、アメリカやアジア各国からもイタリア語を学びに来ているのよ。もちろん、日本人も大勢勉強しているはずだわ」

その日は日曜日で、すべての店は閉まっていた。死んだように静まり返った街を見渡して、中田は不安そうに声をひそめた。

「ここ、ペルージャの中心地でしょう。それにしても、寂しすぎるよ。歩いてる人が一人もいない。ペルージャの人口って、どれぐらいなんだろう」

次原は、笑いながら答えた。

「これって日曜日だからでしょう。普段の日は、人で賑《にぎ》わっているはずよ」

荘厳なカテドラルにも人影はなかった。中田は、中世へ迷い込んだような気分になっていった。

カテドラルを過ぎ、急な坂道を下り切ると、紀元前に造られたエトルリア門が聳《そび》えていた。

「でも、ペルージャって美しい街だね」

中田は、小さな声で言った。

三人は、エトルリア門にくるりと背を向けると、来た道を急ぎ足で戻っていった。アルファトーレ城へ出発する時間が迫っていた。


ホテルに戻ると、迎えの車が到着していた。中田、ゴードン、次原、フジタの四人は、ウンブリア州からラツィオ州にあるアルファトーレ城へ向かった。青い小麦畑や鬱蒼とした森を抜け、その城に到着したのは、午後八時を回っていた。

車寄せから城を見上げた中田は、驚きの声をあげた。

「うわあ、嘘でしょう」

中田は次原やフジタと目が合ったら、噴き出してしまいそうだった。目の前の古城は、ディズニーのアニメーションや、ヨーロッパの中世を舞台にした映画に登場するような、本物のお城だった。

監督のカスタニェールを除いたメンバーは、すでに城に到着していた。

出迎えたアレッサンドロは、中田を城の内部に招き入れ、長い回廊の途中で、城についての解説を始めた。

「アルファトーレ城は、十二世紀、この地域の領主によって築かれたものです。百以上の部屋があり、常時、三十人ほどの給仕やメイドが滞在しています。城の敷地には、馬、牛、羊、鶏などを飼育する牧場や小麦や野菜や果物を作る畑、ワイン用の葡萄《ぶどう》を収穫するための葡萄畑もあって、食材は、すべてこの城の中でまかなわれているんですよ。料理を担当するシェフや、チーズを作ったりワインを仕込む職人もいます。今日、食卓に並ぶものはすべて、この城の中で飼育され、収穫されたものなんですよ。イタリア料理の大好きな中田さんのために、シェフが腕をふるうことでしょう」

四人は訝《いぶか》しげな表情で、その話を聞いていた。

中田が案内されたのは、城の主人のための部屋で、中央に聳え立つ塔の真下にあった。観音開きの窓を開けると、眼下に広がる村が一望できた。ゴードンや次原、フジタも、それぞれ、客間に通された。

中庭に備えられた大きなテーブルには、すでに食器やワイングラスが並べられていた。揃いの服に身をつつんだ給仕やメイドたちが忙しそうに働いている。

ビジネススーツのゴードンは、身の置き場がなさそうに巨体を縮めていた。中田の脇腹を指でつつくと、こう言った。

「なんだか、冗談みたいだ。フットボールのクラブのスタッフと移籍についての話し合いをするためにイタリアに来たわれわれが、こんな場所にいるなんて」

中田は、ゴードンの言葉にコクリと頷いた。

晩餐が始まり、年代物のシャンパンが振る舞われた。大仰な乾杯の音頭は、アレッサンドロ・ガウッチが取った。

豪華な料理が続々と運ばれ、食事はゆっくりと進んだ。ハウスワインを飲んだ中田は、少しだけ緊張を解いていた。

カスタニェールのいない食卓では、サッカーの話題は盛り上がらなかったが、別世界での夕食を、中田はそれなりに楽しんでいた。

イタリアでは夕食の宴が深夜に及ぶことも珍しくなかった。深夜の一時を回り、ようやくデザートが運ばれる頃、アレッサンドロは次原に言った。

「この後、私たちだけで込み入ったことも相談したいのですが」

次原はゴードンとともにアレッサンドロとの打合せに応じることを承諾した。疲れた表情の中田には、先にやすむように促した。ワインで仄《ほの》かに頬を染めた中田は、一人で部屋へ戻っていった。


中庭の隅には、六人も乗れる大きなブランコがあった。中田を除いた全員が、そのブランコや、すぐそばに置いてあるベンチに座り、深夜のミーティングを始めた。

部屋に戻った中田は、寝つかれないのか、窓を開け放ち、ミーティングの様子をじっと見下ろしていた。次原には、古城の窓辺に立つ中田の姿が可笑しかった。

「あれじゃ、まるで幽閉された王子じゃない」

ゴードンやフジタが、心配そうな中田に向かって手を振った。手を挙げて応えた中田は、やがて窓を閉めた。

ミーティングは食事の延長のように和やかに始まった。しかし、非公式とはいえ、選手の移籍について話し合う場にアレッサンドロの婚約者がいることを、次原やゴードンは怪訝《けげん》に思わないわけではなかった。

その胸の内を察してか、彼は婚約者の肩に手を回し、こう言った。

「私たちイタリア人はファミリーで秘密を持つことを嫌うんですよ。隠しごとなどしないのだから、こうしたビジネスの場にも、身内の者を連れてくることを、特別なことだとは思わないんです」

考え方の相違と言えばそれまでだが、日本のやり方とは、天と地ほどに違っていた。

次原もゴードンも、そのことにこだわるつもりはなかった。雑談の後、次原はアレッサンドロに水を向けた。

「それで、お話の内容は？」

アレッサンドロが身を乗り出した。

「そうですね。本題に入りましょう。もちろん、中田選手の移籍についての問題です。我々には、移籍金や年俸など、すべての条件を呑《の》む用意があります。ですから、できれば今ここで、中田のACペルージャへの移籍を決定していただけないでしょうか」

次原は、柔らかく、しかし、はっきりと言った。

「ガウッチさん。中田の個人マネージメントをしている立場から申し上げて、ベルマーレ平塚への移籍金に関しては、中田自身も、中田の代理人であるゴードン氏にも、口を差し挟む権利はありません。移籍金は、ベルマーレ平塚と、そして、中田が移籍をするクラブとの問題です。中田にとって、最も関心があるのは、移籍するチームの『サッカー』なんです。そのことはご理解いただいてますね」

アレッサンドロの視線が鋭くなった。

「もちろんですよ。しかし、私はどうしても中田選手の移籍を決めたいと思っているんです。この後、ボローニャへ行くそうですね。噂を聞いていますよ。是非この場でペルージャ入りに『イエス』と言っていただき、ボローニャ行きを中止してほしいのです。ペルージャは、中田選手の要求にすべて応じます。これでも『イエス』と言っていただけなければ、あなたたちは、このアルファトーレ城から出られませんよ」

冗談だと分かっていても、次原は背筋が寒くなるような不気味さも感じた。ゴードンは、次原へ「大丈夫だよ」というふうに視線を送り、滑稽なほど大げさに笑った。

次原は気を取り直した。

「お気持ちは嬉しいのですが、複数のクラブからお誘いをいただいている中田が、今すぐに結論を出すことはありません。中田は、カスタニェール監督との話がとても楽しかったようですし、とにかく、もう一度、明日、中田も交えて話し合いをさせてください」

アレッサンドロは、諦《あきら》めたように言った。

「分かりました。私たちも、そろそろやすむことにしましょう」

部屋に戻った次原は、中田の部屋に電話をした。もちろん、中田は起きていた。ゴードンもフジタも、次原の部屋に集合し、ペルージャというクラブについて、もう一度話すことになった。次原は「イエスと言わなければ、城を出られない」と言われた話を中田に告げた。

「あの人たち、凄いね。そこまで言うなんて」

驚いている中田に、次原は一言だけ返した。

「彼らは、本気よ。中田を獲得するためには、どんなことだってするという態度だわ」

中田は、ゴードンに向き直って聞いた。

「ペルージャっていうチームをどう思う？」

ゴードンは、皆の顔を見渡して言った。

「私は、中田の才能を信じて、中田のエージェントになった。サッカーに携わる者として、サッカー選手のための移籍を実現させたい。だから、すべてを話そうと思う。実は、アレッサンドロから『もし、今日ここで、中田の移籍を決定してくれたら、君に成功報酬を即座に渡す用意がある』という話を持ちかけられた。私は、その話を断った。成功報酬を断るエージェントは、たぶん、一人もいないだろう。しかし、今の私にとっては、絶対に容認できない話だからね」

中田はゴードンの目をじっとみつめ、ゴードンもそれに応えた。

「これがフットボールの世界の常識なんだよ。ヒデは、こんな世界で戦わなければならないんだ」

ゴードンは重苦しい雰囲気を四散させようと、少し陽気な調子で言った。

四人の意見は、ひとつだった。「ペルージャへの即答は避け、検討するための時間を持つ」というものだった。

それぞれが、各自の部屋に戻った頃には、七月六日の朝を迎えていた。

頭が冴え、眠気を感じない次原は、ボローニャへの移動スケジュールを考え、少しだけでも体を横たえておこうとベッドに入った。しかし、休息を取ることは、できなかった。間もなくかかってきた一本の電話が、中田を大きな騒動の渦中へと追いやることになったのだった。

第五章
ペルージャ移籍速報

一九九八年七月六日、午前六時。七時間の時差がある日本は、すでに午後一時になっていた。

次原は、電話のベルに叩き起こされた。朦朧《もうろう》とした意識の中で携帯電話の受信スイッチを押すと、聞こえてきたのは日本語だった。

「共同通信の者ですが」

電話の相手は通信社の記者だった。内容は、中田の移籍についての問い合わせだった。彼は、次原に「イタリアの新聞に、中田のペルージャ移籍ほぼ決定という記事があるが、その真偽を確かめたい」と言った。

次原は、緊張した。通信社が、今回のペルージャ訪問を摑んでいることは確かだった。

「もちろん、何も決まっていません。そんな事実はありませんよ」

次原は、そう言って電話を切った。ペルージャに来ていることは事実でも、中田は、移籍の答えなど出すつもりはなかった。

しかし、この一本の電話から、事態は混迷を極める。

しばらくして、中田と次原、ゴードンとフジタは、中庭に出されたダイニングテーブルに集まった。早朝の空気は澄んで、心地よかったが、その雰囲気を楽しむ余裕はなかった。

次原は、できるだけ早くペルージャを出て、ボローニャに向かいたい、と思っていた。時間がない中田にとって、ひとつでも多くのクラブの話を聞き、現地に足を運ぶことが大切だと思ったのだ。ゴードンの気持ちも、次原とまったく同じだった。

そんな相談を重ねているとき、次原の携帯が再び鳴った。長年、中田の取材を続け、中田へ理解を示しているスポーツ担当の新聞記者からの電話だった。

次原に電話をかけてきたその声は、驚きに満ちていた。

「今、共同通信から中田選手に関するニュースが配信されました。『中田、ペルージャ移籍が濃厚　イタリア紙も報道』とあります」

絶句する次原に向かって、彼は続けた。

「問題は『金銭面の問題も解決』というくだりです。『地元紙が報じている』とあって『ペルージャは、日本のスポンサーのおかげで、無料で中田を獲得できる』と書いてあるんです」

配信された共同通信のニュースには、次のようなことが記されていた。

「地元新聞は、中田の所属するベルマーレ平塚は、三億五千万円の移籍金を要求しているが、ペルージャにとって、その莫大な移籍金が障害となっていた。しかし、日本企業がスポンサーとなり、援助することで、金銭面の問題は解決した、と報じている」

次原は、憤激した。この報道の真意はどこにあるのか。イタリアの新聞が掲載したニュースの意図は何なのか。それを仕掛けた者は誰なのか。

やがて、電話は鳴り止まなくなる。配信されたニュースを見たテレビ局やスポーツ新聞の記者たちからだった。

吹きこぼれそうになる感情をどうにか抑えながら、次原は、最も核心に近い人物は誰なのかを探った。

次原はアレッサンドロを呼び、中田やゴードンが見守る中で、事実関係をただした。

「ガウッチさん、今、日本で『中田のペルージャ移籍が決定した』というニュースが配信されました。それだけじゃない。中田の移籍金は、ペルージャの代わりに、日本企業がスポンサーとなりベルマーレ平塚に支払う。ペルージャは無料で中田を獲得できる、と言っているんです」

アレッサンドロは、次原の話を聞くうちに顔色を変えた。次原の話は終わらなかった。

「ただ単にお金が目的で、中田を餌《えさ》にして日本企業から金銭を引き出そうとしているのなら……」

次原の声は震えていた。

「私たちは、もう二度とお会いすることはないでしょう」

アレッサンドロも愕然としていた。

「次原さん、いったい何のことを言っているのか、意味が分かりません。スポンサーを付けて移籍金を肩代わりさせて中田選手を獲得しようとしている？　馬鹿にしてもらっては困ります。ガウッチ家は、ベルマーレ平塚が要求する移籍金の支払いを拒むほど、金に窮してはいませんよ。もし、日本でスポンサーを見つけているのなら、中田選手でなくてもいいということになる。私たちは金が欲しいんじゃない。中田のプレーが必要なんです」

ウンブリア州の地元新聞が、共同通信の情報源となっていることを聞いたアレッサンドロは、すぐにその新聞を取り寄せるように、スタッフへ指示をした。

新聞には、中田のペルージャへの移籍がほぼ決定したということや、ベルマーレ平塚が要求している三億五千万円の移籍金を日本の企業が肩代わりして支払われる、ということが書かれてあった。

　ローマにいるルチアーノ・ガウッチは、そのニュースのことを知り、激怒して新聞社へ電話した。富豪を自負するルチアーノは、中田の移籍金を支払わないと書かれたことに、いたく傷つけられたようだった。

「ペルージャがベルマーレ平塚へ支払う移籍金を、日本の企業に肩代わりさせる」「中田を無料で獲得する」という一文が、金満家のルチアーノには許せなかったのだ。「プレジデンテ・ディ・ペルージャ（ペルージャの大統領）」と異名を取るルチアーノ・ガウッチにとって、このスポンサー騒ぎは、屈辱以外のなにものでもなかった。

　アレッサンドロは、次原とゴードンに釈明した。

「この情報を提供したのは、私たちではありません。正確な現状を伝えるため、移籍の決定は事実ではないこと、そして、移籍金を肩代わりする企業など存在しないことを、今日、私からの声明文としてメディアに送ります。この記事は、ACペルージャの名誉をも汚すものです。厳重な抗議をするつもりですよ」

　こうした事態が起こったことについて、アレッサンドロの推察はこうだった。

　チームを挙げて出迎えられた中田が、スタジアムやペルージャの街を回ったため、地元の新聞社は中田の訪問に気づいた。彼らは、中田が契約のためにペルージャ入りしたと勘違いしたのだ。二カ月前から、ACペルージャが、中田に白羽の矢を立てていたことは、地元のメディアには周知の事実だった。アレッサンドロ自身も、たびたび、メディアに向かって「絶対に中田を獲得する」と発言していたのだった。

「この記事は、まさにフライングです」

スポーツ面を埋める中田についてのイタリア語の記事を眺めながら、次原の脳裏には、アレッサンドロ・ガウッチのパフォーマンスではないか、という疑いも過《よぎ》った。ガウッチ家なら、地元の新聞を動かすことなどたやすいだろう。しかし、確証はなかった。

そして、中田のペルージャ入りに興味を持った、サッカーファンや、イタリアのスポーツ記者たちの一部が、無責任な予測を噂していたのも、事実だった。

「中田には、巨額なジャパン・マネーが付いてくる」

「中田も、四年前、日本企業をスポンサーにしてジェノア入りした三浦と同じケースに違いない」

「いくらイタリア・セリエBから昇格したばかりのペルージャとはいえ、日本人のサッカー選手に、何億円もの移籍金を支払うわけがない」

やがて噂は、徐々に大きくなり「中田がセリエAに入るとしたら、スポンサー付きに違いない」という偏見が、一部の記者たちやサポーターの間にも植えつけられた。

カルチョ（サッカー）に百年の歴史を持つイタリア人のプライドと、サッカー発展途上国の日本選手への蔑視が、そこには、あったのかもしれない。

次原は、新聞に書かれている記事が捏造《ねつぞう》であることを理解した。

だが、捏造記事を信じ、確認の取材もせずに、そのまま翻訳しただけで配信してしまった通信社の記者が、許せなかった。

「企業の金で移籍する」「金のために海外へ行く」という周囲の邪推を振り払うように、中田は、純粋に自分が理想とするサッカーを追い求めていた。その中田をそばで見ていた次原は、日本を離れる際、中田がサッカーの実力で摑む海外への移籍に泥を塗るようなことだけはすまい、と考えていたのだ。

しかし、それは、安易な報道で踏みにじられてしまった。次原は、中田の顔に泥を塗られたことが空しかった。

日本のすべてのメディアに配信された報道を、きっと多くの人は信じるに違いないそう考えた次原は、じっとしていられなかった。

すぐに共同通信へ連絡を取った。折り返し、記者から連絡があると、強硬に抗議を始めた。

「配信されたニュースは、事実とはまったく違います。移籍の決定も、スポンサーの存在も、真実ではありません。訂正の記事を配信してください！」

自分のために憤怒を露にしている次原に、中田は、申し訳ない気分になっていた。そして、メディアに対する怒りは、軽蔑と冷たい諦めに変わっていた。

「ほっとけよ、もう。もういいんだよ。しょうがないよ。マスコミなんて、こんなもんなんだよ。真面目に付き合って、真剣に怒るだけ無駄なんだよ！」

共同通信は、「イタリアの新聞の報道を伝えたまでだ」と言うだけだった。

次原は電話を切り、目を見開いて中田を見た。

「こんなインチキを書かれて黙ってるつもりなの！　お金を出すスポンサーが、どこにいるのよ。中田というサッカー選手が、実力で掴んだ移籍交渉の機会じゃないの。私は、この嘘だけは許さない。それだけよ」

次原は体中の怒りが、じっとりと湿りけを帯び、鼻の奥を這い上がっていく気配を感じた。仕事場で涙だけは見せたくなかった。勢いよく立ち上がると、中庭のテーブルを離れ、城の中へ駆けだしていった。

次原は城の一番奥にある長い廊下の中ほどのベンチに腰を下ろし、頭を冷やそうと、ひんやりとした大理石の柱に額を付けた。そして、早鐘のような自分の鼓動を数えはじめた。中田はゴードンと手を携え、しっかりと自分が目指すサッカーを見極めている。そんな中田が根拠のない嘘で葬りさられてしまうような選手でないことを、次原は誰よりも知っていた。

冷静でいられなかった自分を恥じるように、頭を両手で抱えた次原は、背後から迫る足音を聞いた。

「本当に、俺と一緒ですぐに熱くなるんだからな」

中田が立っていた。次原を探しに来た中田は、照れくさそうに、そっぽを向いてそう言った。

「怒ると、体に悪いでしょ」

中田らしい慰め方に、次原は笑顔で応えた。

「時間がないからね。早いとこ、この騒ぎとさよならして、次に行かなくちゃね」

次原は、中田と連れ立って、中庭に戻った。

ペルージャ側も事態の収拾に駆けずり回っている最中だった。アレッサンドロは、各メディアに文書をファックスで流した、と言った。

「正確な状況を伝えるために、私が明日、七月七日に簡単な記者会見を開くことにしました。そこですべての誤解は解かれるでしょう」

次原も日本のメディアに向け、コメントを送ることにした。

辺りは真昼のように明るかったが、すでに夕刻が迫っていた。

また、次原の携帯電話のベルが鳴った。訛りの強い英語で、彼女に話しかけたのは、ボローニャのスタッフだった。

「今日の新聞を読みましたよ。中田選手は、ペルージャへの移籍が濃厚とありましたが、あれは事実ですか？」

ボローニャは、ペルージャとの契約が進んでいるかどうかを探るためにエージェントのゴードンではなく、より中田に近い次原へ、直接、電話をしてきたのだった。次原は自分の部屋に戻り、一人になってから質問に答えた。

「違います。事実ではありません。これから検討させていただく、という段階です」

次原の返事を待つと、彼は、一気に話の核心に触れた。

「よく聞いてください。今そこで、ペルージャの誘いを完全に断ってくれるなら、ボローニャは、即刻、ベルマーレ平塚に中田選手への正式なオファーを申請します。我々のクラブにだけ中田選手への交渉権を与えてくれませんか？」

波のように押し寄せる中田への誘いは、目まぐるしく、皆、性急だ。次原は、すぐに中田とゴードンを部屋に呼び、ボローニャからの申し出の詳細を伝えた。

ゴードンは無理を強いるボローニャの要求を、すぐに受けてしまうのは得策ではない、と言ったが、やはり最後は中田の考えだ、とも言った。

中田は、考える時間を必要としなかった。

「正直言って、ペルージャをすぐに断ることはできない。この騒ぎは別として、サッカーに関しては、選手としての僕をしっかり認めてくれているチームなわけだからね。今すぐにペルージャに決めることはしないけど、今ここで切るってこともできないよ」

中田の考えを受け、次原は、ボローニャに再び電話をした。

「せっかくのお話ですが、中田は、ペルージャからの誘いをすぐに断ることはできない、と言っています。残念ながら、ここでボローニャからのオファーだけに絞るわけにはいかないのです」

中田の意志を聞き終えたボローニャのスタッフの声は、さばさばとしていた。

「オーケー。分かりました。イッツ　オーバー」

余りにも、簡単にボローニャが下りてしまったことに次原は戸惑ったが、中田はあっけらかんとしていた。

「別にいいよ。これで、今日、ボローニャへ行かなくてよくなったし、チームがひとつ減って、またゴールに近づいたことになる」

そう言った中田が、その場でゴードンに相談を持ちかけた。ヨーロッパに滞在できる日数が、あと二日と迫る中で、中田は、自分の考えをまとめようと必死だった。

「俺にとって、アストン・ビラは、本当に魅力あるチームだよ。アストン・ビラに行けば、コリンだって、いつもそばにいてくれるしね。心強いよ。それに、プレミアリーグのサッカーは、自分のサッカーにも合っていると思うから。そして、ペルージャだけど……。この騒ぎに辟易《へきえき》するのは確かだけど、やっぱり、カスタニェール監督の言葉が忘れられないんだ。他のチームに比べればペルージャは、凄く弱いかもしれない。だけど、『中田のチームを作る』って言われたことは、凄く嬉しかったし、一番心に残っているんだ。一から自分たちのチームを作り上げていくという挑戦は、強豪クラブでは絶対にできないことだよ。とにかく、イタリアは大好きな国だしね。この二チームについて、俺はもう少し考えたい」

中田の冷静な態度が、ゴードンにとっても次原にとっても救いだった。

「ところで、相談なんだけど、明日、セルティックを訪ねるのは、止めようと思うんだ。申し訳ないけど、スコットランドは、やっぱり、遠すぎるような気がする。ここで断るために行っても時間の無駄でしょう。皆、すごく疲れているし、今回は、これでロンドンに戻ればいいんじゃないかな。ロンドンに戻って、もう一度、ゆっくり相談したいんだ」

ゴードンは、中田の言い分を十分に理解していた。

「ヒデの考えは分かった。セルティックには、今回訪ねるのは難しいという連絡を入れておこう」

中田とゴードン、次原が話し合っているとき、フジタは、別室で電話をしていた。ローマからロンドンへ飛ぶ最終便の予約をしていたのだった。


ローマ空港までの車を待っている間、気ぜわしい挨拶が交わされていた。アレッサンドロは、中田に右手を差し出し、しっかりと握りしめると、満面の笑みを浮かべた。

「いろいろお騒がせして申し訳ありませんでした。中田さん、私たちは、あなたがもう一度ペルージャを訪れることを信じていますよ」

中田は、迎えの車に乗り込むと、リア・ウインドーを覗くようにしてこう言った。

「さあ、追手がこないうちにここを逃げ出そう」

車内に笑い声が立ち込め、車が動きだした。ペルージャでの長い二日間がようやく終わろうとしていた。


ローマからロンドン行きのアリタリア航空機は満席だった。中田と次原とフジタは一列に並び、ゴードンは通路を挟んだ席に座った。

水平飛行に入ると、ゴードンは、シートベルトを外し、中田のそばに立って、機内誌を差し出した。

「このところずっと忙しくて、家を開けっ放しにしているから、ワイフの機嫌を取ろうと思う。何かおみやげを買っていきたいんだが、ヒデなら、どれを買う？」

ゴードンが開いていたのは、免税品カタログのページだった。

「このブラウスなんか、どうだろう。イエローとブルー、どちらが良いかな？」

中田は迷わず、一方を指した。

「絶対にブルーが良いよ。この青、凄くきれいだもん」

ゴードンは、中田の言うとおり、妻のためにブルーのブラウスを買った。

席に戻ったゴードンと中田は、目や指で合図を送り、互いにふざけ合っている。子供のような二人が微笑ましかった。

次原が、フジタへ語りかけた。

「ここに来るまで、長かったわね。本当にいろんな人に会ったよね。動物図鑑に出ている珍獣みたいな人が、たくさんいたじゃない？」

俯《うつむ》いていた中田は、ふっと顔を上げた。

「長かった気はするけど……。でも、俺たち、ここまで来るのに、最短距離を走ってきたんだと思うよ。だって、ヨーロッパのサッカーの右も左も分からない日本人が、いきなり、数あるクラブチームのうちのどれかに移籍をしようと思ったんだよ。普通だったら、何人ものエージェントに騙されて、何回も何回もチームを移り変わって、なんでこんなところでプレーしなきゃならないんだ、と思って、そして初めて信じられる人を確かめられるんじゃないかな。そういうことって、たくさんあるんだよ、この世界には。なのに、俺たちは、最初から、ラッキーだったかもしれない」

中田は、自分に言い聞かせるように言った。

飛行機の窓の外の闇は、ロンドンの街の灯を受けて、微かな濃淡を作っていた。

中田は、窓に映る自分の顔をみつめながら考えていた。

日本でサッカーを続けていれば、生涯行くことのなかったであろう場所を訪ね、出会うことのないはずだった人々が自分を取り巻いている。ワールドカップのゲームを観ただけで、才能を信じてくれることが嬉しかった。バーミンガムやペルージャの美しさは、中田の心を癒し、ゴードンや、アストン・ビラのゼネラルマネージャーのエリス、ペルージャの監督のカスタニェールは、中田に、限りない気力と勇気を与えてくれた。

着陸は、水平飛行を継続しているように速やかで、衝撃はまったく感じなかった。

ロンドンの街の静けさは、狂乱の二日間を忘れさせ、安らかな気持ちを呼び起こしてくれるだろう、と中田は思っていた。

日本が七月七日の朝を迎えた頃、ロンドンで真夜中を過ごす次原の電話は、またもや鳴り止まなくなっていた。

共同通信が配信したニュースが、スポーツ新聞の一面を飾り、マスコミは、中田のペルージャ移籍が決定した、と報じていた。

中田所属事務所として、次原のコメントも掲載されていた。

「本日、ペルージャ側から、公式の否定コメントが発表される。同時に、彼らの中田に対する考え方も公表されるだろう。各方面からお話はいただいているが、移籍決定の事実はない」

だが、ほとんどのマスコミは「中田の移籍決定」と報じたのだ。次原への問い合わせは、すべてその件についてだった。次原は、たまりかねて、携帯電話の電源を切った。明日になり、アレッサンドロ・ガウッチが記者会見をすれば、事実は明らかにされるはずだった。

しかし、翌日のイタリアの新聞も、中田のペルージャ移籍が本決まりであることを伝えていた。イタリアのスポーツ紙は、中田がセリエAでプレーすることを具体的に解説する記事を掲載し、仮想の布陣図まで載せる念の入れようだった。

中田が、長い時間をかけ、人々と対話し、アストン・ビラとペルージャに絞り込んだことなど、メディアは知る由もなかったが、ペルージャと決めつけている記事は、やはり誰かの差し金に違いなかった。

その夜、ペルージャで行われた緊急会見には、イタリアのプレスばかりか、日本のメディアも多数、訪れていた。

アレッサンドロは、会見を前に、集まった記者たちに、移籍騒動の事情を説明したメモを配付した。そこには「中田との移籍交渉が内定したわけではなく、進行中である」と記されていた。

だが、記者会見が始まると、アレッサンドロは、自ら用意したメモの内容を否定するようなことを発言しはじめたのだった。

「契約交渉において、障害は何もないと思っています。ベルマーレ平塚との移籍交渉には、時間を必要とするでしょうが、中田選手からは、個人的に、最終的にはペルージャでプレーしたい、という返事を貰っています。スポンサー付きの金銭目当てではないか、と言われましたが、それは事実ではありません。私たちが中田選手に移籍のオファーを申し入れたのは、金のためではなく、純粋に中田選手のプレーがチームにとって必要だと思ったからです。中田選手の獲得に向けて、最も熱心だったのは、カスタニェール監督でした。

日本のサッカーのレベルはたいへん向上していますが、中でも中田選手は、突出した才能を見せている。年齢的にも若く、セリエAで成功する可能性が高い、と思っています。

交渉には二カ月の時間をかけてきました。中田選手のサインはまだ貰っていませんが、私たちは握手を交わしました。日本人にとって、握手は、サインより神聖なものだと聞いています。こうして、中田選手のペルージャ移籍への合意を得られたことで、契約はほぼ成立したと言えるでしょう。あとは、形式的な作業が残るだけです」

アレッサンドロは、エージェントのゴードンと話した中田の移籍金や、年俸まで公開してしまった。

「すでに、我々は合意を得ました。後日、ベルマーレ平塚へ出向き、正式な契約を済ませたいと思っています」

最後に話は中田の移籍後にまで及んだ。

「もし、日本のスポンサーから契約したいという話があれば、もちろん、それも積極的に考えたいと思います」

アレッサンドロは、日本のテレビ各局の個別インタビューにも答え、同じ内容を繰り返した。また、ペルージャの選手強化担当のジャンニ・トロンペッタは、やはり、オフィスで、日本プレスのインタビューに答え、中田のプレーについての感想を話し、ゲームでの起用方法まで語っていた。

メディアは、嵐のように「中田のペルージャ移籍」を書き立てた。次原には、再び問い合わせの電話が殺到したが、ペルージャのデモンストレーションの大きさに、言葉を失うだけだった。

ベルマーレ平塚は「ペルージャから獲得の意志を伝えられたのは事実だが、その後のコンタクトは一切ない」とコメントを発表し、次原は「契約が合意した事実はない」と反論せざるを得なかった。

七月八日、中田と次原、ゴードンは昼食を兼ねた最後のミーティングに臨んでいた。中田の計画で、昼食の場所は、ロンドンの中心街にある日本食レストランになった。ゴードンにとっては、三十五年の生涯で初めての日本食だった。

席に着き、運ばれてきた料理を前に、中田は、その食べ方をゴードンに指南した。おぼつかない箸で摑んだ刺し身を口に入れるとき、ゴードンは、きつく目を閉じていた。

「うん。美味しいよ。ヒデは私の選手だ。その選手の国の料理を嫌いなわけがないだろう。ただ、このスティックを使いこなすのは、時間が必要かもしれないな。どうりで、日本人が器用な理由が分かったよ」

中田は平然とした顔で、刺し身の皿の端に載ったワサビを指さした。

「コリン、この緑色の柔らかい固まりは、箸ですくって、一気に食べるんだよ」

ゴードンの悲鳴がレストラン中に響き、それをかき消すほど大きな中田の笑い声が、後を追った。

次原が、ふと、ため息をついた。

「それにしても、ペルージャが何を考えているのか、まったく分からない」

中田の信頼を失えば、移籍は成立しなくなるかもしれない立場にあるペルージャの行動が、次原には解せなかった。

中田は、あまり気に病んではいなかった。

「でもさ、『日本人にとって、サインより握手の方が神聖だ』っていうコメントには、笑うよね。どんな奴から、そんな話、聞いたんだろうね」

ゴードンは、中田と次原を慰めるように穏やかに言った。

「アレッサンドロのパフォーマンスは、我々から見れば滑稽に見える。しかし、状況は見てのとおり、メディアには絶大な効力を発揮している」

アレッサンドロは、マスコミを利用してデモンストレーションを重ね、既成事実を作り上げることで、交渉をやりやすくしたいと考えているのだとゴードンは続けた。日本のマスコミは、ガウッチに完全に翻弄《ほんろう》されている。たとえ、アレッサンドロに彼の矛盾点を指摘しても「認識が違っていた」と言って、簡単に言い逃れるだろう。

「ヒデや次原さんには、失望してほしくない。『ディス　イズ　フットボール』、イタリア語なら『クエスタ　エ　カルチョ』かな。何度も言うが、これがサッカーの世界のやり方でもあるんだ」

次原は、ここまで騒ぎが大きくなった移籍問題について、帰国後、中田本人が発言することは、大切だと思っていた。しかし、活発化している思想団体の抗議がさらに激しくなりはしないかという心配もあった。

中田は、帰国から二週間ほどでクラブを決め、契約を結ぶプランをたてていたが、その間の警備は、厳重にせざるを得なかった。

中田は、ベルマーレ平塚にも迷惑をかけている状況を顧みて、記者会見には臨む覚悟でいた。

話題は、中田の移籍に移っていった。ゴードンは少しだけ声を低くした。

「実は、サッカーの世界では汚い仕事のやりくちで知られている男が動きだしているんだ。この男と係わることは、サッカー選手の悲劇と言っていい。でも、このエージェントが手を伸ばしたヒデは、本物だと証明されたことになる」

ゴードンがニヤリと笑った。

「彼は、次原さんをモンテカルロに誘ったイタリア人エージェントのような間抜けじゃない。金にならない才能には、絶対に手を出さないからね。まあ、誇りに思っていいんだよ」

しかし、冗談はそこまでだった。

「シャトーで断ったボローニャだが、やはりどうしても交渉したい、と言ってきている。もう一度検討してもいいと思うが、直接現地を訪れる時間があるかどうか。ボローニャには、決定まで時間がかかると言ってあるから、帰国後、もう一度、検討すればいい。

アストン・ビラとペルージャ、どちらを選ぶかは、ヒデに任せるからね。実は、私は、セリエAは、相当キツイと思っていた。サッカー自体も激しいし、あそこではイタリア語ができなければ、簡単に疎外されてしまうからね。ヒデの英語力なら、一年もすれば、会話には不自由しなくなることは分かっていた。しかし、イタリア語は特別だからね。でも、ペルージャに行って驚いたよ。君があんなにイタリア語を操るとはね」

中田は、ロンドンを離れるのは名残惜しかった。

「俺、海外が向いていると思うよ。日本食がなくてもまったく苦にならないし、言葉や生活環境の違いに、特別、恐怖感もない。それに……」

中田の脳裏に、都内の高層ホテルから見える風景が蘇っていた。

「もう、嫌なんだ。息苦しいんだよ、日本にいると。誰かに守られなきゃ、暮らせない毎日が耐えられない。恐怖に縛られて生きるのが、もう、嫌なんだ」

中田の言葉が、彼の心からの叫びであることを、次原もゴードンも分かっていた。

「また、すぐに戻ってくるよ。今度、来るときには入団発表になるはずだよね」

そう言った中田は、ゴードンにふたつのきれいな包みを渡した。前日、一人で街に出た中田は、エルメスのブティックに出向き、ゴードンと夫人へのプレゼントを購入していた。

「この大きな方は、ゴードンの奥さんにだよ」

ゴードンが包装紙を破ると、中にはブルーのスカーフがあった。

「機内で買ったブラウスに合わせたんだ」

もう一方には、黄色の地に細かい動物柄がプリントされたネクタイが入っていた。

「このネクタイに描かれている象は、ゴードン。この小さいネズミが俺だよ」

「ヒデの帰りを、ヨーロッパのどこかで待っているよ」

ゴードンはまっすぐに中田を見ていた。


店を出ると、午後のロンドン市内は、交通量が増えていた。

次原は、中田がワールドカップから帰国する際と同じように、成田での中田の警護や、中田が宿泊するホテルの警備の手配をした後、慌ただしくチェックアウトを済ませると、急いでタクシーを止め、中田と二人で乗り込んだ。

「ヒースロー空港へ」

タクシーの運転手は、後ろを振り向き、中田の顔を確認すると、やはり多くのイギリス人と同じ反応を示した。

「あなた、日本代表のナカタでしょ！　驚いた。どうして、ロンドンなんかにいるんですか。我々イギリス人は、日本代表を、イングランドと同じくらい、一生懸命応援したんですよ」

イギリスにとって、フォークランドを巡り、紛争を起こしたアルゼンチンは、いまだに敵《てき》愾《がい》心を捨てられない相手だった。

「争いの遺恨は、そりゃあ、残るもんですよ。アルゼンチンを叩きのめしてくれるのを信じて、イギリス中が日本に声援を送ったんです。それで日本代表の選手たちは、イギリス人にとってすっかり顔馴染みになってしまった。もちろん、あなたも。結果は残念でしたが、まあ、日本はよくやりました」

中田と次原は、顔を見合わせて笑った。空港でも、アストン・ビラのスタジアムでもロンドンの街中でも、イギリス人たちが皆、中田を知っていたのは、彼が、アルゼンチンの対戦相手だったからだ。

「何だよ、がっかりだな。けっこう、いい気分だったのに」

渋滞の中、運転手は、日本対アルゼンチンのゲームを振り返った。中田は、空港へ到着するまで、気のいい運転手の会話に付き合った。

第五部 「世界のナカタ」

第一章
ペルージャ選択の真相

一九九八年七月九日、帰国した中田は、案の定、マスコミからの集中砲火を浴びることになった。到着ロビーでボディガードに出迎えられた中田は、フラッシュの閃光《せんこう》の中を進んだ。サングラスをかけ、唇を固く結んだ中田と、折り重なるようにしてシャッターを切るカメラマンとの間には、重苦しい沈黙が横たわっていた。記者たちが時折声をかけたが、中田は黙ったまま、ぐいぐいと人の波の中を進んだ。

次原は、プレスが作る人の壁を押し退《の》けるようにして、中田を追った。次原にとって、人込みほど緊張を強いられる場所はなかった。中田にもしものことがあるとすれば、それは、こうした混乱が恰好《かっこう》の機会になる。出迎えの車に乗り込むまで、二人は切迫した空気に包まれていた。

中田を乗せた車は、彼がずっと泊まっていた都内のホテルに向かった。いつものように、後藤が運転席にいた。

車の中から親しい数人の友人に電話をかけ、帰国を報告した中田は、彼らに移籍の決意を語った。

「やっぱり、ヨーロッパへ移籍してサッカーすることにしたから。Jリーグのゲームには、もう出ない。たぶん、あと二週間ぐらいで出発すると思う」

友人たちは、急な知らせに驚いていたが、一様に中田の決断を喜んでくれた。ヨーロッパへ行けば、当分の間、帰国はできない。中田は、出発までの間にその友人たちと直接会い、別れを告げたいと思っていた。

やがて、中田は、スピーカーから流れる曲に合わせて口ずさみはじめた。後藤と過ごす車の中は、気の置けない場所だった。やがて、中田は、後藤にこう切り出した。

「俺が、海外へ行くことになったら、一緒に行ってくれるかな。俺とヨーロッパに行ってほしいんだよ」

「本気?」

「うん。こんなこと冗談で言うわけないだろ」

後藤はすぐには答えを出さなかった。だが、中田の胸の内が手に取るように分かり、切なかった。高校を卒業後、アルゼンチンのブエノスアイレスで二年間、放浪した後藤には、外国で暮らすことの意味が痛いほど分かっていた。まして、中田は日本では及びもつかない高度なサッカーを戦うために旅立つのだ。

そんな才能を持った男のために、付き合うのも悪くないか。

後藤はアクセルを踏み、ホテルへの道を急いだ。彼は、疲れているはずの中田を少しでも早く休ませてやりたい、と思っていたのだった。


翌七月十日、中田は二カ月ぶりにベルマーレ平塚のクラブハウスへ出向いた。その日、七月二十五日から始まるJリーグ・ファーストステージの残りゲームに向け、練習が再開された。

六十日の空白を埋めるようにベルマーレの選手は、明るくピッチを駆けめぐっていた。中田に対しても、いつもと変わらぬ声がかけられた。選手たちは、中田が、二十五日の横浜マリノス戦の前にヨーロッパへ出発するつもりでいることを知らなかった。

中田はワールドカップ以後、初めてスパイクを履きピッチを走った。しかし、六月二十六日のジャマイカ戦で傷めた左足首が、パスを開始した途端にひどく疼きはじめたのだ。

歩くことには不自由はなかったが、やはり、ボールを使った練習には耐えられなかった。左足首は完治には遠く、中田はもう一度、医師の診察を受けなければならないと思った。

練習後、社長の重松へ混沌とした状況の全容を説明した中田は、近日中に移籍するチームを決定することを告げた。重松も植木も、ベルマーレ平塚のスタッフは、全員が中田のヨーロッパ移籍の成功を願い、尽力することを約束してくれた。

クラブハウスには、五十人の記者たちが詰めかけていた。相変わらず不機嫌な表情で現れた中田を前に、記者たちは固唾《かたず》を呑《の》んだ。だが、マスコミ各社も、日本のサッカー界のトップニュースとなる中田の移籍を黙って見ているわけにはいかなかった。

中田は先行し、過熱する報道合戦に嫌気が差していた。ペルージャへの移籍に関する質問が飛ぶと、中田は挑戦的に「事実でない」と言って、連日の報道をなじった。そして頑《かたく》なに、移籍のために出向いたイギリスとイタリアでの話をすることを拒んだのだった。

刻一刻と変化する状況に、今は話す時期ではない、と中田は思っていた。噂の域を出ない曖昧《あいまい》な情報が氾濫《はんらん》する中で、中田は、すべてが決まるまでは何も語らないつもりだった。取材拒否と言われようと、嘘が伝わるよりもマシだった。

取材する側と、される側の論理は、真っ向から対立していた。記者会見を終え、憮然と立ち去る中田を目で追いながら、記者たちは満足のいかない会見に、苦笑いを浮かべた。

一夜明け、中田は左足首の診察のために、日本代表のドクターである福林の病院を訪ねていた。検査をした結果、骨には異常がなかったものの、足首の外側に水が溜まっていることが判明した。十日間ほどは、ボールを使った練習が禁止された。

水を抜く治療を受けた中田は、その日、チームの練習を免除されていた。病院を出てホテルのスポーツジムに向かうと、ウエイトトレーニングで汗を流した。

中田は、足の痛みを庇《かば》うことより本当は体の調子を万全に整えておきたかった。休息を取った体に、持久力や瞬発力を戻しておきたかったのだ。移籍が実現すれば、すぐさま新しいチームでのトレーニングが待っているはずだった。

中田は、慌ただしさを感じていた。

自宅では引っ越しの準備のため、次原の会社のスタッフが荷作りを始めていた。几帳面《きちょうめん》な中田は、荷物の梱包《こんぽう》を自分でやりたかったが、自宅へ戻る危険は冒せなかった。

左足首の治療、チームでの練習、ホテルのスポーツジムでのトレーニング、それ以外の時間は、ボディガードとホテルの部屋で過ごす。

時折、親しい友人と行きつけのレストランで食事を楽しむこともあったが、もちろん、ボディガードが常に同伴していた。惜しみつつ過ぎていく日本での時間を、中田は自由に満喫することを許されなかった。

帰国後、中田の移籍先をめぐる状況は、目まぐるしく変化していた。

中田獲得を決断していたアストン・ビラは、契約の前にどうしても直接プレーを見たいと申し入れてきた。中田へ練習に参加してほしい、というのだ。監督が、現時点でのプレーを今一度確認したい、と言ったのだった。アストン・ビラは、もう一度バーミンガムに出向いてくれないか、と中田へ要請した。渡英が難しければ、クラブのスタッフが来日するとも告げてきた。

しかし、中田は再びイギリスへ行くことはできない、と思っていた。チームを離れ、ヨーロッパへ向かうことがマスコミに知れれば、また騒動になるだろう。たとえ、アストン・ビラのスタッフが来日し、中田のプレーを観たとしても大事になることは間違いなかった。

中田はテストを受けることにはまったく異存がなかったが、自分を取り巻く環境を考えると、二の足を踏まずにはいられなかった。結局、ゴードンを通じ、今の自分にテストを受ける余裕がないことを伝えたのだった。

何より、中田は静かに潜行してチームを確定し、ひっそりと出発の時を待ちたかった。思想団体の中田への非難は、帰国後、さらに激しさを増していたのだ。

アストン・ビラのテストを断った直後、中田に新たなオファーが飛び込んできた。移籍リストには名前のあったフランス・リーグのマルセイユが、七月十四日になって「中田と正式な交渉に入りたい」と、通達してきた。

ワールドカップの期間、ゴードンにも次原にも、積極的に連絡をとっていたマルセイユだが、その後、交渉話は立ち消えとなっていた。

しかし、七月に入り、外国人選手を放出し、巨額な移籍金を手にしたマルセイユは、再度、中田側へ、交渉のテーブルに着くよう連絡を寄越した。

ボローニャからも相変わらず「中田からの返事を待っている」というメッセージが送られてきていた。それは、スコットランド・リーグのセルティックも同じだった。

ペルージャは、中田を主軸にしたチームを作るため、選手を急遽《きゅうきょ》補強したと連絡してきた。パルマから、ミッドフィルダーのストラーダ、ディフェンダーのゼ・マリアの移籍が決まっていた。

七月二十四日までには、新天地へ出発したいと考えていた中田に、制限時間が迫っていた。

七月十七日、午後一時。中田と次原は、オフィスでミーティングを行った。次原は、相次ぐ有力チームからの誘いに揺れていた。中田にとって、どのチームを選ぶことが最善なのか。中田が巡り合わなければならない監督や選手は、誰なのか。悩みは、深まるばかりだった。

だが、中田は、ヨーロッパのサッカークラブと対峙しても翻弄《ほんろう》されることはなかった。最も現実的なチームを導き出していったのだ。

「もう、迷っていても仕方ないからね。ボローニャとセルティックは、ペルージャに行ったとき、切ったでしょう。マルセイユも、凄《すご》く良いチームだと思うけど、ちょっと遅すぎたね」

次原は、中田があまりにもあっさり結論を出すことに慌てていた。しかし、中田はすでに答えを出している。中田の決断力は、尋常ではなかった。

中田は、選択を迫られているとき、まるで悩む素振りも見せず、自分にとっての答えを出していく。その判断には、気難しい哲学があるようには見えない。むしろ、直観による判断が、中田に答えを出させている。ピッチを俯瞰《ふかん》し、隅々の状況を瞬時に分析してゲームを劇的に変えてしまう一本のパスを繰り出すときのように、瞬間的な分析と決断力とが、中田の進むべき道を照らすのだ。

そして、中田は導き出した答えを後悔することがない。後悔をしないように努めているのではない。導いた答えの責任を後で自ら取っているので、後悔にはならないのだ。

韮崎《にらさき》高校への進学も、大学進学をやめたことも、Ｊリーグの十一のクラブからの誘いを受け、その中からベルマーレ平塚を選んだことも、すべて中田自身が決めたことだ。そして、中田は、自分の決断が誤ってはいなかったことを、自分のサッカーを戦うことで証明してきたのである。その気持ちは、ヨーロッパへの移籍の時を迎えても変わらなかった。

クラブは二つに絞られた。

「それから、アストン・ビラだけど、練習にも参加できないんだし、今回は難しいでしょう。俺、ペルージャに決めようと思う。胡散臭《うさん》さはあったけど、チームが俺のサッカーを必要としているんなら、やり甲斐《がい》もあるし。あそこまで『欲しい』って言ってくれるんなら、レギュラーだって間違いないだろうし。セリエAで一シーズン戦って、体にイタリアのサッカーを叩き込む。それから、ステップアップすればいいでしょう。フランス・リーグにでも、プレミアリーグにでも、通用する実力を見せればいいわけだからね」

中田は潔さの後に、自信も覗《のぞ》かせた。

「ヨーロッパへ行っても、ひとつのクラブで、終わるつもりはない。絶対に、売れる選手になる。必ず、実力で、もっと大きな移籍を勝ち取るよ。だから、今は、ペルージャで決まり」

中田の決断がすべてだった。次原はその場で手帳を取り出し、スケジュールを考えはじめた。中田の海外移籍が大詰めを迎え、中田本人や日本サッカー協会には、中田の生命が危ぶまれるような抗議文が届きはじめていた。中田の身の安全を考え、すべては極秘で進められることになったのだった。

「とにかく、記者会見の当日まで、イタリア行きは絶対に公言しないように。平塚競技場でのセレモニーも無理よ。大勢人が集まるところは、しばらく避けるようにして。ファンの皆さんへの発表は、出発当日、ホームページのメッセージで。成田のホテルで記者会見を終え、すぐに飛行機に乗り込みましょう」

出発は、七月二十二日。記者会見は、当日、成田空港近くのリーガロイヤル成田で行うことに決定した。

ペルージャ行きを決めた中田は、改めて、後藤にイタリアへの同行を頼んだ。どこにいても、平静で海外経験もある後藤の後ろ楯《だて》が、中田にはどうしても必要だった。

「俺と一緒にイタリアへ行ってほしい。ペルージャへ入団する条件として、マネージャーの同行を認めさせるから。生活の中で、いろいろ手伝ってもらわなきゃならないこともあるけど、それより、俺のそばにいて見ていてほしいんだ、俺が、戦うのを」

二人の間には、成功を収めた若いサッカーの英雄と駆け出しの役者という構図は存在しなかった。

後藤は中田の苦悩と才能を一番近くで見てきたという自負があった。仕事ではない。友達として中田を支え、そして、五歳年下の中田から数々のことを学んできたのだ。

中田とともにイタリアへ渡れば、見知らぬ人に出会い、自らを磨く機会を得られるのは明らかだった。

後藤は役者として、いくつかの仕事の依頼を受けていた。しかし、中田が自分を必要とするなら、イタリアへ行っても構わない、と考えはじめていた。

「俺、仕事でも人生でも、焦ってないから。お前とイタリアへ行けば、俺だって、これまでに考えたこともない人生が開けるかもしれない。いつか、帰ってきて、また役者やったとしても、その経験は、俺の血や肉になるだろうから」

後藤は、中田とイタリアへ行くことを承諾した。

「ありがとう」

親友を伴っての移籍は、中田から、未知の土地で暮らす不安を軽減させた。だが、自分以外の人生を巻き込んでいるのも確かだった。中田の中で、ペルージャへの移籍がずっしりと重くなっていた。

中田とのミーティングを終えた次原は、すぐにイギリスのゴードンに連絡した。彼女は明るい声で、中田の出した答えを伝えた。そして、すぐにペルージャで最終交渉に入る準備を整えてほしい、と話したのだった。

ゴードンは、アストン・ビラを選ばなかった中田の選択に落ち込むことはなかった。

「ヒデが決めたのだから、私は反対するつもりはまったくないよ。ペルージャなら、必ずヒデのチームができる。ヒデが自分で選手を動かせる。私はセリエAに行くなら、プレッシャーの大きなトップチームより、挑戦者であるチームの方が良いと思っていたんだ」

ゴードンは、次原に向かってひょうきんな声を出した。

「あのデモンストレーションでも分かるように、契約の相手は手強いですよ。我々は、それを覚悟しなければならない」

次原は、笑って、そうねと答えたが、受話器を持つ手が汗ばんでいた。ゴードンの言葉の意味は分かっていた。中田が移籍先を決定したとはいえ、契約は現地で行わなければならない。契約書にサインがなされるまで、中田の移籍は完了したとは言えなかった。

移籍交渉はこれからなのだ。

電話を切った次原は、自分に檄《げき》を飛ばすように、左右の掌で頬を強く挟んだ。真の安堵《あんど》は、まだ先にある。

翌日、中田と次原はベルマーレ平塚でペルージャへの移籍と、契約のスケジュールを報告した。ベルマーレ平塚からは、上田がペルージャ入りし、中田の契約に立ち会うことになった。もちろん、ベルマーレ平塚にも、中田の移籍金に関するペルージャ側との交渉が残されていた。

中田の安全を確保するため、中田の旅立ちに際し、移籍発表のセレモニーは一切行わないことも合意していた。

中田はベルマーレ平塚のファンに挨拶《あいさつ》をせず、チームメイトに別れも告げずに去ることは心残りだったが、やはり、危険を回避する以外なかった。


家族を移籍がらみの騒動に巻き込みたくなかった中田は、すべてが決まってから報告しようと考えていた。十八日の晩、中田は、甲府の実家に電話をした。電話口に出た母親、節子へ、唐突にペルージャへの移籍を告げたのだ。

「俺だけど。チーム、移ることになったよ。移籍が決まった」

「どこに？」

節子は、中田の行動を、ほとんど知らなかった。

「イタリアだよ。ペルージャっていうチーム」

母親と話す照れくささが、中田を普段よりずっとぶっきらぼうにした。

「それで、いつ向こうに移るの？」

節子は、Jリーグ・ファーストステージの終わった後か、早くてもリーグ戦の途中だと思っていた。海外へ移籍するなら、それなりの準備も必要だろう。節子は、息子のために自ら準備を手伝うことぐらいはしてやりたかった。

「二十二日に出発する。そのまま、向こうで練習して、九月にはシーズンが始まるから。しばらくは帰ってこられないと思うよ」

「どうして……」

一言だけ言って節子は、絶句した。そして、ワールドカップのジャマイカ戦が終わり、ピッチから通路へ消えていった息子の後ろ姿を思い出していた。

しかし、こんなに早くその日が訪れてしまうとは、考えてもいなかった。叫び出したいほどの寂しさと、深い諦《あきら》めが交錯し、節子には、息子へかける言葉が見つからなかった。

「詳しいことが決まったら、また連絡するからね」

電話は、切れた。母親の嘆きなど意に介さない息子を、ただ見守ることしかできないのだ、と節子は思った。

中田は出発前の会見でマスコミと、あるけじめをつけることに決めていた。成田での記者会見をメディアに対し、条件付きで行いたいと考えていたのだ。

自分の発言がそのまま報道されないばかりに、真意が伝わらなかったり、誤解を受けたりすることに疲れ果てていた中田は、自分に関する報道から作為的な要素を一切、排除したいと思っていた。生涯で、重要なターニングポイントとなる記者会見の報道で、自分の発言がきっちりと、そのまま伝わることを望んだ。

中田は次原と担当の弁護士に相談して記者会見に際し、活字メディア、テレビのＶＴＲ報道へ、自分の話した言葉をすべて掲載すること、編集しないＶＴＲを流すこと、もしくは生放送での中継を要請する文章を作成した。

憲法で保証される報道の自由に歯向かうつもりなど毛頭なかった。ただ、報道の自由を楯に、曖昧な情報や嘘が、これ以上、大量に流されることがいたたまれなかった。

中田は出発前日の朝、やはりどうしてもこの条件付きの記者会見を行いたい、と次原に言った。次原は報道の渦に揉《も》まれ、深く傷ついた中田が、マスコミに対して一石を投じ自分に対するこれまでの報道のあり方を変えたい、と願っていることを知っていた。しかし、それをすれば、今までとは違った大きな騒ぎが起こることは想像できた。中田の窓口となるベルマーレ平塚をも巻き込むことになるだろう。やはり、日本代表の一員でありイタリアのセリエＡへ移籍を果たした中田に取材陣が殺到するのは当然のことだ。

中田自身が否定しても、マスコミにとって中田は明らかに公人だった。どんな形にせよ、取材に規制を加えれば、中田本人だけではなく、その波紋がサッカー界や日本代表にも及んでしまう可能性は十分あった。

反響の大きさを心配した次原は、日本サッカー協会専務理事、小倉純二に相談した。小倉は「日本のサッカーはマスコミに支えられている。マスコミとの信頼関係を損なうわけにはいかない。現状でそうした行動を起こせば、最悪の場合、中田を日本代表に招集できなくなるかもしれない」と言った。

次原は、小倉の言うことがよく理解できた。そして中田のサッカーのために彼が考えたマスコミへの規制に反対しなければならないと思った。

次原の話を聞いた中田は、自分ではなく、協会や他の日本代表選手に迷惑がかかることを嫌い、作り上げた文書を破棄した。しかし、それは彼の本意ではなかった。

「波紋や反響を恐れていたんじゃ、何も変わらない。誰かが、立ち上がらなくちゃ、現状は変えられない。これを止めることは、自分たちの弱さをさらけ出したことになるんだと思う」

中田は、悔しさを押し殺し黙ったまま電話を切った。

七月二十一日、ベルマーレ平塚で最後の練習を終えた中田はいつものように軽い挨拶だけを交わしてロッカールームを後にした。中田が、戻らないことを知っていた選手は誰もいなかった。

その夜、中田は親しい友人たちと食事を楽しんでいた。忙しい友達も中田のために時間を作り、イタリア行きを祝ってくれた。週刊誌のカメラマンが、自分の周りをうろついていることは勘づいていたが、中田にはどうでもよいことだった。

友人たちに別れを告げることは、中田にとって大切な旅立ちの儀式だった。

「イタリアの親戚ができたみたいなもんだ」

「セリエA観戦に、九月になったら行くからね」

「本場のイタリア料理、美味《うま》そうだよ」

友人たちはそれぞれ、中田に歓送の言葉を贈った。

「ペルージャって、ローマから車で二時間半ぐらいのところにある古い街なんだ。治安もいいしミラノやローマのように騒々しくもない。日本から十六、七時間かかるんだけど、考えてみれば二十四時間あれば絶対にたどり着ける場所だからね。今日会いたいと思えば、明日には会えるんだから」

名残惜しく、お喋《しゃべ》りは深夜になってもなかなか終わらなかった。

中田は、まるで数日後に再会するような気軽さで明るく手を振ると、タクシーに乗り込みホテルへ帰っていった。

次原は、記者会見の準備と中田の警護の手続きに追われていた。警察、公安と連絡を取り、会場の警備の確認を取った。私設ボディガードは、中田だけでなく次原やフジタにもつけていた。

マスコミに機内まで追いかけられることを少しでも避けるため、飛行機はイタリア直航便ではなく、ドイツのフランクフルト経由便を手配していた。

また、ペルージャへ到着してからのスケジュールも、ようやく決定した。二十二日の夜に到着し、二十三日に最終契約のための話し合いに臨む。ペルージャでの移籍発表は七月二十四日。二十五日にはペルージャの東南九十キロにあるノルチャという街で行われている合宿に合流することになった。

中田はホテルの部屋でパソコンに向かい、スイスのカールトン一家にイタリアのペルージャへの移籍をメールで報告した。

そして、ファンにも日本を離れることをメールで告げた。このメッセージがホームページで公開されるのは出発する二十二日の早朝だった。

こんにちは。ヒデです。
今日は重大な発表があります。
私、中田英寿はこのたび、ベルマーレ平塚から、
イタリアのペルージャへ移籍することに合意いたしました。
そして今日、一九九八年七月二十二日、日本を発ちます。
突然の発表、そしてあまりにも突然の出発に
皆さんも、驚かれたことと思います。
なぜ、こんな形で、皆さんへの挨拶もそこそこに、
慌ただしく日本を離れなければならないのか、
その辺の事情は、いずれ近いうちに、皆さんにきちんと
ご報告する機会があると思います。

ということで、もう私は平塚でｐｌａｙすることはなくなりました。
平塚に入って三年ちょっと。いろいろなことがありましたが、

正直言って、振り返るといっても、まだ実感がわきません。

ただ、今こうやってメールを打ちながら思うのは、
今日この日までやってこられたのも、
皆さんの応援があったからだと思っています。

本当に有難うございました。
といっても、僕が皆さんの前から永遠に姿を消してしまうわけじゃないし、
これからもこのＨＰで、僕の近況報告は続けていきたいと思いますので、
ぜひ見てください。
今は、とにかくあたふたしていてゆっくりメールを書いている時間もありませんが、イタリアでは、ＷＣ（ワールドカップ）で鍛え続けた〝どこからでもメール〟の経験が役に立ちそうです。

今回は短いですが、このへんで……。
続きは、イタリアから書きたいと思います。

では、行って来ます!!

ひで

メールを書き終えたとき、中田の携帯電話が鳴った。

前園だった。

「ヒデ、頑張れよ。次は俺の番だからな」

「うん」

二人には短いやりとりで十分だった。中田は、前園の優しさと決意を聞き、しばし気ぜわしさを忘れた。

前園が三カ月のレンタルとはいえ、ブラジルの名門、サントスFCに移籍することが発表されたのは、くしくもこの日からちょうど二カ月後、九月二十二日のことである。

中田がイタリアへ発つための準備を完了したのは、二十二日の明け方だった。

午前十一時、成田空港近くのホテルに設営された記者会見場には、およそ二百人の記者たちが集まっていた。スーツを着込んだ中田はコメントを発表した。

「僕、中田英寿は、ペルージャへ移籍することになりました。急な記者会見を開くことになり、応援してくれたファンには直接挨拶できなくて申し訳ないです。その分、向こうで結果を残せればいいと思っています」

中田は、質疑には応じない態度を貫いた。会場の空気は、やはり緊迫していた。中田の隣に座ったベルマーレ平塚社長の重松は、中田の沈黙を庇うように記者たちの質問に真摯《しんし》に答えた。


フラッシュの砲列が中田の後から帯になって続いていた。次原とフジタ、そして中田の私設マネージャーとなった後藤が、人の波をかき分け中田の後を追いかけた。足早に税関を抜けると、中田は脇目も振らず搭乗ゲートに向かって走った。

機内に入ると、朝からの喧騒《けんそう》が嘘のように静かで、中田はほっと肩の力を抜いた。ドアが閉まり、機内が密閉された空間になると安心感は増していった。

明日からのことは、何も考えなかった。自分がサッカー選手であることも、これから海外で生活することも、頭の隅に追いやった。中田はただ眠りたかった。

離陸するとすぐ、ブランケットにくるまった中田は、やがて深い眠りに落ちた。ワールドカップから続いた浅い眠りを補うように、身じろぎもせず、静かな寝息を立てていた。

第二章
本格交渉とパパラッチ

一九九八年七月二十二日の夜、ローマのフィウミチーノ空港の到着ゲートには、日本のマスコミから依頼されたイタリア人記者やカメラマンが中田を待ち受けていた。

中田、次原、後藤、フジタの四人がロビーに出ると、辺りは騒然となった。テレビカメラのライトが周囲を真昼のように明るく照らしている。記者たちは、歩きだした中田に体を擦《す》り寄せるようにして、コメントを求めた。三十人ほどの一団が中田を中心に、押し合いながら空港の中をふらふらと移動していく。

中田は、二十四日に予定されている記者会見までは、何も話すつもりはなかった。

黙る中田に業を煮やしたイタリア人のテレビレポーターや記者たちは、やがて、大声をあげはじめた。皆、片言の日本語を話している。

「イタリアへ着いた感想は？」

「セリエAで活躍する自信はありますか？」

「どのチームと対戦してみたいですか？」

騒ぎは他の到着客も巻き込んで次第に大きくなっていった。身動きの取れない中田に代わり、次原は、ペルージャから迎えに来ているはずの広報担当の姿を求めて、空港の中を右往左往した。しつこくまとわりつくプレスたちから救ってくれるのは、ペルージャの担当者しかいなかった。

しかし、彼らは、中田や次原の前に一向に姿を見せない。次原が走り回ってようやく見つけた出迎えの車の前で、ペルージャの関係者らしき人物は優雅に待っていた。中田は車に飛び乗ると、急いでローマ市内のホテルに向かった。

空港に残った後藤とフジタは、中田の身の回りの荷物が入った八つのトランクを小型トラックに積み込み、中田を追いかけた。空港からローマ市内までは、四十五分ほどだった。

ホテルは、ミケランジェロが「神の仕業」と讃えた神殿、パンテオンの裏手にあった。表通りに比べ、ホテルの前の路地は、ひっそりと静かだった。だが、静寂はすぐに破られてしまった。中田がチェックインすると、空港にいたほとんどの記者たちがホテルのエントランスの前に立って中を窺《うかが》っていた。

中田が遅い夕食を摂《と》るためにタクシーに乗ると、カメラマンが車やミニバイクで後を追ってきた。中田を乗せたタクシーの運転手は、追いかけてくるプレスをまくためにローマの街を猛スピードで走り回らなければならなかった。

翌日、午前中に日本大使館へ挨拶のために立ち寄った中田は、午後、車でペルージャへ向かった。クラブハウスで到着を待っていたアレッサンドロ・ガウッチは、中田の姿を見て、ほっとしたように微笑《ほほえ》んだ。

アレッサンドロが記者会見に応じ、「中田はペルージャ入りに合意している」と言った三日後、中田は日本で「移籍に関しては、まだ何も決まっていない。実際、どこに行くか分からない」とコメントした。アレッサンドロには、日本のメディアから「中田がペルージャに不信感を抱いているのではないか」という問い合わせが多数届いていた。

アレッサンドロは、そうした質問を気にも留めない素振りでいたが、内心、穏やかではなかった。

目の前に立つ中田を見たアレッサンドロは、派手な行き違いも帳消しになったのだと安堵した。

アレッサンドロは、どんな手段を使ってでも中田を他のクラブには渡したくなかった。彼は、中田の才能は自分の野心を必ず満たしてくれると信じていた。

物心ついた頃からルチアーノ・ガウッチの仕事を傍らで見てきたアレッサンドロは、競走馬のオーナーとして成功を収めた父親にビジネスの英才教育を施されてきた。

十二歳になると、数億円の現金を手渡され一人でアメリカの牧場へサラブレッドの買いつけに行かされたことがある。自分が「これだ」と思った馬を購入してこい、とルチアーノは息子に言ったのだ。

アレッサンドロは、自分の感性を信じ、一頭の若いサラブレッドをイタリアへ連れ帰った。しかし、その馬は、一度たりともスピードに乗った走りを見せることのない駄馬だった。アレッサンドロはショックを受けたが、ルチアーノはこの失敗を経験するためにお前はアメリカへ行ったのだ、と言った。数億の金はその授業料だ、と。

ルチアーノは、成功の鍵は馬の将来性を見抜く力であり、サラブレッドの能力を知る獣医や調教師といった有能なスタッフを得ることだ、とアレッサンドロに言って聞かせた。そのために使う金銭は、惜しまなくてもよい。いつか、必ずその金は何倍にもなって返ってくる。父親の言葉を繰り返し聞いていたアレッサンドロは、その後、二度と大きな失敗をしなかった。

十八歳でＡＣペルージャの経営を父親から任されて以来、優秀なサラブレッドを探すように、才能を秘めたサッカー選手を見つけ出すことに必死になった。そして、優れた獣医や調教師の代わりに、有能な監督やコーチを求めた。

七年間、情熱を注ぎ込んだクラブは、ようやくセリエAに返り咲いた。この先は、セリエAで勝つための選手が必要なのだ。

アレッサンドロは、エージェントに号令をかけ、必ず開花する才能を探すように要請した。やがて、リストに挙がった選手の中で、唯一認めた選手が中田だった。


中田はアレッサンドロと挨拶を交わした後、昨晩の騒ぎを伝えた。クラブの広報担当に会えず、空港を、プレスに追いかけられながら彷徨《さまよ》ったことや、ホテルから食事に出掛けるときも記者たちに追跡されたことなど、イタリアのプレスの歓迎にいささか驚いたことを説明した。

雑談が終わるとアレッサンドロは、即刻、中田を出国ゲートまで出迎えに行かなかったペルージャの広報担当をクビにしてしまった。中田を混乱から守れなかった、という理由だった。

アレッサンドロは改めて、中田へ、正式な契約までの手順を伝えた。

実は中田とペルージャの契約は、日本を発つ前には、何ひとつ交わされていなかったのである。中田がベルマーレ平塚からACペルージャへ移籍するということを決めたに過ぎず、すべての契約はペルージャに到着してから行われることになっていた。

契約の細かい条項をひとつひとつチェックする作業は、七月二十三日の午後から行われた。二十四日の日中には、ゴードンがロンドンからペルージャに入る予定になっており、契約のためのミーティングに参加することになっていた。

中田は二十四日午後六時の入団発表記者会見の前までにサインを済ませれば良かった。しかし、このとき中田も次原も予測しなかった事態が待ち受けていた。契約までの道のりは、難航を極めることとなったのだった。

そのことを知らない中田は、会見の場所がアルファトーレ城であることを聞かされると微笑んだ。

会見の後、招待客やプレスを交えてレセプションパーティが開かれることになっていた。

契約に関する説明を聞きおえた中田は、アレッサンドロに向かって「ひとつだけお願いしたいことがあるのですが」と言った。

「背番号のことなんですけど。実は、僕、8番ってあんまり好きじゃないんです。もし、空いているようなら、ずっと付けてきた7番がいいんですけど」

アレッサンドロは、驚いた。

「日本代表では、8番を付けていたので、それが中田選手の好きな番号なのかと思っていました」

中田は申し訳なさそうに言った。

「あれは、たまたま空いていた番号なので」

アレッサンドロは、中田のこだわりを快諾した。

「分かりました。8番のユニフォームは忘れてください。それに、7番を欲しがる選手は他にいないと思いますよ」


アレッサンドロとの面会を済ませた中田は、契約の打合せのためペルージャのオフィスに残った次原と別れ、最も気にかけている家を見に行くことになった。中田は、ペルージャの担当者に静かで清潔な住まいを求めていると告げた。ペルージャ側は、中田のためにいくつか候補となる家やフラットを選んであった。中田は急いで、それらの物件を見て回ることにした。

住宅事情は、日本とは比べものにならないくらい充実していた。最後に見たフラットを、中田はいたく気に入った。ベッドルームが三つあり、バスルームが二つ、広いリビングと完璧なキッチン、そして、ウンブリアの山並みが見渡せるベランダは、豪華な別荘を思わせた。それでも家賃は、十五万円ほどだった。中田が一人で暮らすには広すぎるくらいだったが、中田はそこを借りることに決めた。現在の住人が引っ越すまで二カ月ほど待たなければならず、それまではホテル暮らしを強いられることになるが、それでも待つ甲斐はあると思っていた。

家を見た中田は、その足で体の科学的測定のため、病院へ行くことになった。ペルージャの選手全員が受ける身体テストで、心電図や体の細部にわたって筋力、瞬発力、敏捷《びんしょう》性、持久力などの細かいデータをとるための検査だった。

検査のための病院は、一カ所ではなかった。電子機器を使う細かい検査が行われた。まるでオリンピック選手の科学的データを集めるようなテストが繰り返される。Jリーグではいわゆる身体検査しか行ったことがなかった中田は、念の入れように驚かされた。

中田が出掛けた後、契約調印のための話し合いが開始された。アレッサンドロ、ペルージャ側のエージェントである堀田、次原、ベルマーレ平塚の上田が別室に入り、契約条項の最終的な交渉に入った。

契約は大きく分けて二つあった。ひとつは、ペルージャとベルマーレ平塚が結ぶ、移籍のための契約。これは、ベルマーレ平塚から中田を買い取るペルージャが支払う移籍金の額を決定し、その支払い方法を決めることが主だった。

もうひとつは中田個人がペルージャと結ぶ契約である。年俸と契約年数を決める他、恐ろしいほどに細かい条項が用意されていた。

そして、その条項には、中田が他のリーグやクラブに移籍する際のペルージャに支払われる移籍金の額や、契約年数に満たない期間で移籍した場合の違約金に関するものまであった。目の前の契約条項は、気の滅入るような細かい字で記されていたが、次原はヨーロッパのサッカー選手の契約書としては、それがごく通例だと聞かされた。

イタリア語の契約書を英語と日本語に翻訳するだけでも膨大な労力を必要とした。年俸や移籍違約金の計算では、通訳の口からリラと円が飛び交った。

サッカー選手の契約のプロであるゴードンを後ろ楯にしているとはいえ、その契約はあまりに複雑で詳細だった。一からの契約を、一日で結ぶことなど到底無理なことだった。注意深く契約書に目を通したが、その内容を理解し、それぞれの事項について決定するにはある程度の日数が必要なことを次原は悟った。

目の前に提示された契約書は、中田にとって最良のものでなければならない。その判断は、数時間で下せるほど単純なものではなかったのだ。

事実、ペルージャの思惑と中田サイドの主張は対立していた。

中田に四億円もの移籍金を払うペルージャは、中田をペルージャ生え抜きの選手にするつもりだった。彼らは、もしこの先、中田を欲しいと思うクラブが名乗りをあげたとき、そのクラブが二の足を踏むほどに高額な移籍金を提示していた。

しかし、中田は、当然のごとく、生涯ペルージャに骨を埋めるつもりはなかった。理想のサッカーを求めて何度でも移籍を繰り返す覚悟はできていた。そのためには、自分に法外な移籍金が課せられることは阻止したかった。

契約年数にしてもくい違いがあった。ペルージャ側が提示する契約年数は五年。もしも、契約途中で他に移籍する場合は、さらに高額な違約金が加算されている。

これでは、中田に支払わなければならない巨額な金銭がネックになり、次なる移籍の機会が潰れてしまう可能性は大きい。


七月二十四日、ゴードンが次原と合流し、契約のための話し合いに参加した。記者会見当日の午後になっても、ペルージャと中田の契約のためのミーティングは終わらなかった。

一方、ペルージャとベルマーレ平塚の移籍金に関する合意はほぼ成立したが、最終的な支払い方法やその手順に関しては、後日話し合うことになっていた。

次原とペルージャの攻防は続いていた。ペルージャのクラブハウスから会見を行うアルファトーレ城に移動した後も、契約についての意見は対立していた。

記者会見が始まる午後六時になっても、中田は会場に姿を現さなかった。アルファトーレ城に詰めかけたプレスたちは、開始の時間がイタリア的に遅れているのだとのんびり構えていた。しかし、実態は違っていたのだ。

このとき、城の中では、一人、中田が別室で待たされていた。中田はまったく知らなかったが、大広間ではテーブルを挟み、次原とゼネラルマネージャーが声を荒らげていた。契約内容のすり合わせは、ここまでもつれ込んでも遅々として進まなかった。

突然、怒りに震えだしたゼネラルマネージャーが、目の前の契約書をびりびりと破り捨てた。

「このまま中田がサインをしないのなら、こうする他ない」

次原も一歩も引かなかった。

「中田を飼い殺しにするような内容に、ＯＫを出すわけにはいかないんです。このまま、中田を連れて帰ってもいいんですよ」

睨《にら》み合う二人をとりなすように、ゴードンと堀田も話し合いに加わった。

結局、契約書の詳細に関する結論は後日、話し合うこととなり、中田がペルージャと本日から五年間の契約を結ぶ、という契約書にだけサインすることで話は終了した。

新しい契約書が用意され中田が別室から呼ばれた。ゴードンと次原から契約についての説明を受け、納得すると中田は言った。

「じゃあ、サインするよ」

ペンを持った中田がサインしたのは、午後六時五十八分だった。全員が慌てて会見場となるアルファトーレ城の中庭へ出ていった。中田のペルージャ移籍記者会見は、一時間遅れてようやくスタートしたのだった。

「中田選手のペルージャとの契約が整いましたので、ここで発表いたします」

午後七時、アレッサンドロは晴れやかな顔で、待ち構えていた記者たちに中田の契約を高らかに告げた。

続いて、ルチアーノ・ガウッチが、中田への歓迎のメッセージを読み上げた。

「中田君には、桜のように、美しい花を咲かせてほしい」

ルチアーノは、自分の言葉に酔ったように笑顔を作り、中田を見た。

会見の雛壇《ひなだん》には、日本の国旗とペルージャのユニフォームが飾られ、中田、ルチアーノ、アレッサンドロ、堀田、ゴードン、上田が並んでいた。次原は、何度もアレッサンドロから会見に出席するように言われたが、それを辞退した。

次原はプレスが座る椅子席のさらに後方から会見の様子を見守った。そして、ルチアーノの喜びに満ちたスピーチを聞きながら、この会見は中田の正式な契約の第一歩でしかない、と思っていた。

ジル・サンダーの濃紺のスーツに臙脂《えんじ》のネクタイを合わせた中田は、穏やかに挨拶に立った。

「セリエBからセリエAに上がったばかりのペルージャで、僕もゼロからのスタートが切れる。ペルージャは自分を求めてくれたチームです。イタリアで最も良いチームを選んだと思っています」

中田は、記者たちの質問にも答えた。

「ゼロからのスタートというのは、どんな意味なのですか?」

「こちらでは何も積み重ねたものはない。すべてはこれから作り上げていく、という意味です」

「イタリアのサッカーの印象は?」

「ディフェンスが強い。上手《うま》い選手が多いので、それを学んでいけたら良いと思う」

「いくつかのクラブからオファーがあったと聞いていますが、なぜその中から、ペルージャを選んだのですか？」

「僕に一番、興味を持ってくれたからです。選手にとっては、それが一番嬉しいことだと思います」

「左足の怪我は大丈夫ですか？」

「日本でずいぶんリハビリをしたので、大丈夫です」

質疑応答が長くなることを察してか、アレッサンドロが中田に目配せをした。中田はイタリア語で短く叫んだ。

「バスタ！　オ　ファーメ（お腹が空いたから、もう終わり！）」

会場に笑い声が響き、会見は終わった。パーティの準備のため、三十人ほどのメイドが中庭に散らばった。

オードブルが並べられたテーブルを囲んで、シャンパングラスを片手にした中田が、イタリア人に挨拶を重ねていく。中田のイタリア語は、十分に会話を楽しめるほどだった。

ゴシップ専門のカメラマンになって二十年のアントネッロ・タベッラは、ローマのエージェントから「とにかく中田の写真が欲しい」と依頼され、二十二日のローマ到着から中田を追いかけ、アルファトーレ城にも訪れていた。

モナコのカトリーヌ王女のトップレスやミッキー・ロークのオールヌードを盗撮して、イタリアだけでなく、ヨーロッパで名を上げたタベッラは、メディアが求める写真を提供するパパラッチとして定評があった。クライアントである日本のメディアからの要望は、今回、ペルージャへ移籍した中田がイタリア人女性と微笑んで肩を並べた写真だった。彼らは、派手な見出しを付け、中田のイタリアでの私生活を覗き見させるような記事に仕立てるのだ。

タベッラにとっても、そうした写真はお手のものだった。いつしか、中田を執拗《しつよう》に追い回しているタベッラは中田とは何度も顔を合わせることになった。中田はタベッラを見ると「ハーイ、パパラッチ！」と言って、手を振るようになっていた。

中田を囲む女性は、そう多くはなかった。中田のマネージャーか通訳か、彼を取材する記者、そして、アレッサンドロの婚約者ぐらいしかいなかった。タベッラは、仕方なくアレッサンドロの婚約者と並んだ中田を撮った。明らかに、記念撮影といった一枚だったが、仕方なかった。中田は、タベッラを見ても顔を背けることなく楽しそうに笑った。

タベッラは何時間もファインダーから中田を覗くうち、中田が他のサッカー選手と違っていることに気がついた。

彼は、金と名声と女にだけ興味のあるジョカトーレではない。ではなぜ、イタリアにまで来てサッカーをするのだろうか。

タベッラの脳裏に一人のサッカー選手の顔が浮かんだ。

中田は、ブラジル人のファルカンに似ている。

ASローマのスタープレーヤーとして君臨していたファルカンを見たときに、その知的で崇高な表情に驚かされた。ファルカンは、明らかにサッカーに哲学を求めていた。そして、いま目の前にいる中田も、ファルカンのような澄んだ瞳をしている。

タベッラは、当分、スキャンダラスな写真は撮れないだろうと思ったが、純粋に、中田が好きになっていた。

中田に近寄り、カメラのレンズを近づけながら、タベッラは言った。

「ジョカトーレ、ナカタ！　ガールフレンドができたときには、必ず、また写真を撮らせてくださいよ。それまでは、ファンとしてあなたを応援しますから」

中田は、タベッラのレンズに向かって微笑んだ。


晩餐の席に着き、焼き立ての肉を頬張る中田の姿を、次原もゴードンもフジタも後藤も笑顔で見守っていた。

移籍は発表されたものの、実際の契約はこれから始まるのだ。

実際、ペルージャへの移籍は、中田の言葉どおりゼロからのスタートだった。

翌日から再開される契約交渉には次原が臨み、中田がイタリアで暮らしていくために必要な手続きは、すべて後藤が行うことになった。

ペルージャの選手たちは、二十四日の朝、すでに合宿地であるノルチャに出発していた。中田は一日遅れで、その合宿に合流することになっていた。

第三章
ナカタを囲むジョカトーレ

ペルージャから東南へ約九十キロ、車で二時間の場所にあるノルチャは、シーズン前の合宿に取り組むサッカー選手で溢れていた。避暑地として有名なこの街には、芝が敷きつめられたサッカー場がいくつもあり、ACペルージャも、長年、夏のトレーニングの期間をノルチャで過ごしていた。

一九九八年七月二十五日、監督のカスタニェールは、朝からチームの新しいチェントロ・カンピスタ（ミッドフィルダー）の到着を待っていた。

ワールドカップのとき、まだ見ぬ中田は、ペルージャにとって魅力ある選手の一人だった。しかし、今は違うのだ。カスタニェールの構想の中では、中田は、すでにチームの中心になっていた。ペルージャは生まれ変わらなければならない。そのために、カスタニェールはより複雑なシステムを考えていた。

半月前、ホテルで会った中田に、カスタニェールが紙に書いて示した三つの戦術は、セリエA昇格の直後から温めてきたものだった。戦術を理解する能力に長けた中田がチームの一員であれば実現できる。カスタニェールには、その確信があった。

八月九日までの一次キャンプで、三通りのシステムを始動させる。そのためには、中田ともう一度話し合いたかった。

キャンプの最初の一週間は、フィジカルコンディションの調整で走り込みが中心になるが、その後は、実際にピッチの上で複雑な戦略を構築していく必要がある。

カスタニェールが考えていた構想は、フォワードが2トップのフォーメーション、3トップのフォーメーション、ディフェンスが3バックのフォーメーション、4バックのフォーメーションを、戦況に応じて組み合わせていく、というものだ。4—4—2のオーソドックスな布陣から、4—3—3、3—4—3へと、九十分のゲームの中で流れるように展開していく。

ひとつのチームが相手の戦力に応じ、また好機や危機に応じ、攻撃的なチームにも守備的なチームにもなるという仕掛けだ。

カスタニェールは、フォワードのすぐ後ろにポジションを取る中田に、この目まぐるしくスイッチするシステムの指揮を取る役割を与えようと考えていた。

中田には単純なチェントロ・カンピスタ（ミッドフィルダー）の役割だけを与えるつもりはなかった。アタッカンテ（フォワード）の後ろのトレ・クワルティスタ（四分の三のプレイヤー）、つまりピッチを四等分した場合、三等分目のフィールドに立つ選手として使いたいと目論んでいた。

中田を活《い》かせなければ、ペルージャのセリエB転落は決定的である。セリエA生き残りをかけた大改革への決意と中田が負わなければならない責任を、カスタニェールは一刻も早く中田に伝えたかった。

宿舎となるホテルに中田が到着すると、間もなく昼食の時間だった。セカンドコーチのディエゴ・ジャンナッタージオは、中田の表情や他の選手の様子を注意深く見守っていた。外国人選手がチームに馴染《なじ》めるかどうか、それはチームの戦力が増強されるか、崩壊を導くかの問題だった。去年は、セリエBからAへ上がるための戦力強化として、八人の外国人選手が入団したが、結局七人は、結果を出せぬままそれぞれの国に戻っていった。ベルギーから来ていた選手は、悲惨だった。半年経っても、イタリア語がまったく身につかず、帰国のとき、覚えていたイタリア語は「チャオ」だけだった。

イタリア人は、明るく開放的だと言われる。しかし、その反面、保守的で、頑に自分たちの流儀にこだわるところがある。イタリア料理やイタリア語、イタリア人の気質を愛さない者は、社会から徹底的に締め出されてしまう。それはサッカー以前の問題だった。東洋人の中田が、すんなりとイタリア的な環境に慣れるのか、皆が様子を窺っていた。

トレーニングウェアでレストランに現れた中田を、選手たちが、テーブルの一番端の席へ座らせた。選手たちは、イタリア語を話し、中田はそれに頷いているようだ。ジャンナッタ―シオは、一瞬、中田が隅に追いやられたのではないかと危惧したが、それは違っていた。選手たちは、テーブルを見渡せる席に中田を座らせ、誰もが声を掛けられるようにしたのだ。選手たちが代わる代わる中田の肩や頭に手を置き、中田に質問を浴びせた。

中田はのんびりと笑いながら、彼らとのやりとりを楽しんでいる。初めて会ったとは思えない気安さだった。

カスタニェールがジャンナッターシオに声を掛けた。

「中田はこれまで来ていた外国人とはまったく違うようだね。彼は、不思議な選手だと思わないか？　誰もが中田に対して警戒感をまったく抱いていないだろう。イタリア語が流暢なわけではないだろうが、確かに心を通わせているんだ。私は彼にインテリジェンスを感じてもいる。これで、ますます練習が楽しみになったよ」

ジャンナッターシオは、中田のインテリジェンスこそが彼のテクニック同様、チームに欠くことのできないものになると思っていた。サッカーにおける教養は、敵に対する無意味な恐怖心を取り除く。パニックに陥ることなく戦い抜くことは、難度の高いサッカーが繰り広げられるセリエAで勝利を得るための鉄則だった。

カスタニェールの右腕となるジャンナッタージオには、アーモンド形の目を持った若者が、チームに風を吹き込むような気がしていた。


午後のトレーニングが始まった。中田には、専属の通訳が付き添っていて監督やコーチの言葉を伝えていたが、ピッチの上では一人でイタリア語を理解するしかなかった。フィジカルコーチのパオロ・カザレは、中田のために「デストラ（右）」「シニストラ（左）」「ダバンティ（前）」「ディエトロ（後）」「ピアノ（ゆっくり）」「ラピド（速く）」「ラピダメンテ（もっと速く）」「アンコーラ（もう一度）」などのイタリア語を、ゆっくりと、繰り返した。

だが、カザレの想像以上に中田はイタリア語を理解し、自分でも積極的に話している。

「イタリア語を勉強したことがあるのか？」

「シー　イヨ　パラーレ　ウンポコ　イタリアーノ（ええ。でも少しだけですよ）」

中田は、そう答えた。

昼食後の休憩時、カザレは、ペルージャのクラブハウスから届いた資料を見て驚いた。それは二日前に行った中田の身体の測定資料だった。そこには筋肉の瞬発力や持久力、体力の回復を示す体内の乳酸値の推移など、なんと、ペルージャ全選手の中で、最も優れた数字が記されていたのだ。

「いったい、どんなトレーニングをしてきたんだ」

目を剝《む》いて資料を眺めていたカザレは、監督にその事実を告げながら、小柄な中田の体が鋼のように強く鍛えられていることを知った。

「これなら、我々の作ったサーキットトレーニングのメニューも、簡単にこなしてしまうでしょう」

Jリーグでも日本代表でも、確かに、中田のフィジカルコンディションには定評があった。だが、中田の傷めた左足首は、いまだに完治していなかった。

トレーニングを始めた中田には、決意があった。新しいチームで自分を認めさせるには、結果を示すしかない。言葉が通じないイタリアのチームでその一員となるなら、なおさら実力を見せることが必要だ。それが、能書きや安易な連帯感よりも、最も分かりやすく確実なのだ、と中田は思っていた。

ジャマイカ戦から一カ月が過ぎても、中田の左足首は完治していなかった。出発前日まで行っていたリハビリにより、軽く走れる程度には回復していたが、本気でボールを蹴り全速力で駆けるには明らかに無理があった。しかし、中田は左足首が壊れてしまうことをも覚悟して、チームの練習に参加したのだった。

6対6、10対10のミニゲームでは、多少左足を庇うこともできた。だが、ロードランニングや、繰り返し坂道を駆け上がるダッシュでは、傷めた靭帯《じんたい》がまともに衝撃を食らっていた。小さな疼きは、ランニングやダッシュを続けているうちに全身に広がり、ばったりと倒れてしまえたらどんなにか楽だろうと思わせるほどだった。

ベルマーレ平塚なら、あと十日は様子を見ていただろう。

チームのために怪我を完治させ、百パーセントの力でゲームに臨むのは、プロとして当然の判断だ。しかし、オフ明けで全員がスタートラインに立っている今、中田は敢《あ》えて痛みとなって発せられる危険信号を無視し、走りつづけた。

そして、終始、先頭を切り、最短タイムで走ることにこだわった。

「ヒデ、スローダウン！」

「あんまり飛ばすなよ。このままじゃ最後までもたないぜ」

中田のスピードと体力は、ペルージャの選手のライバル心を掻《か》き立てた。

しかし、練習が終わる頃になると、左足首は小型のラグビーボールのように腫《は》れ上がっていた。庇うために余分な力が込められていた右足も嫌な音をたてて軋《きし》みはじめた。

足首が持ちこたえるのか、壊れるのが先か。

中田は、アイシングのための氷を大量に部屋に持ち込んだ。バケツに足を漬け、じっと冷やしながら、腫れが引くのを待った。

夕食が終わり、テラスでコーヒーを飲んでいたカスタニェールの前に、日本人の記者が現れ、「中田について話を聞きたい」と言った。

イタリア語の通訳を伴った記者に、カスタニェールは、目の前の椅子を指さし「まあ、そこに座りなさい」と言って、その願いを聞き入れた。

記者は、まず食事の話から始めた。

「中田は、野菜がまったく食べられません。合宿での食事のメニューは特別なんですか?」

カスタニェールは、コーヒーを注文した。

「もちろん、そうだ。いまさら嫌いなものを食べろと強制するつもりもないし、そんなことに興味もない。最高のコンディションを作ってもらえば、こちらからは、何も言うことはないよ。彼のような選手は、慣れた食事をするのが一番いいんだ。選手がすべてのエネルギーを試合に使うためなら、何だってたいした問題ではないんだよ。選手がナーバスになって、調子を崩していくのが一番困るんだからね」

身を乗り出すようにして、記者がカスタニェールの顔を覗き込んだ。

「もうひとつ。日本はワールドカップで、三連敗を喫しましたが、その原因のひとつは『中田のパスミス』と言われています。中田が、ワールドカップ惨敗の要因にあげられていることについて、カスタニェール監督は、どう思われますか？」

白い髪を撫《な》でつけるように手を頭にやると、カスタニェールはニヤリと笑った。

「君はクロアチア戦のことを言っているんだろう。アサノビッチにパスカットされたプレーのことを。クロアチアがあのプレーから一点を決め、勝利を得たことは事実だ。シュケルのゴールは素晴らしかった。しかし、中田のカットされたパスがクロアチア戦の敗因と言うのなら、日本人は、サッカーが理解できていないということになってしまう。あの場面は、ゲームという膨大なストーリーの中の、一シーンに過ぎない。サッカーのゲームは、相手のミスと自分たちのミスとの鬩《せめ》ぎ合いで紡がれているようなものだ。日本代表は、一本のパスを奪われたから負けたのではない。得点をあげるフォワードがいなかったから負けたのだ。イタリアがなぜ優勝を逃したのか。それは、日本と同じ問題を抱えているからだ。イタリアは、日本同様、大会の開催までにそのフォワード不在という問題を解決できなかったのだ。これは、チームにとって致命傷だ。イタリアも日本も、得点をあげられなかったから負けた。残念ながら、この事実は明白だ」

カスタニェールの語気が強まった。

「日本代表は、明らかに経験が不足している。強いチームとの試合を重ねていくことで、勝つためのセオリーを、ひとつずつ学んでいくんだから。なぜ、日本代表は、親善試合の相手に弱いチームばかりを選んでいるんだろう。明らかにレベルの低いチームに7—0で勝っても、束の間の喜びしか得られない。ささやかな満足感など、ワールドカップで勝つための力にはならない。日本代表は、ブラジルやドイツやイングランド、オランダやイタリア、スペインといったチームと戦って、世界最強の何たるかを体で学ぶべきだ。そうすれば、必ずワールドカップで勝てるチームになるはずだよ」

二〇〇二年が楽しみだ、とカスタニェールは言った。

「日本代表には、中田の他にも素晴らしい選手がいる。中田とともに中盤でパスを出していた名波は、ヨーロッパでも十分にやっていける選手だと思う。若い監督、岡田もよくやったと思う。岡田がフランス・ワールドカップで得た経験は、日本の宝だよ。経験こそ、勝利の母なんだ」

記者の質問が終わっても、カスタニェールはサッカーの話を止《や》めなかった。

「日本代表には、経験を結果に繋《つな》げるまで、あと四年が残されている。しかし、我々には時間がないんだ。ペルージャは中田を獲得したが、その後の補強が終わってない。この合宿の途中にも、ディフェンダーがあと二人、入団することになっている。それが整えば、このチームの基礎を作れるだろう。日本でペルージャに注目してくれる人々は、シーズンが始まると、セリエAでペルージャのようなチームが勝利していくことがいかに大変なことなのか、すぐに理解することになるよ。でも、私や中田は、その困難に立ち向かうんだ。勝つことが難しいゲームは、勝つことが易しいゲームより、苦しいが熱くなれるからね」

やがて、カスタニェールはチームの戦術や中田のポジションを記者に語り、意見を求めるほどその会話に熱中した。

やがて、記者は監督に聞いた。

「日本にいらしたことがありますか？」

「ないですよ。ACペルージャと一緒に日本へ行けるといいのだが」

「そうですよ。ぜひ、日本でトヨタカップを戦ってください」

記者の言葉に、カスタニェールは笑いだした。そして、分厚いテーピングを施している右足を左手で摩《さす》りながら、記者に握手を求めた。

「中田はまだ若い。それを忘れないでほしいんだ」

立ち上がった記者は、座っていた椅子を戻し、カスタニェールと握手を交わした。カスタニェールとの話を終えたその記者に、カフェに集まっていた選手たちが気安く声を掛けてきた。左サイドバックのコロンネッロは、中田から教わった日本語が正しいかどうか聞いてほしい、と言った。

「中田から、毎日、日本語を習っているんだ。数も十まで数えられるし、挨拶もできるようになった。あいつの性格は本当にブラボーだよ。もう、三年も前からチームにいるような感じがする。フィールドに立つとちょっと顔つきが変わって厳しくなるが、普段は可笑《おか》しなことばかり話しているよ」

中田から日本語を習っているのはコロンネッロだけではなかった。アントニオ・ベルナルディーニも中田の生徒の一人だった。

「女の娘《こ》への声のかけ方も習った。だけど、ノルチャにいたんじゃ、使う機会がないね」

ベルナルディーニの声が一段と大きくなった。

「中田がなぜ、素晴らしいかと言えばどんな練習のときにも『俺はやるんだ！』という意欲を見せていることだ。イタリアのサッカーは、日本のサッカーとは違う。動きが速く、運動量の多さが要求される。シーズンが始まってみないと分からないが、僕は、中田がどんなふうに戦っていくのか、それが楽しみなんだ。ポジションを争うことになるかもしれないが、それも望むところだね」

股関節脱臼《こかんせつだっきゅう》のため、練習には参加していないゼ・マリアも、中田に関しては饒舌《じょうぜつ》だった。

「アトランタ・オリンピックでは、中田に酷い目に遭ったからね。彼のことは、忘れようにも忘れられない。僕たちは五輪代表として戦ったが、中田の技術は、正直、あの中でもずば抜けていたよ。特にデリバー（パスを出すこと）の能力には、天才的なひらめきがあった。ワールドカップを経験して、その力はさらに向上している。まさか、同じチームの一員として戦うことになるとは思わなかったけど、これからは良い成績を残すために、お互い頑張るつもりだよ」

ゼ・マリアは、毎晩、中田の部屋に入り浸っているのだ、とも言った。

「ヒデのパソコンで遊んでるんだ。僕も、もうすぐパソコンを始めようと思ってね、練習させてもらっているわけさ。ホームページの開き方や、Ｅメールの送り方は、もうすっかり覚えたよ」

ペルージャのエースストライカー、ラパイッチは、ワールドカップでの中田のプレーを高く評価していた。

「彼はサッカーのテクニックを知っている。だからこそ、あそこまで上手くボールを操れるんだ。だが、クロアチア人の俺でも、イタリアのサッカーに慣れるまでには時間がかかった。中田は東洋人だ。イタリア語やパスタや陽気な人々の中で数カ月過ごし、イタリアを理解するしかない」

レギュラーを目指している若いフォワード、ブッキは、中田への好奇心を隠さなかった。

「もの凄く上手いプレイヤーだよ。それだけじゃない、中田は、チェントロ・カンピスタの枠を超えていろんなことができる。それって、選手の価値を何倍にもしているってことだよ。俺も中田のパスを受けて、ゴールを決めたい。中田の速いパスに飛び込んでいく自信はあるよ。あとは、どうやって出場のチャンスを摑むかだ。中田がどんなプレーを望んでいるのか……。とにかく、練習中でも、中田を意識しているんだけどね」

ミッドフィルダーのマニコーネは、ジェノアで三浦ともプレーをしていた。経験豊富な彼は、冷静に中田についてのコメントを語った。

「三浦や中田を見ていると、日本には豊かな才能を持つ選手が多いことが分かるよ。中田はスピードがあって、パスのテクニックがある。何より、視野が広いことが素晴らしい」

イタリア代表を経験している三十二歳の彼は、中田にアドバイスも忘れなかった。

「海外でプレーすれば、苦しいことも多いだろう。しかし、外国人としてプレーする限り、我慢強さが重要なんだ。プラティニだって、ジダンだって、最初の半年間は、まったく仕事ができなかった。僕の年になれば、辛抱も苦にならないのだが、中田は二十一歳と若い。今は、じっくりと構えて、しっかりと足ならしをしていくことだ。それができなければ、この世界ではやっていけないから」

やがて、ホテルのロビーに姿を見せた中田は、カスタニェールに向かって「ミステル」と呼びかけ、短い挨拶を交わした。イタリアでは、監督をミステルと呼ぶ。ミスターがイタリア語的に訛《なま》ったものだが、代表でも、少年サッカーのチームでも監督は「ミステル」だった。

中田は、確かにセリエAの、そしてペルージャのメンバーになっている。それもわずか二日間で。

ペルージャの選手たちの言葉を聞き終えた記者は、メモに目をやりながら、そう思った。


ノルチャでの合宿の終盤に差しかかる頃、中田は、ようやく左足首の違和感から解放されていた。激しいトレーニングにかろうじて耐えた足首を見て、中田は、胸を撫で下ろした。トレーニングをリタイアすれば、当然、マスコミに騒がれ、チームの選手たちからは「柔《やわ》な奴だ」と思われていただろう。

だが、油断は禁物だった。中田は、マッサージとアイシングに時間を惜しまなかった。

イタリア語にもずいぶん耳が慣れていた。サッカーに関する言葉や、日常の生活に必要な簡単な会話なら、もう戸惑うことなく、聞き、話せるようになっていた。

チームに馴染みはじめ、中田には、ペルージャのサッカーのスタイルがはっきりと摑めるようになった。

合宿当初、ゲーム形式の練習で、中田は呆然《ぼうぜん》とすることが少なくなかった。選手たちの動きがあまりにぎこちなく、パスが決まった方向にしか出ないのだ。中田が選手たちの目を食い入るように見て、パスを送るよう合図を投げかけても、たいていの場合はパスが出てこない。視野が狭く、攻撃の拠点となるスペースを見つけ出せないでいる。中田は思わず、日本語で呟《つぶや》いた。

「かなり、まずい」

日本代表やベルマーレ平塚であれば、スペースを埋め、また相手のスペースに攻め込むように流動的な動きが完成されていた。パスも同様だ。緩急のリズムを活かしながら、縦横無尽にピッチをパスが行き交った。

これじゃ、平塚よりもレベルは低い。そして、流れるような攻撃や守備を行うための起点がない。

中田はこれまでと同じように、自分がチームの起点になることを自覚した。それだけではない。勝ち点を奪うために、中田自らもゴールを狙うことを強烈に意識していた。

中田はスペースに走り込みながら自由にポジショニングを取り、ゲーム中に二人、三人、と変わるフォワードにあらゆる方向からパスを出していった。カスタニェールが考えたトレ・クワルティスタの位置に、中田という攻撃の拠点が置かれたのだ。

ペルージャは合宿中にアマチュア、セリエC、セリエBのチームと練習試合を行っていた。この中で、ごく自然に、選手たちには「中田を探せ」という意識が植えつけられていった。ボールを持ったら、中田を探し、迷わず中田にパスを送る。日一日とカスタニェールが目指すペルージャのサッカーの形ができ上がっていった。

合宿の期間中、中田を追いかけたフリーのカメラマン、パオロ・ラテツィーニは、中田がペルージャに入ったことは、この上ない正しい選択だった、と思っていた。ユベントスやACミランといった大きなチームであればあるほど、サポーターたちのプレッシャーが大きい。こうしたチームでは、小さなミスをしても、敗戦の責任を負わされることになり、選手に大きな傷を残すのだ。中田は、ミスを恐れてはいけない。彼のプレーは、失敗を避けるために小さくまとまっては、駄目なのだ。

「トップチームに力で及ばないことは明らかだが、ペルージャでなら、思う存分、自分の信じたプレーをやっていけるだろう。とにかく、ゲームに負けても、中田だけの責任にはならないからね」

ラテツィーニとともに、中田を撮りつづけているエンリコ・カルデローニは、彼の言葉に相槌《あいづち》を打った。『カルチョ　２０００』という雑誌の専属カメラマンであるカルデローニが、初めて中田のプレーを間近で見たのは、九七年十二月の欧州選抜対世界選抜のゲームだった。
「中田は、静かで、目立つことを嫌うタイプの選手だが、不思議なことにいつの間にか、ゲームの流れを握っているんだ。ロナウドやバティストゥータがいた世界選抜でも、彼は存在をしっかりと誇示していたからね。ジェノアに行った三浦と比較する記者がいるが、それは大きな間違いだよ。フォワードの三浦には、必ずゴールという結果が求められた。だから一年で帰ることになった。それに比べ、中田には自由が与えられている。中田は何年もヨーロッパでプレーすべきだよ」
『カルチョ　2000』は、中田を新しいグリフォンと呼んでいる、と言ってカルデローニは、ラテツィーニの肩を叩いた。カメラマンたちにとっても、東洋人のジョカトーレは、新鮮な被写体だった。

猛暑の中、ノルチャでの合宿を終えた中田は、八月十三日、スペイン遠征に向かった。スペインのマドリードで一泊し、アフリカ大陸の西に点在する島々、カナリア諸島の中のひとつ、テネリフェ島へ移動することになっていた。

インターネットで毎日、日本の新聞に目を通している中田は、ベルマーレ平塚の戦績が気になって仕方なかった。連敗でチームの状況は相当に厳しい。中田は苦戦するベルマーレを思いながら、スペインでのゲームを戦った。

スペイン遠征を終えた後には、初の公式戦、コッパ・イタリア（日本での天皇杯）が控えている。

中田はとにかくゲームをやりたかった。ゲームをしてチームの選手たちと呼吸を合わせたかった。慣れないメンバーと試合を組み立てていくことは、簡単ではなかったが、戦術を積み重ねていく地道な作業を、中田は楽しんでもいた。

中学生の頃から背負ってきた「7」を付けたユニフォームを纏い、イタリアでの公式戦を戦う瞬間を、中田は待ち望んでいた。

しかし、中田はこのときまだ、自分がペルージャのメンバーとしてコッパ・イタリアを戦えないことを知らなかった。

中田の周囲を、未曾有《みぞう》の闇が覆っていた。

終章　セリエA衝撃デビュー

ペルージャの街は、鉛色の空にすっぽりとくるまれていた。冷たい小雨が落ち、ピッチの芝がじっとりと濡れている。

一九九八年九月十三日、ペルージャに晩秋の訪れを告げる雨の中、セリエA九八―九九年シーズンは開幕した。

スクデット三連覇を狙《ねら》うユベントスを迎え撃つペルージャには、悲壮感が微塵《みじん》も見られなかった。むしろ、初戦で「カンピオナート（王者）」と戦うことに、興奮を抑えきれないでいる。ロッカールームの裏手にあるスペースでアップを続けていた選手たちの頰は紅潮し、激しく弾む息があちこちで白く曇っていた。

雨に濡れた耳の縁は赤く染まり、じっとしていると指先がかじかむようだ。

中田はチームメイトと対面パスを行いながら、早く動き回って体を温めたいと思っていた。確かに、ユベントスと戦う緊張感は、背筋を這い上り両肩にずっしりとのしかかっている。しかし、中田は戦いの前の全身の細胞がざわめくような感覚が好きだった。

キックオフの時間が迫り、両チームの選手たちが、通路へと導かれていった。ジャマイカ戦以来、三カ月ぶりの真の高揚感で膨らんだ胸に、中田は冷たい空気を吸い込んだ。ひんやりとして、ゲーム前の逸《はや》る気持ちがほどよく鎮まっていった。

セリエAでは、選手たちが凶暴なファンに脅かされることなくピッチにたどり着けるよう、通路の出口から蛇腹式のビニール製ドームが伸ばされる。中田は、その狭く薄暗いドームの中で、対戦する選手たちと肩を並べた。

二年八カ月前に訪れたユベントスで、別世界のサッカーを戦っていた選手たちはすぐ隣にいた。

中田は、ジダンの隣で黙って前を向いて入場の合図を待っていた。

開幕を前に、ユベントスの選手たちもまたメディアの標的にされ、喧騒《けんそう》の中でペルージャ戦を迎えていた。

開幕前のスーパーカップでラツィオに1―2で敗れ、ユベンティーノ（ユベントスのファンたち）を落胆させたユベントスは、トップのインザーギが不調で決定力を欠いていた。

このところヨーロッパのサッカー界で大きく取り沙汰《ざた》されているドーピング疑惑問題には、デシャンやジダンの名が挙がり、チームのイメージに影を落とした。

また、世界の最高峰に立ち、フランス国民の英雄となったジダンは燃え尽き症候群から抜け出せないでいる、と騒がれていた。

ワールドカップ以後、怪我からスランプに陥ったデル・ピエーロもレギュラーが危ぶまれるほどで、その表情には確かに疲れの色が見えた。

すべてを払拭《ふっしょく》する手だては、敵を屠《ほふ》ることだけだった。

新しい第一歩を踏み出す中田も、栄誉を積み重ねてきたユベントスの選手たちも、ただ勝利という一点を見つめピッチに駆けだす瞬間を待っていた。


午後四時、選手たちはピッチに躍り出た。スタンドから地鳴りのような歓声が沸き起こった。バックスタンドは、ペルージャのチームカラーである赤と白のボードで埋め尽くされていた。

中田は緊張をほぐすように、肘を曲げ、勢いよく肩を後ろに回している。胸の鼓動と全身を駆けめぐる血液の音が中田の耳の奥で、低く響いていた。

日本から応援に駆けつけたファンは、五百人にも及んでいる。その中には、中田の母親、節子と、兄、尚孝の姿もあった。節子は、息子のために彼の好物である「信玄餅《しんげんもち》」を持参していた。

整列をした中田の周りをカメラマンが取り囲み、フラッシュの白光が彼の全身を包んだ。

日本人カメラマンはもとより、ヨーロッパのカメラマンも真っ先に中田へ群がった。セリエAで日本人がプレーすることの衝撃を物語っていた。

長いイタリア滞在を経て、一次帰国していた次原は、衛星中継を映し出すオフィスのテレビの前にいた。セリエAの開幕戦に出場している中田を、次原は一心に見た。

契約の裏側を知る次原にとって、中田がデビュー戦を迎えられたことが、奇跡に思えてならなかった。

中田には、道を切り開く力と運が備わっている。

次原は、中田を、すんでのところでセリエAに導いてくれた奇跡に感謝していた。

後藤とフジタはメインスタンドの最上段で、チーム撮影に応じる中田を見下ろしていた。隣には、ペルージャのオーナーのルチアーノとアレッサンドロが座っている。

彼らは決して声をあげることなく、中田のすべてのプレーを瞳に焼きつけようと約束していた。

後藤とフジタの隣に座ったゴードンは、中田の才能が新たに示される日であることを確信していた。六月三日、スイスのローザンヌで初めて見た中田のサッカーが、ワールドカップを経て今、セリエAで磨かれるのだ。

中田が実力を証明するまでに、時間はかからないだろうとゴードンは思っていた。このゲームで、中田への評価はさらに跳《は》ね上がる。ゴードンは、その自信を、紅潮した顔面に漲《みなぎ》らせていた。

中田とともに歩んできたそれぞれが、それぞれの思いを抱き彼をみつめていた。

午後四時五分、キックオフ。中田はいつもと変わらず、背筋を伸ばし腕でリズムを取るようにして走りだした。首を左右に大きく振って、ボールの行方とスペースを見極めている。

緩やかに転がっていたボールはユベントスの中盤、デシャン、ダービッツ、タッキナルディを経て、徐々にスピードを増していった。

ユベントスがボールを支配すると、白と黒の縦縞が緑の芝を切り裂いて進んだ。両サイドバック、ペソット、ビリンデッリが果敢にペルージャ陣内へ攻め入った。

ペルージャの選手たちはたじたじとなって、ボールを操るユベントスの選手たちの足にスライディングを繰り返した。中田は何度も後ろを振り返り、ディフェンスラインを修正するために声を出した。

絶好調を感じさせるダービッツに攻め込まれるたび、中田は、本来のポジションから遥かに下がってボールを追った。それでも、体を弾ませるダービッツの底知れぬ体力は、幾度もペルージャのディフェンスを慌てさせた。

二十四分、ジダンがファールを受け、右膝を負傷。あっけなく戦線を離脱した。フリーキックを得たユベントスは、デル・ピエーロが横にちょこんと出したパスをダービッツに託した。鋼鉄のような左足が高く振り上げられると、ボールはペルージャのゴールキーパー、パゴットが伸ばした腕を軽々と弾き、ネットに突き刺さっていった。

試合の主導権は、ユベントスが完全に握っていた。波状攻撃は繰り返しペルージャを苦しめ、力の差は歴然とゲーム展開となって表れていた。

ペルージャが、ユベントスのシュートをかろうじて凌《しの》いでいた時間は短かった。三十二分にはトゥドールが、前半終了直前にはペソットが、鮮やかな得点を決めた。

レナト・クーリ・スタジアムには、三点を失ったペルージャの勝利を諦《あきら》めるため息が漏れていた。

中田は前半が終わると踵《きびす》を返してピッチを後にした。じっと足元を見て歩き、決して顔を上げようとしない。その中田に、カメラマンたちが後ずさりして道をあけた。

中田は無表情だった。しかし、その胸のうちでは、爆《は》ぜるような憤りと、勝利への飢餓感が混濁し、すべてを焼き尽くすように燃え盛っていたのだった。

中田の視界の隅に、ペルージャへ来てからの光景が蘇《よみがえ》っていた。そこには、希望と驚愕と絶望の中で、揺れ動く自分の姿があった。

このままゲームを終えれば、進むべき場所を見失うことになる。無様な負けは、これまで築き上げ歩んできた「橋」を粉砕することになるのだ。

このとき、中田の全身を縛っていた恐怖と危機感を理解する者は、誰一人としていなかった。

セリエA開幕までの一カ月、サッカーに没頭しようとする中田の気持ちを切り刻むように、人々の思惑が交錯していた。

八月十七日、スペイン遠征からペルージャへ戻った中田は、契約が順調に進んでいないことを聞かされた。

契約は二通りあり、まず中田が耳にしたのは、クラブと中田個人との契約内容に関してだった。

ACペルージャとの契約年数が五年と決定していたものの、詳細に関しては、何も合意が得られていなかった。

中田の代理人、ゴードンと次原が、ペルージャの代表、アレッサンドロと話し合いを繰り返したが、両者の距離は広がっていくばかりだった。双方の弁護士を伴って行われるミーティングでは、ときに怒鳴り声があがり、話し合いがゆきづまることもしばしばだった。苛立《いらだ》ったアレッサンドロが中田本人を呼びつけ、代理人がこのまま言い張るのなら今すぐ日本に帰ってもらってもいいんだぞ、と凄《すご》んだこともあった。

それればかりではなく、もう一方、ベルマーレ平塚とＡＣペルージャの契約もやはり揉《も》めていた。

八月十八日、ペルージャでの練習が再開された。

中田への取材は、コッパ・イタリアを前に一層加熱していった。中田は、練習の間、カメラで狙われていることが耐えられなくなった。

解決を見ない契約問題を気遣いながら、練習を続ける中田の苛立ちは、頂点に達した。チームの選手たちの中には、フィールドに陣取る日本人カメラマンについて、「邪魔だ。何とかしてくれ。俺たちには関係ないだろ」「お前を撮っているカメラマンなんだ。お前がコントロールしろよ」と、直接、中田へ文句を言う者もいた。

この移籍騒動の取材をする日本の記者たちから、中田の移籍金や年俸の推定額を聞かされ、感想を求められた何人かの選手は、その金額の大きさに驚き、絶句した。そして、呆《あき》れたというような感想を漏らした。

　経験もない若いジャポネーゼに、うちのクラブはこんな大金をつぎ込んだのか。

　もちろん、中田の立場を理解する選手がほとんどだったが、中田の移籍の経緯が記者によって公にされていくにつれ、数人の選手は密《ひそ》かに中田に敵意を抱いた。

　新参者が受ける、当然の反応だったかもしれない。

　しかし、セリエAで戦うためにチームの支柱となることを、自ら意識していた中田はチームの中で浮いている自分が許せなかった。

　意を決した中田は、練習後、取材陣へこう申し出た。

「練習中、カメラで撮影されつづけるのは、チームに迷惑。はっきり言って、僕にも迷惑です。撮影は、練習の一部、例えば、三十分程度にして撮影後は帰ってほしい。もし要望が通らなければ、今後取材は受けない」

　翌十九日には、無言でマスコミの前を過ぎ去った。

　イタリアにまで中田のために取材に来ている記者やカメラマンは、不機嫌極まりない中田に当惑し、腹を立てた。

　神経が逆立ち、ぎりぎりのところで耐えながら練習をこなす中田と、サッカーヒーローの動向を伝える使命を持ったプレスの間には、越えがたい壁が築かれていた。

中田のセリエAデビューを遅らせることになった、ベルマーレ平塚とペルージャの移籍金の授受についての問題はこうだった。

両クラブの間の仲介人となった堀田は、ペルージャのアレッサンドロから移籍金の支払い方法を相談されていた。

ベルマーレ平塚とペルージャの間では、中田の移籍金、三百三十万ドルを分割で支払うことが取り決められていたが、アレッサンドロは、堀田に中田の移籍金、三百三十万ドルの立て替えを求めた。ペルージャから堀田への支払いは、三十万ドルディスカウントした三百万ドルで、三年間にわたり四回に分けて支払われることになっていた。

堀田へは三十万ドルのディスカウントと、立て替えの代価として、中田の肖像権と日本での中田の名前を使った商品権、ペルージャのテレビ放映権を譲渡すると、アレッサンドロから言われていた。

ペルージャと堀田が交わした契約の内容から、堀田には三十万ドルを肩替わりしても余りある利益が得られるように思われた。

しかし、その契約書には無知と非常識からなるいくつもの誤りがあった。

まず、テレビ放映権はセリエＡが一括管理するもので、堀田個人に与えられるものではなく、当然、堀田には放映権を売買することなどできなかった。

さらに、堀田の手にある契約書には、中田の肖像権と日本での中田の名前を使った商品権を与えるという項目もあったが、中田には知らされておらず、本人や代理人が認めていない非公式なものでしかなかった。

ベルマーレ平塚への第一回支払いの期限は八月二十日だった。契約内容を信じていた堀田は、ペルージャから振り込まれるはずの最初の入金を待ち、ベルマーレ平塚に支払う予定でいた。

だが、ペルージャから送られてきた三枚の小切手は、九月三十日、九九年一月三十日、九九年四月三十日にしか換金できないもので、結局、堀田からベルマーレ平塚への支払いは滞ることになった。

堀田とペルージャの契約は白紙も同然だった。

中田がイタリア・セリエＡでプレーするためには、イタリア・サッカー協会の登録選手になる必要がある。ＡＣペルージャは、ベルマーレ平塚の「移籍承諾書」を得、同時にベルマーレ平塚から日本サッカー協会へ「国際移籍証明書」の発行を要請してもらわなければならない。

日本サッカー協会が発行した「国際移籍証明書」が、イタリア・サッカー協会に送られ登録が終わった時点で、ペルージャのメンバーとして公式戦に出場することが許されるのだ。


八月二十日になっても移籍金の一部が支払われなかったベルマーレ平塚は、国際試合に出場するために必要な「移籍承諾書」を発行できなかった。当然、日本サッカー協会から発行されるはずの「国際移籍証明書」も見送りとなってしまった。

八月二十三日、コッパ・イタリアの対カステルサングロ戦での中田のイタリア公式戦デビューは、完全に消滅した。

中田は、二十日の夜になってもこの事実を知らされていなかった。後藤と二人でイタリアの地図を広げ、カステルサングロの場所を探し、ペルージャからの距離を図りながら、敵地での戦いを思い描いていたのだ。

翌日、移籍金が払われず移籍証明書が発行されなかった経緯を聞き、中田はただ黙り込むしかなかった。サッカーをするためにイタリアにまで来た自分が、サッカー選手を商品とする人々にもてあそばれている。

中田の華やかなセリエAへの移籍は、この時点で完全に宙に浮いていた。

中田の移籍手続きがストップしたことがマスコミによって大々的に報じられると、アレッサンドロは中田の移籍交渉のときと同じように大げさなパフォーマンスを始めた。

二十日に「二十二日までには、ベルマーレ平塚と日本サッカー協会から『移籍承諾書』と『国際移籍証明書』が届くので、二十三日のコッパ・イタリアへの中田の出場は九十パーセント可能だ」と答えておきながら、二十二日には「すべての問題は代理人の堀田氏にある。ペルージャとベルマーレ平塚は、代理人を仲立ちとせず直接交渉で再び契約を結び直す」と、弁明したりした。

「どうして、こんな事件が起こってしまったのか。公式戦を戦うときに、中田が出場できないとは信じられないことだ。代役を誰にするかを考えると、私は深刻にならざるを得ない」

そう語ったカスタニェール監督の胸の内を察するように、二十三日、中田は公式戦出場が不可能になっても、チームとともにペルージャから三百キロ離れた、カステルサングロに向かっていた。

中田を欠いたペルージャはセリエCのカステルサングロにあっけなく敗れた。Tシャツ姿でベンチに座り、フィジカルコーチ、カザレの隣で観戦した中田はゲームが終わった後もマスコミを避けつづけた。

二十四日、ペルージャの代表として記者会見をしたアレッサンドロは、すべては堀田の落ち度であり、ペルージャには非難されるいわれはない、と語った。

また、契約書が白紙同然であることに気づいた堀田は、ペルージャと中田の契約から、一切、手を引くことを明言した。そして、アレッサンドロの記者会見を受け、スペイン・マドリッドで反論し、アレッサンドロとの契約内容を公開するとともに、「すべては代理人の責任」と言ったアレッサンドロを名誉毀損で告訴する準備もあると語った。

イタリアの新聞は、この中田の移籍騒ぎを連日にわたって報じ「代理人は契約金を期限までに支払わず、小切手を持ち逃げした」「奇妙な推理小説　中田ペルージャへの移籍」「悪夢の中田、契約無効」と、あれこれ詮索《せんさく》を込めたスキャンダラスな見出しを躍らせた。

この時点で、もう一方の中田の個人契約の方も、まだ混沌としていた。

一向に解決しない移籍問題を心配した中田の友人たちは、電話やEメールで激励のメッセージを送っていた。

中田は明るく対応したが、心に不安が渦巻いているのも事実だった。

「本当に信じられないようなことが起こっている。今は、誰にも、何も話せないんだ。いつの日か、どうしてこんなことになってしまったのか、すべてを話せる日が来るといいんだけどね」

中田は、周囲に人がいれば無表情な顔で感情を覆い隠した。ピッチでの、空気を小さく振動させるようなシャッターの音が、彼の神経を逆撫でする。中田は、自分をイライラさせる記者やカメラマンに対して途轍《とてつ》もなく残酷になった。マスコミが中田を求めれば求めるほど、硬い殻に閉じこもり、遠ざかっていったのだ。

二十五日、チームの広報は「中田のコメントは週一回。その際には、事前に質問表を提出すること」と、通達した。

中田の擦り減った気持ちは、神経を剝《む》き出しにし、自分を取り巻くマスコミへの苛立ちは途切れることがなかった。

「このままじゃマスコミに潰されるよ」

中田は日本への国際電話で、親しい友人にそう告げていた。

二十六日午前の練習後、中田は十数人の子供たちに囲まれサインに応じているとき、駆け寄ってきたカメラマンに向かって「邪魔だよ、どけよ、虫けら」と言い放った。悪態をつく中田は心の内で苦しさに耐えられず悲鳴をあげた。このとき、中田は不眠とストレスで食事も喉を通らなくなっていた。

ベルマーレの地道な交渉が活路を開いたのは、九月に入ってからのことだった。

九月四日、来日したアレッサンドロは、ベルマーレ平塚の本社を訪れ中田の移籍に関する契約を正式に結んだ。三百三十万ドルの移籍金は、手付金入金の後、一括で支払われることになった。

九月八日、手付金としてベルマーレ平塚に六十万ドルが振り込まれ、ベルマーレの統括部長代理、上田が「移籍証明書」を発行するとともに、日本サッカー協会へ「国際移籍証明書」の発行申請書を提出した。日本サッカー協会の副会長となった小倉純二は、即座にこの国際移籍証明書にサインし、イタリア・サッカー協会へファックスで送ったのだった。

こうして、イタリア・サッカー協会は、中田を選手として登録した。ようやく、中田は九月十三日のセリエA開幕戦へ出場できることになった。

しかし、それでも、心に付着した懐疑と不信と孤独は、中田を苦しめつづけていた。

ぬかるむ泥土のような不快感と決別するには、結果を出すしかない。誰もが、口を噤《つぐ》んで頷《うなず》くような明らかな結果を……。

中田は、ユベントスとの戦いでその結果を出したい、と願っていた。たとえ一笑に付す者がいても、ユベントスに勝ちたいと思っていた――。

ハーフタイムで監督のカスタニェールは、「今のペルージャに、失うものは何もない」と言って選手を送り出した。だが、中田は違っていた。このまま終わってしまえば、多くのものを失うのだ、と自分に言い聞かせていた。

ユベントスに追いすがるには、得点をあげるしかない。後半に入り、中田はこれまでになくゴールを意識して前線に走り込んでいった。

後半七分、ペトラッキのパスを右サイドで受けた中田は、鋭角なポジションから両手を大きく水平に広げ、体を硬質なゴムのようにしならせてシュートを放った。ボールは元イタリア代表のゴールキーパー、ペルッツィを避けるようにしてゴールに飛び込んだ。

中田は右手で拳を作り、肘を曲げ、勢いよく体に引きつけて、控えめなガッツポーズを見せた。Jリーグで戦っていた頃には、ゴールを決めてもまったくといっていいほど喜びを表さなかった中田も、セリエAを多少は意識していた。

練習中、チームメイトからこう声をかけられていたのだ。

「ヒデ、セリエAは世界で一番ゴールを喜び、讃えるリーグなんだ。ゴールが決まったら、みんなで派手にやろうぜ」

その言葉どおり、選手たちは折り重なるように中田に飛びついてきた。メンバーに肩を抱かれる中田の笑顔は、遠いスタンドの席からもはっきりと見てとれた。

セリエBから上がったばかりのペルージャのメンバーは、ユベントスからゴールを奪った喜びを格別な思いで嚙みしめていた。


チームは、中田の決めたゴールを糧に、息を吹き返した。

後半十四分、右コーナーキックを得たペルージャの選手とユベントスのディフェンス陣は、ゴール前、ヘディングで激しく争った。ゴールキーパー、ペルッツィが両手を突き出し、弾いたボールが絶妙のタイミングでゴールマウス直前に詰めていた中田の前にころがり込んできた。

中田の右の爪先は、大きくバウンドしたボールの描く曲線の先を的確にヒットした。叩きつけるようなゴールが決まり、中田は二点目を入れた。

スタンドには、発煙筒の真紅の煙が立ち込めていた。観客がどすんどすんと音を立て、スタンドが地響きを立てるように揺れている。一点差に詰め寄った事実に、味方のペルージャの選手たちが衝撃を受けていた。

後半、中盤のプレッシャーが弱々しくなっていたユベントスは、中田の二点で急に緊張感を取り戻していた。

二十分、デル・ピエーロの左からのコーナーキックを、フォンセカがスライディングして決める。再び、得点差は二点に広がった。

中田は、諦めなかった。ハットトリックを狙っていたのだ。結果を残すために、どうしても、もうひとつ、ゴールが欲しかった。

積極果敢な中田をユベントスのディフェンダーがマークする。その隙《すき》をついて、フリーとなったラパイッチが、左サイドをドリブルで突破した。ラパイッチの猛進撃を止めようとしたペソットが、ペナルティエリア内でファールし、ペルージャにPKが与えられた。

観衆は、ハットトリックを目前にした中田がキッカーになることを望んだ。だが、蹴《け》ったのは、昨シーズン、クラブ最多の十一ゴールを決めたベルナルディーニだった。

軽やかなシュートがゴール左隅に吸い込まれていった。

3—4と追いすがるペルージャは最後まで諦めなかったが、地力に勝るユベントスがついに逃げきり、ゲームは幕を閉じた。

レフェリーの笛が聞こえると、選手の体からがっくりと力が抜けていった。中田と絡むことの多かったダービッツが、ゆっくりと近づいてきた。右手で握手をし、左手で中田の後頭部をしっかりと摑みながら中田の健闘を讃えた。

　このゲームでの功労者であるダービッツは、英語で中田に話しかけた。

「よくやったよ、本当に」

　中田に顔を近づけた彼は、眉をひそめて最後にこう言った。

「お前、確か、日本人だよな」

　頷いた中田の頭をぽんぽんと叩くとダービッツはピッチを歩きだし、ロッカーに向かった。途中、カメラマンや記者に取り囲まれた彼は、質問を受ける前に話しだした。

「中田は、セリエAで十分通用するよ。それが聞きたいんだろ」

　中田の二つのゴールを思い出し、ダービッツは笑いながら足元を見つめ何度も首を振った。


　ゴードンは、興奮を抑えきれなかった。やはり、自分の目に狂いはなかった。中田のサッカーは、セリエAでのお披露目当日、間違いなくその真価を認められた。

　ゲームが終わると、ゴードンの携帯電話のベルが鳴った。ロンドンからの電話だった。イギリスのテレビ中継の中で、中田が「マン・オブ・ザ・マッチ」に選ばれたことを伝えてきたのだ。

解説者をしていたスコットランド代表監督のクレイグ・ブラウンと、元ACミランの選手として活躍したジョー・ジョーダンが、慣例を破り負けたチームからマン・オブ・ザ・マッチを選んだのだという。二人は「ダービッツは、ユベントスのために優秀なプレーをした。しかし、セリエAという高度なサッカーが行われるリーグで二点を取ったという結果から見ると、中田が最も素晴らしかった」と口を揃《そろ》えたのだという。

ゴードンは、頂きに向けて走りだした中田の姿が誇らしかった。

中田にとって、頂点がどこにあるのか、ゴードンにもまだ分からなかった。しかし、必ず中田をヨーロッパのサッカーの最高峰に導いてみせる、という気持ちが沸騰していた。

ざわめきが収まらないスタンドで、ワールドカップのときに知り合った日本人記者に遭遇したゴードンは、大げさにその記者を抱きしめた。

「中田は偉大な芸術家だと言ったことを覚えているか？　彼は、今日、このピッチで信じられないような絵を描いてみせた。その絵を、このゲームを観たすべての人間が心に刻んだんだ」

記者から「中田を必要とするチームはこれからも増えますか。次の移籍に向けての話が動きだすのではないですか」と聞かれたゴードンは、「もちろん」と、力強く答えた。

中田が次に出会うべき監督は誰なのか。あのマイケル・オーウェンにも匹敵するフォワードを有するチームはどこなのか。中田を評価するチームはどこなのか。その移籍金は――。

中田なら十数億の移籍金を支払うクラブも必ずある。

これまで影を潜めていた野心が、ゴードンの中で動きだしていた。


テレビの前にいた次原は、中田の計り知れぬ強さに、ただ唖然としていた。

次原は、中田を取り巻く光と闇が見えたような気がした。

なぜか、全身に悪寒が走った。

中田は、自分の手で、自分の価値を引き上げてしまった。メディアを通じ、開幕二得点の情報は、ヨーロッパの隅々にまで行き届いたことだろう。中田を欲しがるエージェントやクラブは、この先も増えるに違いない。

次原は勇み立つ気持ちを感じながら、これまで覚えたことのない恐れに身を委《ゆだ》ねていた。

次原は、ゆっくりと瞼を閉じた。


中田は、記者会見で「特別、緊張はしなかった」「ゴールを決めても、チームが勝たなければ意味がない」と短いコメントを残しただけで、興奮や感情を露《あらわ》にすることはなかった。

この後、テレビのインタビューを終えてから、日本から応援に来ている友人たちと、ペルージャの町外れにある瀟洒《しょうしゃ》なレストラン「オステリア　デル　オルモ」へ食事に行く予定になっていた。

日本から訪ねてきていた友人の顔を見ると、ほっとしたのか、中田は思わず言った。

「ユベントス、思ったより弱いよ。でも、ペルージャは弱いっていう以前の問題。駄目だよ。もっと頑張らないと。やっぱりこれじゃ勝てないよ」

中田が特に気に入り、週に何回か足を運ぶそのレストランのオーナーは、公式戦でゴールを決めたら、好きなワインをご馳走しよう、と中田に約束していた。

私服に着替え、友人たちを引き連れて歩く中田に、街の人々が気安く声をかけてくる。彼らは皆、中田へ「グラッツェ」と言った。

裏通りを行くと、あるワイン店の主人が中田の姿を見つけ、店先から走り出てきた。手には大きなシャンパンを持っている。

「ささやかな祝いの品ですが、受け取ってください」

その主人は、中田の手に、深い緑色の重たい瓶を預けた。

「オステリア　デル　オルモ」に到着すると、中田の到着を待っていたオーナーは、さっそく彼にワインリストを手渡した。

「どのワインでも、何本でも、今晩は、私が奢《おご》らせてもらうよ」

テーブルには、ソムリエやシェフや給仕が代わる代わるやってきて、中田を祝福した。オーダーした料理が運ばれると、最高級の食材が使われていることが分かった。イタリア語で説明を受けた中田は、友人たちにメニューの解説を行った。イタリアの秋の味覚がテーブルを埋め尽くしていった。

長い食事が終わり中田が会計を頼むと、オーナーは中田の手を握りこう言った。

「中田は、今日、我々に2ゴール《ドウエ》をプレゼントしてくれた。1ゴール《ウノ》じゃない、2ゴール《ドウエ》だ。セリエAのペルージャのサッカーを観て、こんなに興奮したのは何年ぶりだろう。とにかく、今晩は食事も奢りだよ。そうだ、いつかハットトリックを決めたら、この店がいっぱいになるほどの友達を連れてきてもいい。そのときにも私が奢るからね」

中田は、オーナーに礼を言った。そして、ペルージャの街の人々の温かさに触れ、この地にたどり着くことになった運命に感謝した。

食事の後、友人たちをペルージャの中心地へ案内した中田は、強い北風から逃れるように体をすぼめ、ポケットに両手を差し込んで街の目抜き通りを歩いた。深夜近く、友人たちをそれぞれのホテルまで送り届けると、彼は自分の宿泊しているホテルを目指した。ペルージャの街はこぢんまりとして、どこに行くにも徒歩で十分だった。

ブーツの踵《かかと》が石畳を打つコツコツという自分の足音を聞きながら考えていた。

数奇な出会いと日本に押し寄せたサッカーの熱が、自分をイタリアへ導いた。そして、ペルージャで出会い、行き交う人々の笑顔は冷たい孤独を癒《いや》すための温《ぬく》もりを与えてくれた。平塚にいた頃と同じように、ペルージャのために戦うという意識は自分にとってもごく自然なものになっていた。

吹き荒《すさ》ぶ風がさらに強くなり、中田は足を早めた。

新しい街で暮らす楽しさは確かにあった。だが、そうした和やかな気持ちとは逆行するように、中田には消すことのできない闘争心がくすぶっていた。

中田は、薄暗い街灯の下で立ち止まり、足元の石畳の先に広がる暗闇をみつめた。そして、自分は一人なのだと思った。この数カ月、自分はすっかり孤独に慣れてしまった、と感じていた。だが、それは違った。人間が一人であることは仕方がないと諦めていながら、中田はどこかで孤独を癒す手だてを求めていたのだ。

それは中田がサッカーというスポーツをはじめたときの気持ちに似ていた。

中田は、自分を表現するためにサッカーに夢中になった。

フィールドには、いつもパスを託す相手がいる。

自分の出したパスが誰かに繫《つな》がるということに無上の喜びを感じたのだ。

もちろん、パスもシュートも人に頼ることはできない。ピッチの上で中田は一人であることに変わりないのだが。

中田は、石畳を蹴って駆け出した。石を叩く甲高い音が人けのない街に響いていった。強いサッカーを求める気持ちは、どうしても変えられない。

彼の胸に、韮崎《にらさき》や平塚で過ごした日々の記憶が蘇っていった。

ヨーロッパで一流のサッカーを戦いたい。そう願う自分には、安住の地など見つけられないのかもしれない。

自分にとって、戦いの場所は他にもあるはずだ。

ホテルに続く緩やかな坂になり、中田はそこを全速力で駆け抜けた。

息が弾み、鼓動が高鳴っていた。

中田は、これまでと同じように、いつかペルージャの街を去る日が来るだろう、と思った。

あとがき

彼が繰り出すパスは、フィールド上で大きな放物線を描き、平塚競技場の艶《つや》やかな芝生の上を何度も行き交っていた。

これからもこの美しいパスが見たい。

初めて観客として中田英寿の出場するベルマーレ平塚のゲームを観戦したとき、私はそう考えていた。

以後、時間の許す限り平塚のホームゲームへ出掛けるようになった。勝敗はもとより、ゲームの最中に彼のパスの行方を予測し、それを裏切られることが楽しくて仕方なくなっていた。

中田選手に初めて会ったのは、一九九六年八月に行われたアトランタ・オリンピックの直前だった。サッカーについても、日常の生活についても、惜しみなく話を聞かせてくれた彼は、やはり、大舞台でのブラジル戦やナイジェリア戦を心から楽しみにしているようだった。

インタビューが終わり記録用に回っていたテープレコーダーを止めた後、中田選手は私にこう言った。

「自分には知らないことがたくさんある。見たことのない場所のほうが多い。もっと、たくさんのことを知りたいし、外国にも行ってみたい。だからいつかは、サッカー以外の仕事にも就いてみたいし、きちんと外国語の勉強もしたいんです」

十九歳の好奇心は間欠泉のように吹き上がり、聞いている私をもわくわくさせた。

「ライターって仕事はたくさんの知識と情報がないとできないんですよね。これからも、いろいろ教えてください。お願いします」

ペコリと頭を下げた中田選手の表情にはまだ幼さが残り、その顔と、厚い筋肉に覆われたサッカー選手の逞《たくま》しい脚とのアンバランスが強く印象に残った。

オリンピックから帰国後、時折、平塚のファミリーレストランで食事をしお茶を飲むようになると、十五歳も年齢が違う私だが、彼に何かを教えることは少なかった。逆に、彼は専門的なサッカーの話を私にしてくれた。

私は、中田選手に彼のプレーの意図やベルマーレ平塚の戦略について教えを乞うた。彼は、コップの回りについた水滴を右手の人差し指に付けると、その指でテーブルにサッカーフィールドと点在する選手とを描き、詳しい説明を始めた。レクチャーが終わると、掌でテーブルの上のフィールドを拭い、こう言った。

「上から観ていると『どうしてここにパスを出さないんだ』と思うでしょう。でもピッチに立っていると、なんにも見えないんだよね」

確かに中田選手は、ゲーム中、休むことなく首を左右に回し、選手のポジションやその合間にできたスペースを探している。

私は、彼に聞いた。

「でも、あんなに広いピッチの上で、すべてが見える選手なんていないでしょう」

中田選手は、すぐにそれを否定した。

「いるよ。後ろから来るボールも、これから展開されるパスを出す選手の動きも、見える選手はきっといる」

「誰？」

「例えば……、小学生のときの俺」

彼は、韮崎《にらさき》での少年サッカーの思い出を闊達《かったつ》に話してくれた。

「子供の頃はずっとフォワードだったんだけど、後ろから走って俺についてくる友達の姿が見えたんだ。その友達がパスを出すタイミングやそのコースも分かる。だから、俺はただシュートを打つ場所に全速力で走り込めばよかった。でもね、中学生になって、高校生になって、Jリーグに入ったら、何も感じないし、何も見えなくなっちゃった。俺の人生で一番サッカーが上手《うま》かったのは、ピッチで起こっていることが手に取るように分かった小学生の頃なんだよね。今は、どんどんサッカーが下手になっていってるって感じ。もっともっと練習しないと、ますますサッカー下手になる」

そう言って少しだけ真顔になった中田選手の腕を、私は揺さぶった。

「そんなことないよ。今の中田英寿の中にも、小学生の頃の中田英寿は必ず生きているはずだから」

彼は、そうかなあ、と言って笑うと、その話をやめてしまった。

しかし、そのときから中田英寿という年の離れた友人は、ライターにとっての『テーマ』に変化していたのだった。

九七年に入り、日本代表に選出された中田選手は、自分の目指すサッカーにわき目もふらず邁進《まいしん》していった。それを遮るものは焼き尽くしてしまうほど、彼は熱を発しつづけた。

私には、十一月ワールドカップへの出場を決めた中田英寿の姿に、小さく華奢《きゃしゃ》な小学生の彼が見えたような気がした。

フランス・ワールドカップの年、輝かしい前途に向けて疾走するはずの中田選手は、彼の人生を震撼《しんかん》させるようなさまざまな出来事に遭遇する。二十一歳の彼が、未来に不安を抱き、時間をさかのぼることができたらという思いに縛られ、日々を過ごしていた。そのことを知った私は、彼のサッカーばかりか、その硝子《ガラス》のように脆《もろ》い心をもかいま見ることになった。

彼の顔から笑顔が消え、言葉の数は極端に減っていった。

「サッカーをやっていなければ、こんなに眠れない夜を過ごすこともなかったのにね」

九八年二月のオーストラリア合宿途中、練習中のグラウンドですれ違った中田選手がぽつりと言った一言が、耳について忘れられなかった。

しかし、どんなに苦しくても恐怖に苛《さい》まれても、中田選手はサッカーをやめなかった。途《と》轍《てつ》もない才能が、彼にピッチから去ることを許さなかったのだ。

私は、中田選手の壮絶な戦いの日々を見つめながら、そのたぐい稀《まれ》なサッカーの才能が証明される一部始終を克明に記したい、と思うようになった。

六月初旬、日本代表を追いかけフランスへ入った私は、中田選手のサッカーが世界標準の物差しでは、いったいどの辺に位置するのか、それを知るためにさまざまな人に会い、中田のサッカーについて質問を重ねていった。日本代表が初出場したワールドカップ、そして、彼が移籍したイタリアでの取材は、中田英寿というサッカー選手の「力」の埋蔵量を明確に教えてくれたのだった。

中田選手のサッカーセンスが、ずば抜けていることは、日本国内でも周知の事実だ。しかし、現在、彼が「世界でも選ばれたサッカー選手」であるということは、ヨーロッパのサッカー関係者や選手の証言がなければ、私自身、到底分かり得なかったと思っている。

ヨーロッパのサッカーと日本のサッカーとの歴史が違うように、フランスで聞いた中田のサッカーへの評価や感想は、日本のマスメディアが発するものとはまったく違っていた。そして、日本人である中田英寿が、ヨーロッパのクラブへ移籍するという現実は、日本で取り沙汰《ざた》されているより遥かに特別なことだった。

「ナカタは東洋の奇跡だよ」

「リンドバーグが大西洋横断をなし遂げたのと同じぐらい、中田のセリエAへの移籍は偉大なことなんだ」

「中田は日本では優れた選手に過ぎないかもしれないが、イタリアではすでに優れた選手が尊敬する選手なんだ」

これらの言葉を聞くたびに、私は、中田英寿というサッカー選手が日本の間尺に合わない選手であることを思い知らされた。

国籍や文化、年齢を超越しＮＡＫＡＴＡという選手のサッカーは今、しっかりと認知され、ヨーロッパの地でその根を張ろうとしている。

「俺って、ずっと挑戦して行くんだろうね」

どんなときにも、ゼロからのスタートを切ろうと自分を追い詰める中田英寿の姿勢が、一人で取材を続けてきた私を支えてくれた。


私が中田選手について綴《つづ》ったＡ４のノートは、この二年で四十五冊になっていた。


この本の書き下ろしを思い立ったとき、中田選手のサッカーやその生き方を描くためには徹底的な取材が絶対に必要なのだと、自分に何度も言い聞かせた。なぜなら、彼はたった一人のライターが知り尽くせるほど「小さな人」ではなかったからだ。

執筆を続けた半年間は、インタビューを繰り返す時間でもあった。中田選手だけではない、膨大な時間をかけて話を聞いた、サッカー界の人々や選手、ワールドカップが開催されたフランスの街々で取材した人々、サッカーの知識や新たな情報を提供してくれた専門家たち、無心に声援を送りつづけることに懸命だった多くのサッカーファン、中田選手を見守りつづけてきた家族や友人たち、彼を取材しつづけた日本、そして世界のメディアの人たち——。

話を聞いた人々は、二百人を超える。多くの人々の証言とサッカーへの熱い思いが、中田選手の姿を浮き彫りにしてくれたのである。この本に中田選手や、マネージャーである次原悦子氏も知り得ないエピソードがいくつも書き加えられたことは、こうした出会いによる。

この場を借りてお礼を申し上げたい方が大勢います。

ミナ・フジタさん、コリン・ゴードンさん、バンサン・マシュノーさん、後藤祐介さんは、ワールドカップ期間の多忙な時期に、貴重なインタビューを繰り返し受けてくださいました。みなさんの証言が、世界の中での中田選手の姿を、はっきりと浮かび上がらせてくれたのです。

ヨーロッパで活動を始めた女性のスポーツエージェント、次原悦子氏の姿を記すことができたのも、私にとってはこの上ない幸運でした。中田選手の戦いの日々は、同時に彼のマネージャーである次原さんの激戦の日々でもあったのです。

ヨーロッパでありながら、いまだ「女」への偏見が残るサッカービジネスの現場で次原さんが切り開いた道は、多くの女性たちに勇気を与えるはずです。

中田選手の移籍を実現させるための激務の最中、たくさんの時間をインタビューのために費やしてくださった次原さんに、心からお礼を申し上げます。ありがとうございました。

中田節子さんは、息子である中田選手の素顔を飾らない言葉で伝えてくださいました。中田選手の強さと明るさは、お母さんから引き継がれているものだということが、改めて分かりました。ありがとうございました。

マルセイユやトゥールーズやペルージャで偶然にもお目に掛かった村上龍さんには、いつも温かい声をかけていただき、励ましていただきました。ありがとうございました。

幻冬舎の見城徹社長は、執筆の半年間を、黙って見守ってくださいました。書き下ろしの機会を与えてくださっただけでなく、できる限りの取材もさせていただきました。ありがとうございました。

今年一月、私が抱きつづけてきた『テーマ』を「一冊の本にしてください」と最初に言ってくださったのは、幻冬舎の舘野晴彦さんです。中田英寿というテーマが私には重すぎるのではないか、と考えていたとき、舘野さんは「あなたになら書けます」と言って背中を押してくださいました。舘野さんとの出会いがなければ、この本が世に出ることはなかったと思います。

ワールドカップの期間に一度だけ、この本を書くことをやめようと、思ったことがありました。自分の力不足とサッカーという主題の大きさに押しつぶされそうになったそのとき、舘野さんがフランスまで長い手紙を送ってくださいました。その手紙を読み、再び立ち上がることができました。あの手紙は、この先も躓《つまず》きころぶたびに、私の中で何度も蘇《よみがえ》ると思います。ありがとうございました。

フランス、イギリス、イタリアおよびヨーロッパ全土にわたる取材の通訳と翻訳を引き受け、私にヨーロッパ・サッカーの楽しさと激しさを教えてくれたギャルマト・ボグダンにも感謝します。ありがとうございました。

そして、中田英寿さん。あなたのすべてをわずか八百枚の原稿で綴ることは、不可能なことです。中田選手は、自分自身ですらその奥深さと大きさを計れないほどの人なのです。ワールドカップを戦いながらインタビューに応じ、ペルージャの一員としてゲームに出場しながら、長い原稿に目を通してくれました。私に向けられる視線はいつも温かく、その声は冷静でした。

私にとって中田英寿は、涸《か》れることのない泉のような存在です。必ずまた書きたいと思う、いくつもの表情を持ち、運命に逆らうように突き進んでいます。

私の執筆を見守りつづけてくださり、ほんとうにありがとうございました。

際限なく季節がめぐりサッカーのシーズンが繰り返されるように、私の中田選手への思いも尽きることがないでしょう。

激闘のシーズンの始まりは、中田選手にとって新たな挑戦の序章に過ぎないのです。

一九九八年十二月八日　小松成美

文庫版あとがき

二〇〇〇年一月十三日、中田英寿はACペルージャからASローマへと移籍した。二十三歳を迎える九日前のことだった。

この衝撃的なニュースを彼からのメールで知らされた時、もはや中田選手は、日本人が立ったことのない「未知の領域」に突入したのだと身震いがした。

イタリアの首都をホームグラウンドとし、闘将ファビオ・カペッロが率いるそのチームは、八二—八三のシーズン以来遠ざかっているスクデット（優勝）を掴むため、大がかりな選手獲得を目論んだ。チームの要となるチェントロカンピスタ（MF）の一人としてカペッロから名指しされたのが、中田選手だったのである。

九九—〇〇シーズンの最中、ACペルージャを離れる苦しみと寂しさは計り知れない。彼にとってペルージャのチームメイトは特別な存在だった。凌ぎを削りあうセリエAでは同じチームでも選手同士が争いあうのが常だが、ペルージャの選手たちは中田選手のプレーを信頼し、彼の個性を愛していた。彼もまた、全身全霊で戦う彼らを尊敬し、心を開いた。日本を離れた彼は、あそこで孤独から救われたのである。

そして美しいウンブリアの古都は彼の故郷に等しかった。

しかし、中田選手の進化するサッカーがペルージャに留まることを許さなかったのだ。

ASローマでのポジション争い、熱狂的なファンと過熱するマスメディア。

中田選手は想像を絶する過酷な戦いの地へ、自ら足を踏み入れていったのだった。

九九年十月ACペルージャの一員としてセリエAデビューを飾った後も、中田選手から目を離すことが出来なかった私は、取材をすればするほど、彼や彼の周囲で起こる現実に驚き、それをどう理解すればいいのか戸惑うばかりだった。そして、今、サッカーをスポーツだと思える日本が、幸せに思えてならない。

中田選手はもちろん、彼のマネージメントを担当する次原悦子さんやフジタミナさんが挑んだイタリアでのサッカービジネスの険しさは私の想像を軽々と超えていたのだ。

自分を信じ、決して歩みを止めない中田選手の姿に、私は今も突き動かされている。

二〇〇〇年七月一日

小松成美

執筆に際し、取材にご協力いただいた方々へ心より感謝申し上げます。

日本サッカー協会　日本代表の選手・スタッフの皆様、広報部 小野沢洋、加藤秀樹／株式会社サニーサイドアップ　松島段、はじめスタッフの皆様／株式会社湘南ベルマーレ平塚　選手・スタッフの皆様、上田栄治、植木繁晴、広報部 寿原英樹／ACペルージャ選手・スタッフの皆様、ルチアーノ・ガウッチ、アレッサンドロ・ガウッチ、イラーリオ・カスタニェール、ディエゴ・ジャンナッターシオ、パオロ・カザレ／パオロ・ラッティーニ／エンリコ・カルデローニ／アントネッロ・タベッラ／金子達仁／宮本敬文／田村修一／中澤昭憲／熊田洋／木内岳夫／大和泰之／岩澤甫美／高城光代／松浦修也／花田紀凱／井上進一郎／西川真彦／金子かおり／柳澤健／古川公平／倉地潤／堀江信彦／山本秀基／安楽竜彦／村上隆保／郡司裕子／池田裕行／山田一仁／今井香織／廣岡理恵／ペルージャの街の皆様

（敬称略）

解　説──真実が真実として描かれるために

重松清

一人の不運な女性の話から始めたい。

小松成美さんは、本書『中田英寿　鼓動』に先立って、『アストリット・Kの存在』という作品を上梓している。ザ・ビートルズと親交を結び、数多くの貴重な写真を撮影するだけでなく、独特のビートルズ・カットやトレードマークとなった襟なしスーツを考案したことでも知られる、アストリット・キルヒヘアの半生を描いたノンフィクションである。

女流カメラマンの卵だったアストリットは、一九六〇年のハンブルクで、デビュー前のビートルズと出会う。メンバーと交流を深めるなか、のちに〝五番目のビートルズ〟と呼ばれることになるスチュワート・サトクリフと婚約したものの、バンドを脱退して美術の道に進んだスチュは、二十一歳の若さで夭折。アストリットも、ほどなくカメラを捨てる。

アストリット本人への百五十時間にわたるインタビューをはじめ、綿密にして子細な周辺取材をおこなった小松成美さんは、カメラマンの道を断念したときのアストリットの心情を、こう書いている。

〈ビートルズの髪を切った人、デビュー前のビートルズの写真を撮った人、ビートルズの服をデザインした人――。人々が注目し、讃美する彼女は必ずビートルズの添え物だった。アストリットは「ビートルズの友人」という肩書なしでは、評価される価値もない自分が悔しかった。／アストリットに芽生えていたフォトジャーナリストへの憧れは無惨に踏みつぶされた〉

光と影とまでコントラストを強めるのは、少し言いすぎかもしれない。しかし、強烈な発光体のそばにあるものは、その距離が近ければ近いほど、輪郭が光に溶け、厚みがまばゆさに紛れてしまい、しばしばこんな言葉で切り捨てられてしまうものである。――「ああ、あのスーパースターのそばにくっついてる奴だろう？」

アストリットもその例外ではなかった。むろん彼女にビートルズと出会ったことへの後悔は微塵もなくとも、写真家としての自身が正当に評価される機会を失ったという点においては、やはり彼女は不運だった。それはビートルズのせいでもなければ、彼女のせいでもない。

スーパースターのまばゆさが恣意的に増幅され、あるいはねじ曲げられたすえに生まれる偶像（アイドル）の物語が、アストリットを、そしてビートルズじたいをも呑み込んでしまったのだ。

だからこそ、小松成美さんはあとがきに一言、著者の願いを、いや祈りを、書きつけた。

〈拙著がビートルズの本ではなく、アストリットの本として認めていただけることを望んでやまない〉

『アストリット・Kの存在』の刊行は、一九九五年十月である。小松成美さんが中田英寿選手に初めてのインタビューをおこなったのは、一九九六年八月のアトランタ五輪の直前だったという。つまり、中田選手に出会ったときの彼女は、すでにアストリットの半生を描ききっていた、ということになる。

この時系列は、たんなる時期的な前後の関係を超えて、本書の成り立ちに、そして魅力にかんして、大きな意味を持っているのではないだろうか。

ぼくは、『アストリット・Kの存在』のあとがきと同様のことを、いまこの本を手にしているあなたに伝えたくてしかたないのだ。

本書が中田選手の本ではなく、小松成美さんの本として認めていただけることを望んでやまない――と。

誤解のないようあわてて言い添えておくが、本書が〝中田選手の本〟であることは確かなのである。だが、それはあくまでも本書が〝中田選手（について）の本〟であり、〝中田選手（を描いたノンフィクション）の本〟である、という意味にすぎない。

じゃあ、描いたのは誰だ？

誰がどんな視点に立って描いているんだ？

描かれた対象がスーパースターであるがゆえに、また単行本版の刊行された一九九九年一月が、まさに中田選手をめぐる言説が最も過熱していた時期だったがゆえに、ひとびとの目は〝なにが描かれているか〟のみに向けられてしまいがちだった。

しかし、ここであらためて考えてみないか。

臨場感たっぷりの、まるで中田選手と彼の周辺の人物それぞれに密着しているかのような光景が、じつはたった一人の書き手の取材力と筆力によって再構成されたものだという事実の意味するものについて。

ノンフィクション作品における、描かれる者／描く者の関係について。

ひいては、ノンフィクションの作品の語り手の位置について。

一読して明らかなとおり、本書は徹底して、ストイックなまでに語り手の存在を消している。アトランタ五輪後からセリエAデビューまでの中田選手の行動や心理は克明に描かれていても、それを取材し、文章に書き起こす小松成美さん自身のことは、ただの一言も描かれていない。

ノンフィクション作品には三つの位相がある。本書の内容に即して整理すれば、こんなふうになるだろう。

中田選手（描かれる者）／取材（描かれる者と描く者との接点）／執筆する小松成美さん（描く者）

ニュージャーナリズムの歴史をひもとくまでもなく、近年（といっても一九六〇年代後半からのスパンになるのだが）のノンフィクション作品は、描く者の姿を明示し、取材や執筆の過程をも作品内にとりこむことで、描かれる者／描く者の関係に遠近感を持たせるものが数多い。取材開始時点では見えなかった描かれる者の素顔なり真実なりが、取材を進めるにつれて明らかになるという、いわばミステリー的手法と呼んでもいいだろう。また、それはノンフィクションを書くことのノンフィクション、というメタ機能をも持つことになり、おのずとそこには描かれる者に対する批評が、さらにはその対象を描くことじたいに対する批評が生まれることになる。……と、理屈を並べるよりも、もっとわかりやすい言い方がある。

要するに、それは、〝メイキング・オブ・〇〇〟の世界なのだ。

一方、本書を（表面的に）成り立たせている要素は、三つの位相のうちのたった一つ――描かれる者の姿だけである。〝メイキング・オブ・『鼓動』〟に属する記述は、いっさいない。

正直に告白しよう。単行本版で初めて本書を読んだときのぼくは、過ぎ去った事実や光景を鮮やかに再現した小松成美さんの取材力と筆力とに圧倒され、舌を巻きながらも、そこに彼女の姿が見えないことに対して、ほんのわずかのもどかしさも感じていたのだった。

取材の過程が知りたい、というわけではない。執筆の苦労話を読みたかったのとも違う。ぼくは小松成美さんの姿勢を見たかったのだ。中田英寿というスーパースターに対して、どんな位置から、どんな角度で語ろうとしているのかを読みとりたかったのだ。

小松成美さん、あなたはどこにいるのですか――？

読了後も胸に残っていたその問いは、しかし、『アストリット・Kの存在』を読むことで、みごとに消えていったのである。

『アストリット・Kの存在』は、本書と同様に、描く者の存在をいっさい消し去ったノンフィクション作品である。

〝メイキング・オブ・『アストリット・Kの存在』〟にあたる唯一の記述は、あとがきに記されたこんな文章だった。

〈インタビューは緊張を極めた。／取材の中で彼女が幾度か繰り返した言葉がある。／「クリエイター同士に甘えや妥協は許されない。私は、私とビートルズの真実だけは曲げないつもりよ。あなたがそれを描けるまで、とことん、つきあう覚悟はできてるのよ」／今となっては、アストリットに感謝するしかない。彼女は１５００枚にも及んだ原稿のすべてに目を通し、真実が真実として描かれるまで何度でも私の推敲作業につき合ってくれたのだ〉

　真実が真実として描かれるまで——。

　この言葉と、本書に赤裸々に描かれた中田選手とマスコミとの確執とは、裏返しになってきれいに重なり合う。

〈事実でない記事を「笑ってやり過ごしてしまえばいい」と、彼に助言する者もいたが、中田はそれができなかった。（略）中田は、自分についての謝った記事が氾濫している限り、信頼のおけるいくつかのメディアを除いて、頑に取材を避けることを決めていた〉

〈状況の断片を切り取り、あたかも真実のすべてと決めつけるマスコミには嫌気が差していた〉

〈どうして、自分が虚飾の的になるのか。明らかに、中田英寿という人間について、ストーリーを捏造する人間がいるのだ。中田にとっては、その嘘がおぞましく、見逃すことができ

なかった〉

〈中田は、先行し、過熱する報道合戦に嫌気が差していた。ペルージャへの移籍に関する質問が飛ぶと、中田は挑戦的に「事実でない」と言って、連日の報道をなじった〉

本書は、サクセス・ストーリーと呼んでしまうにはあまりにも苦いエピソードがあふれている。その最たるものが、『君が代』にまつわる恣意的な新聞記事が端緒となった思想団体の抗議行動だろう。

本書の終盤近く、こんな悲痛な叫びが、中田選手自身の言葉として記されている。

〈「もう、嫌なんだ。息苦しいんだよ、日本にいると。誰かに守られなきゃ、暮らせない毎日が耐えられない。恐怖に縛られて生きるのが、もう、嫌なんだ」〉

『アストリット・Kの存在』では、ジョン・レノンが似たような言葉をアストリットに語っている。——〈「僕たちは鎖につながれた囚人と同じさ」〉

アストリット自身も〈ビートルズを商売にしようと算段する執拗な人々の群れ〉に翻弄され、欺かれて、〈やがて、次々に「アストリットはビートルズの愛人だった」という下劣な記事ができ上がっていった〉。

さらに、プロ野球のイチロー選手が〝総監督〟をつとめたムック『インパクト！』では、小松成美さんはインタビュアーとして、イチロー選手からこんな一言を引き出している。

〈新聞や週刊誌は、読者の興味をそそるような見出しを付けて当然ですけど、中には、明らかに事実が歪められて伝えられることがある。僕もそういう経験をしています。真実でない記事を読んだ人が僕の知り合いで、いちいち説明できるならいいんですよ。でも、パ・リーグの試合の中継がなく、近くに球場がない人たちは、イチローという人間をその記事でだけ知るわけです。（略）活字を凶器だと思うことは何度もありました〉

スーパースター（とその周辺にいるひと）の宿命——と言ってしまえば、それまでである。しかし、中田選手も、アストリットも、そしておそらくイチロー選手もジョン・レノンも、生身の人間としてその運命に抗おうとする。偶像の物語を拒み、〈真実が真実として描かれる〉ことを求めて、抗議し、口を閉ざす。結果としてマスコミとの間にさらなる亀裂を生じさせてしまうことも、やむなく受け入れながら。

『アストリット・Kの存在』も『中田英寿　鼓動』も、表面的な物語の底に、〈真実が真実として描かれる〉ことを求めてやまない彼らの叫びが流れている。

アストリットが口にした〈私は、私とビートルズの真実だけは曲げないつもりよ。あなたがそれを描けるまで、とことん、つきあう覚悟はできてるのよ〉は、中田選手の取材を進めるときにも、常に小松成美さんの胸の中にあったはずだ。

だからこそ、彼女は、中田選手を描くためのすべての言葉を〈真実〉に対してのみ奉仕させたのではないか。描く者の存在を消し去ることで、描かれる者との間のよけいな距離感を排し、恣意的な要素をとことんまで追い払って、描かれる者の〈真実〉を、ただただ、まっすぐに読者に届けようとしたのではないだろうか……。

そのとき、もしかしたら彼女は〝小松成美の作品〟を書いているという意識すら消していたのかもしれない。中田選手の〈真実〉を伝えること、その一点が、四百字詰原稿用紙にして九百枚近くに及ぶ本書を書き進める最大の原動力だったような気がしてならない。

そう考えてみると、前述したぼくの身勝手な疑問の答えは、なんのことはない、ちゃんと本書の中に刻み込まれていたのだ。

小松成美さんは、どこにもいない。どこにもいないということで、本書のあらゆるところに彼女はいる。彼女は中田選手の〈真実〉を〝探る〟ために本書を書いたのではなく、徹底した取材でそれを探ったうえで、〈真実〉を混じりけなしのかたちで〝伝える〟ために目の前に光景がたちのぼってくるような文章を紡いでいった。そのひとつひとつの場面の後ろ側に、彼女はいる。文字どおりの黒子として、〈真実〉を少しでも読者に近づけるべく、ぐい、と踏ん張って、綿密な取材の裏付けと筆圧の高い文章の力とで場面のリアリティを支えているのだ。

そんな本書に対して、描く者の〝姿勢〟だの〝位置〟だの〝角度〟だのを問うのは無意味だし、小手先の分析など非礼ですらあるだろう。本書には、ただ、〈真実〉に殉じようとする小松成美さんの〝覚悟〟だけがある。強い覚悟だ。偶像の物語の主人公の役目を押しつけられてきた中田選手の〈真実〉をなんとかして伝えようとする、それは義侠心とも呼ぶべきものだったのかもしれない。

さらに言えば——解説のほうはどんどん恣意的になっていくのだが、彼女のその義狭心は、ひとり中田選手にのみ捧げられているわけではないだろう。

『アストリット・Kの存在』と本書の人物配置は、きれいな相似をなしている。

ビートルズに対しては、中田選手。

アストリットに比すべき存在は、中田選手のマネジメントや海外移籍をめぐって奔走する所属事務所の次原悦子社長やサッカーエージェント。

『アストリット・Kの存在』があくまでも〈ビートルズの本ではなく、アストリットの本〉だったことに倣《なら》えば、本書『中田英寿　鼓動』の真の主人公は次原社長たちなのである——という読み方も、じゅうぶんに可能なのだ。

スーパースターのごく近い周辺にいる二人、特に次原社長は、アストリットがそうだったように、さまざまな局面で誤解を強いられ、また中田選手をめぐる無責任な憶測や悪意とも闘わなければならなかった。敵は日本のマスコミだけではない。中田選手をビジネスに利用しようとする海千山千のエージェントやクラブも、偶像の物語という情緒すらない冷徹で悪辣なトラップを仕掛けてくる。小松成美さんは、中田選手の〈真実〉を守り抜くための二人の闘いの過程を、ときとして中田選手のそれ以上に克明に描きだした。その情熱の背景には、〈「ビートルズの友人」という肩書〉に押しつぶされてしまったアストリットの無念がひそんでいるように思えてならないのだ。

そして、本書は、次原社長たちの苦闘という軸が加わったことで、マスコミと中田選手の確執をも包括する、いわば〃システム対個人〃というモティーフを持ったのではないか。スポーツ・ジャーナリズムというシステム、スポーツ・ビジネスというシステム、日本というシステム、ヨーロッパというシステム……それはアストリットが呑み込まれてしまったフォト・ジャーナリズム、ロック・ビジネスのシステムにも近接しているだろうし、アストリットと次原社長を決して無理に重ねるつもりはないのだが、二人がともに女性であることで、男社会というシステムの重圧がより鮮明に見えてきたのは確かだろう。

さらに言えば、本書を読んでようやく中田選手の〈真実〉に触れたあなただって、安閑とページをめくっていられるわけではない。フランスW杯クロアチア戦後に中田選手がホームページの掲示板を閉鎖した一件が示すように、マスコミによってもたらされる情報を鵜呑みにする、中田選手自身の言葉を借りれば〈流されちゃう部分〉こそが、もしかしたら最も強固でやっかいなシステムをかたちづくっているかもしれないのだから。

繰り返す。本書は中田選手（について）の書物であると同時に、次原社長たち（について）の書物でもあり、なにより小松成美さん（が描いた作品として）の書物なのである。そうであるからこそ、ひとつだけ、ささやかなイチャモンを。

本書の副題は〈HEART BEAT of an innocent man〉となっているのだが、これ、個人的にはちょっぴり不満である。

なぜ複数形の〈innocent men〉にしなかったのだろう。無垢なるひとたちの鼓動——。読者には、中田選手だけでなく、次原社長たちの鼓動も、ちゃんと聞こえているのに。そして本書には、〈真実が真実として描かれる〉ことだけを希求し、自らに言い聞かせて、語り手の存在をいっさい消し去ってしまうという覚悟を決めた小松成美さん自身の鼓動が、静かに、しかし確かに響きわたっているのに……。

最後に、『アストリット・Kの存在』のプロローグにも名前が出ていて、きっと小松成美さんもお好きに違いない〈アメリカで「フリーク」を撮りつづけた女性写真家ダイアン・アーバス〉について、写真評論家の伊藤俊治氏が論じた文章を引用しておこう。

〈写真は肉体行動だった。写真は勇敢さを常に伴う冒険でなければならなかった。一枚一枚の写真は、ひとつひとつの出来事であり、挑戦であり、経験であった。写真とは表現ではなく、行為であった〉(「シティ・オブスキュラ」より)

ここに記された「写真」を「文章」に置き換えると、小松成美さんの覚悟の重みがよりくっきりと伝わってくるのではないだろうか。

だからやはり、本書の副題は、無垢なるひとたちの鼓動。

聞こえてこないか?

中田選手という強烈な発光体の陰から、張り巡らされたシステムの隙間から、〈真実〉を求める書き手の鼓動が。

とくん、とくん、とくん……と。

――作家

この作品は一九九九年一月小社より刊行されたものです。

中田英寿《なかたひでとし》　鼓動《こどう》

小松成美《こまつなるみ》

平成12年8月25日　初版発行
平成21年7月25日　7版発行

発行人——石原正康
編集人——菊地朱雅子
発行所——株式会社幻冬舎
〒151-0051東京都渋谷区千駄ヶ谷4-9-7
電話　03(5411)6222(営業)
　　　03(5411)6211(編集)
振替00120-8-767643
印刷・製本—中央精版印刷株式会社
装丁者——高橋雅之

幻冬舎文庫

ISBN4-344-40007-0　C0195　こ-9-1